❶孫の久保山夏帆（左）と久保山莉子（右）
❷姉妹　伊予（右）と理乃（左）
❸瀬戸内市牛窓で迎えた大晦日　孫の晴（前左）と樹（前右）
❹聡　幸江　銀婚式
❺聡　幸江　結婚式
❻京都にて　叔江（幸江の姉）理乃 幸江
❼理乃　結婚式

家族

❶京都大学大学院学位授与式博士号（経済学）山極壽一総長から学位記を授与頂きました
❷関西大学 馬場英郎教授　NPO活動の研究を共に展開して以来の友
❸副学長・副理事就任　那須保友岡山大学長から温かい激励の言葉を賜りました
❹鳥取県三朝町合宿授業を実施　責任者は藤本真澄岡山大学准教授（左端）
❺荒木勝理事（社会貢献・国際担当）・副学長
❻修士論文指導を担当した赤磐市直原真弓さんと人を大切にする経営学会第10回全国大会で共同報告　右は前田正之副市長（立教大学にて）
❼愛知学泉大学時代ゼミ生 長坂江里さんが卒業生総代　答辞を述べました

はじめに

いまは長寿社会といわれるなかで、人生、山あり谷ありでありましたが、なんとか65歳を迎えることができました。ここまで無事に来られましたこと、ひとえにわたくしをとりまく、良きご縁を頂いた、多くの皆様方のお力添えの賜物であり、妻をはじめ家族の支えのお陰であると、心から感謝しています。

振り返りますと、愛媛県周桑郡小松町（現在の西条市）に生まれ、父や母の無償の愛を受け子供のころを過ごしまして、高校卒業後、東京へ上京しました。爾来、東京で30年間を過ごし、そこで良き伴侶に恵まれ、ありがたいことに娘をふたり授かりました。そして、いまは、岡山大学に奉職しながら、両親を天寿で看取り、一方で、孫を四人授かりました。

とにかく、不器用ながら、がむしゃらに、天と親から授かった命を大切にしながら、人生を走り抜けて参りました。そして、この度、良き友たちからの勧めもあり、定年退職を機として、これまで転職を重ねてきた紆余曲折した人生の軌跡を、ジイジが孫へ贈るエンディングノートのスタイルで自由気ままに書き残すことといたしました。

いまは、人生再チャレンジが、日常の風景となり、何度でもやり直しが効く時代です。今更、教訓めいたことを申し上げるガラでは無いのですが、これまで4回の転職を重ねながら、たどり着いたら、そこには、結構な晴れ間が広がっていました。

さて、父の口癖は、「人に騙されても、決して人や自分に嘘をつかない人生を送れ、そして他人のお役に立つ道を真っすぐに歩め」でありました。かく申す、父は、大正生まれで、最初の就職先が、志願兵としての海軍軍人でありました。また、長く小学校の教員を勤めた母も誠に生真面目な人柄で、戦前の教育思想が垣間見える折には、閉口したこともありましたが、二人の潔い生き方を見るにつけ、心から尊敬できる両親でありました。この手の書き物は、多分に手前みそ、苦労話を織り込んだ自己満足の自慢話になりがちです。わたくしも同様ではありますが、ともあれ、その両親の教えに報いる意味を込めて、人生65年間の振返りをしたためた次第です。

そして、願わくば、子供や孫を支えようと、不器用にサラリーマン人生を送って来られた、諸兄、ご同輩諸氏の、気慰みの一助になれば、との思いで書き進めました。そのようなお心や気持ちを同じくする方のお手にとってもらえたなら望外の喜びです。

結びに、転職を重ねた生き方を、寛容の心で見守ってくれた、最愛の妻に感謝の意を伝えます。また、上梓にあたり、拙書を企画提案いただき、粘り強く、編集を頂いた、薫風社三橋初枝さま、ならびにデザインをご担当頂きました齋藤知恵子さま、そして、拙著のベースとなりましたブログの掲載を、長きにわたりご担当いただいたedition NOUSの石井泉代表と斉藤謙司さまに、改めまして、心より深く感謝の意を申し述べます。

三村　聡

Episode
5 学生と共に

Episode 6

社会と関わった活動

Episode 7

海外との交流による活動

Episode 1

生い立ちと少年・学生時代

1―ジイジのお父さんとお母さんは戦争の時代を生きました

孫の晴《はる》さん、樹《たつる》さん、夏帆《かほ》さん、莉子《りこ》さんのジイジ聡《さとし》は、１９５９年9月29日、愛媛県西条市（旧周桑郡）小松町北川に、父さん三村猛友《たけとも》、母さん敬子《けいこ》の長男として生まれました。

孫である、あなた達四人からすると、猛友さんが曽祖父（ひいじいさん）、敬子さんが曽祖母（ひいばあさん）にあたります。まずジイジ聡のお話の前に、あなた達の曽祖父（ジイジの父）と曽祖母（ジイジの母）の話からはじめます。

三村猛友

三村敬子

1. 己の道を探し続けた父猛友

ジイジの父猛友は、１９２５年5月9日生まれです。愛媛県立新居浜工業高校（第1期生）卒業後、海軍に志願しました。猛友が生きた昭和の初めの頃の伝聞のため不正確ではありますが、海軍へ志願、泳ぎが得意で、剣道も後には県警に指導するほどの腕前で、志願時の成績はトップであったと聞いています。その成績により、最初の配属先が、佐世保鎮守府司令長官となった小松輝久《こまつてるひさ》（皇族出身、貴族院議員、海軍兵学校長などを経験、極東軍事裁判（東京裁判）でＢＣ級戦犯）の従兵（抜擢されて士官の身の回りの世話をする兵）となり可愛がられたと話していました。そして戦闘機乗りとしての訓練を受けながら、一式陸上攻撃機の乗務員として中国海南島の戦地まで赴いた経験があります。また工業高校卒業であったため、当時、本土決戦用の新型機として開発された紫電改の製造と整備に携わり、エンジニアとして長崎（旧海軍大村基地・現在の長崎空港）で終戦を迎えています。

猛友のエンジニアとしての略歴は、まず、設計・製造工程は、横須賀海軍航空隊・相模野分遣隊にて、整備兵・下士官から募集された整備訓練生を養成するため、厚木飛行場に相模野海軍航空隊が設置され、徹夜で紫電改の構造や整備についての訓練を受けました。そして戦争が敗戦続きとなり本土への空襲が激しくなる頃になると、本土周辺空域の制空権を回復しようと、三四三航空隊が創設され、その剣《つるぎ》部隊に所属、局地戦闘機紫電改（父は紫電Ⅱ型と言っていた）を装備する任務に就いています。

さらに終戦時、1945年8月9日、長崎大村基地で整備にあたっていた父は原子爆弾が投下された中で、直接ではないにしろ、長崎原爆に接し、被爆した民間人の救援活動にあたったと話してくれました。原子爆弾が投下された瞬間、翼の上で整備をしていた父は、その爆風で翼から落ちそうになったと当時を語っています。長崎市内から続々と被害を受けた民間人が、病院機能を持つ大村基地に運び込まれ、総動員で応急処置にあたったといいます。その折に、医療物資の欠如が続く中で、海軍は軍人よりも民間人の治療を優先したようです。そして、いよいよ特攻命令を受け、出撃の支度を整えた時に玉音《ぎょくおん》放送が流れました。あと3日終戦が遅ければ命は無かったということです。

戦後は、住友金属鉱山、愛媛新聞記者、高松相互銀行員、公務員、町議会議員などさまざまな職を経験しています。今の時代は雇用の流動化が自然な流れとなり、転職することは人生において、日常の風景となっていますが、大正生まれの猛友の世代で十数回の転職経験を持つことは稀有であると言って過言ではありません。その理由を探ると貧乏にたどり着きます。

ジイジは一人っ子でしたが、ジイジの父猛友は七人兄弟の末っ子として農家に生まれ、学業はそこそこできたらしいのです。親友が二人いて彼らは、ジイジと母敬子の母校である、現在の愛媛県立西条高等学校に進学、そして二人ともに京都大学へ進学、卒業後は住友グループへ入社して、最後は本社の部長や子会社の社長を務めるほどに出世されています。担任が自宅まで訪れ、父猛友も同じように西条高等学校へ進学するよう数回にわたり勧めてくれたようですが、猛友の兄（長男伊之吉）が事業に失敗して田畑を手放し、貧困な暮らしであったため、母親（ジイジの祖母スマ）が、貧乏を理由に頑として普通科高校への進学を受け入れず、その結果、当時、新設された愛媛県立新居浜工業高校の1期生として進学しました。そして大学へ進むことは断念せざるを得ず、猛友は一旗揚げるには軍隊しかないと考え、海軍へ志願する道を選ぶことになったのです。ところが、前述のとおり、日本は敗戦、猛友は皮肉にも間接的ながら長崎原爆まで体験することとなったというのが顚末です。

終戦後の猛友は、目標を失いながらも、もう一度、何かで成功したいとの願望が強く、職業を転々と変えていったと推察できます。戦後の武勇伝では、国鉄の伊予西条駅で、ヤミ米を子供に届けようとした老婆が、警察官にヤミ米の不法所持を発見され、咎められ、取り押さえられて叩かれる光景に出くわしたそうです。猛友は海軍で鍛えられ、戦後、剣道国体出場級の腕前を持っていたため、その時履いていた下駄を脱いで、5人ばかりの警察官を相手に一人で立ち向かい、次々と全員を叩きのめした罪で留置所につながれたと言います。その際に、悪いのは老婆に暴力を加えた警察官であると主張してハンガーストライキに入り、一切の食事を口にしなかったそうです。その話を聞きつけた当時の社会党の代議士が、裁判所と留置場に乗り込み、猛友を釈放してくれたと聞きました。今では考えられないことですが、判事が日本酒を一升持参で自宅まで謝罪に訪れたそうですが、猛友は受け取りを拒否したそうです。

また、戦後、愛媛新聞社の記者をしていた猛友は、まちの裏山に今でもある大谷池という、ため池造成に係るダム建設で当時の町長が汚職をしたとして記事に書いたそうです。ところがことは一向に埒が明かないため、戦後の新憲法では初ともいえるリコール運動を展開、記者を辞して、徹底的に運動をやりぬいたといいます。結果は、署名した方の所在や氏名が曖昧であるとの理由から、リコールは不成立に終わるものの、町長が自ら辞職せざるを得ない状況に追い込んだそうです。無職で活動を続けた猛友は、新しく選ばれた町長に誘われ、公務員の職に就いたということです（公務員だけでも3回職に就いています）。このように、正義感は強いが、誠にもって厳しい父猛友に、ジイジは育てられたことになります。

2. 教員を全うした母敬子の思い

ジイジの母、敬子は、１９２７年11月16日生まれです。愛媛県立西条高等女学校のときに父親を戦争で亡くしました。高校の英語教員だった敬子の父親（ジイジの祖父弘）は通訳として招聘され、捕虜収容所担当として従軍、フィリピンの島々を移動中に、アメリカ潜水艦からの魚雷攻撃によりミンダナオ沖で戦死したそうです。敬子は女学校卒業後、すぐに小

教員時代

猛友が整備にあたった紫電改

結婚式

銀行員時代

学校の代用教員として働きながら終戦を迎えています。終戦後も一家を経済的に支えるために教員を続けました。「何のための教育であったか」、敬子は、戦争が全てを無意味にしてしまうと嘆じながら定年まで教員を勤め、最愛の父である弘を失った悲しみを米寿が過ぎても抱き続けながら他界しました。

つまり、この世代の人たちは総じて戦争の影響を受けています。そして、ご多分に漏れず、ジイジの両親二人とも、戦争に翻弄された人生なのです。現在、ロシアとウクライナの戦禍が世界を驚愕させていますが、戦争は不幸以外に何も生まないことを、人類は過去からの経験で、いやというほど知りながら、それでも戦争の道を歩んでいます。戦争は、すべての巻き込まれた人たちの人生に理不尽な影響を及ぼすばかりか、子供や孫の世代にまで、延々と人生のいたずらともいえる祟りをもたらします。それは人生に襲い掛かる困難や苦難に、人間一人の努力や覚悟では抗えきれない悪魔として立ちはだかるのです。

ジイジの場合、戦争がなければ、十中八九、父猛友と母敬子が結婚することは無かったと考えられます。歪んだ解釈をするならば、戦争が原因で、父猛友と母敬子は結婚する運命のいたずらに翻弄されました。戦争により、二人の縁が結ばれて、今のジイジが生まれたとも解釈できるのです。理不尽ながら合理的な説明がつかない点なのです。

2――郷里の紹介と高校生までの思い出

1. ジイジの小学校は西条市立小松小学校

ジイジが生まれ育った伊予の国である愛媛県は、瀬戸内の東予地区、松山市がある中予地区、豊後水道から太平洋へ通ずる南予地区の三つに分かれます。子供時代の話をする前に、まずジイジが撮った写真で、生まれ育った郷里の紹介をします。

■東予

毎年10月14日～16日は、年に一度の「西条祭り」です。最終日は加茂川の川辺で祭りのフィナーレ「宮入り」があり、この「宮入り」は祭りの最大の見どころです。市内の神楽所を巡幸する御神輿の露払いの役目を終えた屋台（だんじり）は、伊曽乃神社近くを流れる加茂川の川原に次々に集合・整列します。日暮れになり、渡御する御神輿を、伊曽乃神社を守る地区の屋台がとり囲み、御神輿と最後の練りあいをします。そして土手上で見送る屋台も一緒に祭りのフィナーレを惜しみます。

また、東洋のマチュピチュと呼ばれる「東平《とうなる》地域」が新居浜市にあります。ここは、大正5年から昭和5年までの間、住友グループの発祥の地である、別子鉱山の採鉱本部が置かれ、社宅・小学校・劇場・接待館が建てられるなど、昭和43年に休止するまで採鉱の町として大変な賑わいをみせました。現在は産業遺産として重厚な花崗岩造りの貯鉱庫や関連施設である東平選鉱場、東平と黒石を結ぶ東黒索道跡などが残っています。当時の写真からは、大きな集落を形成し隆盛を極めた様子が窺われます。ここ別子は、父猛友がしばらく勤務していました。江戸の昔から住友家を支えたゆかりの地です。

■中予

松山ＩＣのひとつ手前の川内ＩＣで下車、父猛友と母敬子が大好きだった讃岐うどん店「七里茶屋」は最高で何回も通いました。ジイジのスタイルは、「ざる」と「かけ」の両方を注文、さらにキツネ寿司を一皿、それを一気にいただきます。

そして中予と言えば、松山市にある道後温泉と松山城です。温泉の泉質は全国の温泉番付で、西日本の横綱にランクされたこともある、天智天皇が歌に詠んだ歴史ある温泉です。本館が重要文化財、入湯料は７００円です。家族で数え切れないほど入湯しました。そして松山城は家康の母方、久松松平《ひさまつまつだいら》の居城で、現存する12天守の一つです。母敬子の母方のルーツは、松山城の麓にある清水町です。ジイジが小学生の頃は、県知事は久松定武《ひさまつさだたけ》さんという、直系の久松松平、松山藩のお殿様の末裔でした。

■南予

伊予国宇和島は、東北の雄、仙台藩、伊達政宗の長男秀宗が任ぜられた地です。政宗と正室愛姫との間に忠宗が生まれ、藩主を継ぐこととなり、秀宗は徳川家康からその忠義に報い宇和島藩を与えられました。こうして、宇和島藩伊達家は仙台藩の支藩ではなく新規に国主格大名として取り立てられ、徳川秀忠より「西国の伊達、東国の伊達と相並ぶ」ように命じられました。

その後、仙台藩と宇和島藩は、さまざまな因果関係を持ちながら互いの関係を維持したようです。

こうして愛媛県は、江戸時代には、小松藩、西条藩、松山藩、宇和島藩など8つの藩がありました。徳川家にゆかりの親藩もあれば外様大名もありましたので、文化や習慣、そして方言も微妙に違います。いろいろな花が、それぞれの個性をもって咲いて栄えてきた土地柄、それが愛媛県、伊予の国です。

■伝統校の教訓と「篤山賞」

松山城

道後温泉

七里茶屋

別子銅山

さて、ジイジが生まれ育った愛媛県周桑郡小松町（現在の西条市小松町）は、小さいながら伊予小松藩一万石の城下町であり、ジイジの母校である小松小学校は、伊予小松藩の藩校である「養生館《ようせいかん》」の流れを汲んでいます。この「養生館」は、江戸時代の後期に「伊予聖人」と謳われた、近藤篤山《こんどうとくざん》先生の教えを礎としています。近藤篤山先生は、伊予の国の生まれで、尾藤二洲《びとうにしゅう》の門人として江戸の昌平黌《しょうへいこう》に学び、後に伊予小松藩に招かれ40年にわたって藩士・領民の教育にあたっています。師である尾藤二洲も伊予の国の生まれの儒学者であり、彼は１７９１年に昌平黌の教官として、松平定信の寛政異学の禁の後に教学を担当、陶淵明《とうえんめい》や白居易《はっきょい》を好み、頼山陽《らいさんよう》とは縁戚にあたり篤山を可愛がったといわれています。

岡山県にある岡山藩の藩校「閑谷学校」は武士だけではなく庶民にも開かれた学校として有名で、その建物は国宝に指定されていますが、同じく養生館も藩士のみならず領民にも門戸を開いた学校であり、篤山先生は、人々に対し心の持ち方や日々努力することの大切さを説き、自らもそれを実践しようと努めました。その教えは領民を大いに感化し、誠実な人柄は広く慕われて佐久間象山《さくましょうざん》は、篤山先生を「徳行天下第一」と評して称えています。

この篤山先生の三戒の教えが、「立志」（志を立て将来の目的を定めてこれを成し遂げようとすること）、「慎独」（自分一人のときでも、行いを慎み雑念の起こらないようにすること）、「求己」（人格者は何事も自分の責任とするが、度量の小さい者は他人に責任を押し付けること）です。父も母も小松小学校の卒業生です。また、母敬子は小学校の教員であったため、ちょうどジイジが小学校に入学した春、当時は木造校舎でしたが、その正門横の築山に建立された「近藤篤山像」を仰ぎつつ、その教えを心の糧として、志を高く持ち、真面目に生きるようにと教えられてきました。

また、小松小学校には「篤山賞」という表彰制度があります。いわゆる、本当の「神童」、つまり文武に卓越的に秀でた生徒にのみ与えられる賞であり、伝説の賞と言われていました。ジイジたち前後の代を含めてもらえた者は皆無です。その賞を授与されたのが母敬子です。敬子は田舎のことではありますが、いわゆるオール5の成績トップで、学級委員長を務め、運動会の徒競走では上の学年に混ざって出場、演劇では主役の桃太郎、友達がいじめられると、いじめた男子を逆に泣かして帰ってきたとの武勇伝もあります。その証として、敬子が小学校6年生の時に書いた作品が今も母の形見として残っています。この書は全国小学校の書道コンクールで金賞（第一位）を授与された作品です。父猛友が、母敬子の子供の頃の活躍ぶりは、それに間違いないと申しておりましたので、まんざら自己申告の自慢話ではないようです。

2．先祖が眠る三村家の菩提寺の話

ところで、ジイジや孫のあなた達の先祖代々が眠るお墓がある菩提寺は、愛媛県西条市小松町北川にある「高野山真言宗法安寺《ほうあんじ》」です。このお寺は、南に西日本最高峰の石鎚山を望み、北に瀬戸内を持つ場所に位置する、薬師如来様をご本尊とする愛媛県最古のお寺です（県内の四国八十八ヶ所の札所よりも古い建立と聞いています）。

同寺のホームページによれば「その起源は飛鳥時代にまでさかのぼり、全国46ヶ寺のひとつとして建立されました。建立者の詳細は不明ですが、周敷郡の豪族で天皇近侍の丹冶比《かじひ》氏と言われています。現在は当時の姿は拝めませんが、昭和19年に『国指定史跡　法安寺跡』に指定された遺構には、塔、金堂、講堂が直線上に並んだ典型的な四天王寺式の伽藍配置を見ることができます。そして、周辺からは多量に飛鳥時代から白鳳・天平時代の瓦類（百済式素弁蓮華文、法隆寺式複弁蓮華文の鐙瓦重孤文唐草文の宇瓦、複弁蓮華文など）が出土したことから、その建築が長期間続き、完成したのは白鳳時代と考えられています。現在の本堂は昔の金堂跡に位置し、享保年間に立てられた薬師堂を明治期に改築し本堂としています。旧暦の8月7日には「薬師如来法要」や「護摩供養法要」が盛大に執り行われ、地元の人々には「お薬師さん」として親しまれております。」と解説されています。また、境内には古くから牡丹の木が数多く植えられており、「千本牡丹のお寺　法安寺」として地元では有名な観光名所となっています。秀吉の四国征伐の際に戦火で焼失したと社会科の授業で教わった微かな記憶がありますが、その記憶は曖昧で定かではありません。

■境内での遊びとラジオ体操

子供の頃には、毎日学校が終わるとみんなが集まり、境内で蝉取りや石蹴り、かくれんぼ、野球（ゴムのボール）をして遊んだ記憶があります。そして、今は撤去されましたが、昔はブランコや鉄棒があり、特に鉄棒が人気でした。誰が決めたでもなく技に難易度がつけられました。簡単な順に紹介すると、足で鉄棒を挟み、蝙蝠《こうもり》のようにぶら下がったままで手を振り反動をつけて着地する「蝙蝠落とし」、背中から鉄棒にはい上がる「えびあがり」、鉄棒の上に座り、手を離して後ろ向きに身体を倒し、足を掛けて着地する「エジプト」これはなぜエジプトと呼ばれていたか不明、そして「けあがり」、ウルトラCが「小車輪」となります。ジイジは運動神経が鈍く、2番目の「えびあがり」までしかできませんでした。

また、夏休みのラジオ体操の会場でもありました。6年生の時に係となり、そのために親にラジオを買って貰い、嬉しくて毎晩深夜放送を聞いて朝寝坊して叱られた記憶があります。現代のインターネットと感覚的には一緒でしょうか。春祭りや秋祭りにはテキヤの屋台が数多く並び、おでんや綿飴を買って貰いました。とりわけ春には境内一杯に牡丹の花が咲き誇りますので、大勢の人で賑わいます。同寺のホームページによれば、「牡丹は原産地を中国とするボタン科ボタン属の落葉低木で、その優美な姿から別名「花王」と呼ばれ古より高貴な花とされて称えられてきました。日本に渡来したのは奈良時代の頃で、薬用として栽培されたのが始まり」と記されています。ジイジは、この法安寺がある小さな集落で子供時代を過ごしました。

■三村家の家訓三戒

こうして、ジイジは、元海軍軍人を振り出しに、定年時は教育委員会、退職後に町会議員をつとめた父猛友と小学校の教員を一筋につとめた母敬子に育てられました。たいそう優しい両親でしたが、同時に厳しい躾や教育が施された子供時代を送りました。その三村家の家訓三戒は「人のお役に立つ人間になれ」「嘘をつくな」「人に騙されても騙すな」です。

ジイジの小学生時代の思い出というより、半分は両親の自慢話になってしまいましたが、孫のあなた達とは、まったく時代や環境が異なりますので、教育の内容は比較のしようがありません。ただし、小松小学校の伝統である篤山三戒の「立志」「慎独」「求己」と、三村家三戒の「人のお役に立つ人間になれ」「嘘をつくな」「人に騙されても騙すな」は、ジイジが、あなた達のお母さんに、ゆるやかに受け継いできたつもりです。そして、孫のあなた達にも受け継いでもらいたいと思います。

つまり、ジイジは孫のあなた達に、ましてや他人様に自分の生き方や思想を強制したり、教条したりするものでは決してありません。しかし、人生につまずきながらも、真っ直ぐに生きているあなた達のお母さんの姿を見て、ゆるやかながら受け継いでくれているかもしれないと感じながら、心の平穏が保たれているジイジ自身の姿に安堵するのです。

3. 西条市立小松中学校時代の思い出

井上陽水の曲に、中学校の音楽の教科書にも載った「少年時代」があります。

夏が過ぎ　風あざみ　誰のあこがれに　さまよう
青空に残された　わたしの心は夏模様
夢が覚め　夜の中　永い冬が　窓を閉じて　呼びかけたままで
夢はつまり　想い出のあとさき

ジイジの中学時代は、一番、自由で多感な「少年時代」でした。母校の小松中学は日本百名山「石鎚山」を頂点に連なる四国連峰を背《そびら》に置き、前には瀬

三村家の墓
左 角柱型石碑と右 五輪塔の二連墓所

母方の祖母イサミ

村祭り

中学時代　父方の祖母スマと

飛鳥時代に縁起をもつ千本牡丹の法安寺

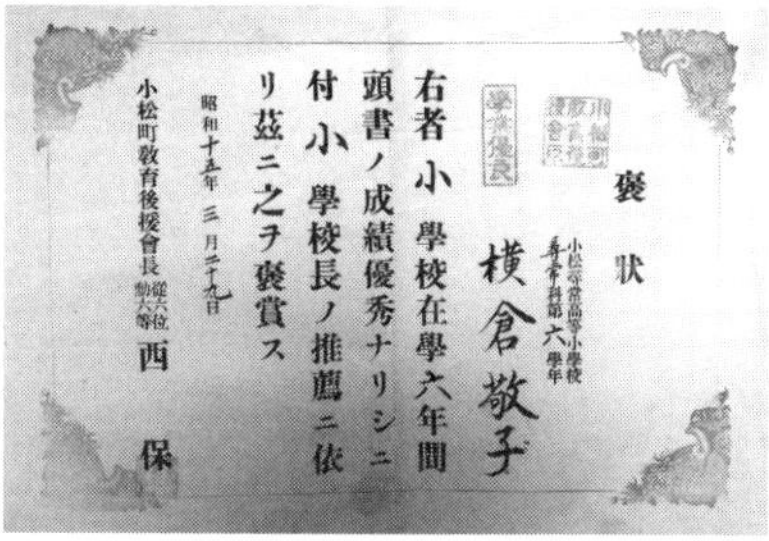

褒状
學業優良
小松尋常高等小學校
尋常科第六學年
横倉敬子
右者小學校在學六年間頭書ノ成績優秀ナリシニ付小學校長ノ推薦ニ依リ茲ニ之ヲ褒賞ス
昭和十五年三月二十九日
小松町教育後援會長　從六位勲六等　西　保

敬子　篤山賞褒状

敬子　小学6年生の金賞受賞の書（全国一位）

戸内の穏やかな海が広がる四国平野にあり、まさに自然に恵まれた環境で育ちました。

■四季を楽しんだ石鎚山

石鎚山は、四国山地西部に位置する西日本最高峰（１９８２ｍ）の御山です。石鎚山と石鎚神社について紹介しますと「山頂まで豊かな植生を育むパワースポットです。愛媛県の西条市と久万高原町の境界にあり、古くから山岳信仰（修験道）の山として多くの人々から、篤い崇敬を受けています。また、日本百名山、日本百景、日本七霊山のひとつとされ、石鎚山脈の中心的な山であり、国定公園にも指定されています。」（石鎚神社ＨＰ）とあります。

この石鎚登山にはロープウェイを使います。このロープウェイは、索道全長１８１４ｍ95㎝、最急勾配は36度48分あります。山のシーズンには臨時便も増発されていて、さして待たずに乗車、石鎚山中腹（標高１３００ｍ）にある成就駅へ向かうことができます。夏は成就駅に到着すると麓の下界は猛暑、こことは気温差が10℃近くもあり、ひんやりとして良い心持ちです。途中には四国八十八ヵ所霊場第60番札所「横峰寺」（山岳信仰の霊地で修験道の道場。四国霊場中3番目の高地にある「遍路ころがし」と言われる最難所）もあります。四国や愛媛県の良さを実感できるエリアです。

この石鎚山には何度となく登頂しました。また、春は山々を染める若葉や桜、そして菜の花を愛で、また山へ山菜を採りに入りました。籠一杯に採った蕨《わらび》を翌朝には市場へ持って行き、小遣いを稼ぎました。夏は、川に入って鮎を捕らえて帰りますと、父

石鎚山

瀬戸内海国立公園

親たちが買い取ってくれ、炭焼きやてんぷらにして酒盛りを始めます。お盆には菩提寺の墓掃除をして、港で開催される花火大会に家族や友達と出かけ、秋には鎮守様のお掃除をしてからアケビをほおばります。そして豊作を祝う村祭りが集落あげて催されます。地域コミュニティが健在の時代でありました。冬には近所の人たちが一堂に会しての正月の餅つき、つきたてをいただき、そのあとも学校から帰って小腹がすくと、友達が集まり焚火で餅やサツマイモを焼くなど、本当に牧歌的で歳時記そのものの暮らしの中で少年時代を過ごしました。

■補欠で過ごした剣道部

こうした中で中学3年間は、剣道部に所属、部活動を中心に過ごしました。父猛友は剣道の国体選手級の上級者で、仕事の傍ら地元の警察に指導に行く腕前でしたので、小学生の頃から剣道をするよう言われて道場通いを続けていました。ところが、ジイジは両親に似ず、運動神経が鈍く、一度も選手に選ばれることなく補欠として3年間を過ごしました。いろいろ開催された大会では、準備係と応援がもっぱらでした。確かに試合で負けることは悔しいことでありますが、それが自分の実力ですから練習するより他に手立てはありません。しかし、みんなもジイジ以上に練習を積みますから、何度やっても勝てません。それでも諦めずに3年間を過ごしました。一方で、「勝つ人がいれば負ける人もいる、ただ続けることは楽しくて、自分にとっては価値があることだ」「強さも弱さも、楽しさも苦しさも己の心の持ち方だ」と、思う癖がつきました。この経験はジイジの人生で、大いに役に立ったと振り返ることがしばしばあります。

さて、小学校の時に学級委員を一緒につとめた女子がいました。お名前は、山本亜紀子さん。中学に進み、ジイジも彼女も同じ学級委員に選ばれました。まさに「誰のあこがれに　さまよう　青空に残された　わたし（ジイジ）の心は夏模様」でした。彼女は高校も同じであり、その後は愛媛県庁に入庁、当時の県知事の秘書をつとめた才女です。

後に述べるトヨタ自動車の研究所時代に、松山市の交通計画のヒアリングに愛媛県庁を訪問、その時にご説明いただいた担当者が、これも小学校、中学校の同級生、越智秀明君でした。そこで彼にお願いして山本さんの部署まで案内いただき、本庁内で30年ぶりに再会を果たしました。

ジイジは、若い頃は中学の同窓会の案内が届いても、なぜか、あまり行く気になれませんでした。ところが還暦の頃になると、同級生の何人かは物故者になったとの知らせも届き、なぜか懐かしさがこみあげてきて、同窓会も進んで参加したくなる自分がいるのです。

この感情は人によって違いがあるでしょうから、押し付けることではありませんが、子供の頃、同じ教室で同じ時間を過ごした友が、歓びも悲しみも幾星霜といいますが、それぞれの人生を、お互いここまで元気に過ごしてきたこと、ここまで何とかやってきたことを讃え合う気持ちになる、そんな同窓会の知らせを心待ちにする、老いの年回りになりました。たぶん、孫のあなた達には、今はわからない気持ちです。

4. 愛媛県立西条高等学校の伝統と出来事

ジイジの母校がある、愛媛県西条市は、徳川御三家紀州藩の分家にあたる親藩紀州松平が治めた城下町です。全国的には西条祭りで知られる気質は豪放磊落なさっぱりとした市民性の方が多いと思います。この西条祭りは、毎年、10月14日、15日、16日と決まっているため、平日の開催がしばしばです。その日は高校の大手門前がメイン会場となるため、まちの公共施設も含め、すべてが休業となる徹底したお祭りシフトで西条市内は祭り一色に包まれます。

併せて、岡山県倉敷市に本拠地を置く、大原孫三《おおはらまごさぶ》郎《ろう》翁の創業による現在のクラレの工場がある街として栄えてきたことが知られています。実家のお隣さん（故井上明夫さん）はじめ、大勢の人がクラレ西条工場に勤務していました。子供の頃、井上さんからよくクラレの話を聞かせていただきました。また、母校の愛媛県立西条高等学校（旧制松山中学東予分校）は、旧西条藩（紀州松平家下家にあたる親藩）跡にあり、周りはお堀に囲まれ、その佇まいは倉敷美観地区と似ています。母校がある堀内には、日本キリスト教団栄光教会、西条市郷土博物館、愛媛民芸館など趣ある建物が並び、お堀の水面に美しい影を落としています。倉敷美観地区との類似点は、その歴史・文化に彩られた風景にあります。これらの施設の設計は、大原家にゆかりの深い、わが国を代表する建築家、浦辺鎮太郎《うらべしずたろう》が手がけたものです。浦辺氏の作品は、地元倉敷にあっては、大原美術館分館、倉敷国際ホテル、倉敷市役所、倉敷アイビースクエア、岡山県外では大仏次郎記念館（横浜市）、西鉄グランドホテル（福岡市）、横浜開港記念館（横浜市）、日本女子大学成瀬記念館（東京都文京区）などが、その代表です。

　さて、愛媛県立西条高等学校は、１８９６（明治29）年４月、愛媛県尋常中学東予分校として開校して以来、２０２５（令和７）年11月に創立１３０周年を迎える歴史ある公立高校です。ジイジは第78回卒業であり、ジイジの母敬子は先輩で、県立西条高等女学校第37回卒業生です。校地は江戸時代の西条藩陣屋跡でお堀の中にあり、堀には噴水が設置され、陣屋の正門である大手門がそのまま校門として使われています。

　硬式野球部は、１９５９年に夏の甲子園優勝を果たし、合唱部は、１９７８年第45回ＮＨＫ全国学校音楽コンクールで最優秀賞（現、金賞）を獲得しています。また、１９９６年第16回全国高等学校クイズ選手権で全国優勝を果たし、この記録を並べることに意味があるかどうかは別として、三大会の全国制覇は西条高校のみであるとされています。

　校訓は、質実剛健、文武両道、気品と清楚を謳い、最も有名な卒業生には、新幹線の生みの親といわれる第４代日本国有鉄道（国鉄）総裁を務めた十河信《そごうしん》二《じ》氏がいます（ＪＲ四国の代表取締役社長の四之宮和之《しのみやかずゆき》氏が同窓生であり、親交を深めています）。また巨人軍の監督をつとめた藤田元司《ふじたもとし》氏、歌手のトア・エ・モアの芥川《あくたがわ》澄夫《すみお》氏、タレントの眞鍋かをりさんも卒業生です。

■合唱コンクールでテレビ出演

さてジイジの母校の思い出は、ＮＨＫ全国合唱コンクール金賞受賞時の合唱部3年生であることです（ジイジの代は県大会2位、全国金賞は2年生たち）。還暦を過ぎた今でも、カラオケでは、ジイジはまず「負け知らず」です（笑）。合唱部に入ったきっかけは、クラスの女子に誘われ、もしかするとジイジに気があるのかと思い入部したら、すぐに、それは大きな勘違いであったことに気が付きました。ともかく男子部員が少なかったという単純な理由だったのです。ともあれ、練習は厳しく、自主的に練習に練習を重ねました。進学校であったため、練習の合間には、先輩が歌唱指導だけでなく、後輩の勉強にアドバイスする風景が日常的でありました。そうした牧歌的な素朴な部活の底流にも、質実剛健、文武両道、気品と清楚の校訓が受け継がれているのかもしれません。

ＮＨＫ合唱コンクールのエピソードでは、県大会が松山市で行われ、ＮＨＫ松山放送局で収録がされました。生まれて初めてテレビカメラの前で歌い、インタビューも受けたのですが、ジイジはカメラが近づいてきた瞬間に、気が動転してうまく部員の紹介ができません。何度も撮り直してもらい、それでもうまくいかず、最後はＮＨＫの方が、原稿を黒板に書いてくれ、それを読み上げる始末となりました。「本番に弱い男」として、みんなに迷惑をかけた恥ずかしい記憶は生涯忘れることはできません。子供の頃から青年期までは人前で話すことが極めて苦手でした。この歳になって皆にこの話をすると、皆口を揃えて「三村（ジイジ）は口から先に生まれた」と誰も信じてくれません。この時の悔しい思い出を、なんとか克服しようと頑張るうちに、人前で平気で話ができるようになったのです。

■担任教師から拳骨をくらう

もう一つの思い出は、今では考えられないのですが、ジイジの高校の体育祭では海軍の予科練体操が披露されるのが慣例であり、多くの教員が拳骨で生徒を小突く光景は日常茶飯事でした。入学早々に友人と自転車の二人乗りを担任に見つけられました。当時はひとつの学年が、普通科7クラス、理数科1クラス、商業科2クラス、看護科1クラスの合計11クラスというマンモス校であり、それが3学年あるため、その教員たちが一堂に揃う大職員室は壮観でした。ジイジは朝一の授業の前に職員室に呼ばれ、担任から顔面に拳骨をくらったのです。鼻血が出て白いワイシャツが血に染まりましたが、教員の誰一人として何事も無い様子でした。そのまま夕方まで授業を受けた記憶が生々しく残っています。

帰宅して父猛友にそのことを話すと、鼻血を出す殴り方しかできない奴は、殴り方がわかっていない素人だと評したのを覚えています。今の若者たちがしばしば使う「そっちなの?」です。「ルールを破ったお前が悪い」と一言、殴られたことは意に介していない父でした。今振り返るに、その校風は、校舎正門を入ると左側に「荒鷲の碑」なる鷲が羽ばたいているモニュメントがあり、その碑に所以すると確信しています。この碑は、海軍軍人であり神風特別攻撃隊敷島隊隊長として、わが国の特攻隊の一番乗りとして出撃した関行男《せきいくお》（最終階級海軍中佐）を祀ったものです。彼が出撃した日には、全国から右翼団体の街宣車が校舎を取り巻き、騒音で授業にならなかった記憶があります。

ジイジの両親が生きた時代、戦争により焦土と化したわが国、物質的には多くのものを失ったかもしれませんが、精神や生き方は戦後の民主主義の中でも受け継がれてきたのだと思います。ジイジが学生時代に読んだ坂口安吾《さかぐちあんご》という作家の『堕落論』の有名な一節に「生きよ堕ちよ、その正当な手順の外に、真に人間を救い得る便利な近道が有りうるだろうか。」と、戦前の皇国史観に基づく教育や倫理と戦後民主主義への社会思想の変化を比較、揶揄すると解せるくだりがあります。20歳の頃には感化された時がありました。しかし、どのように時代が変わろうとも、親や学校で受けた躾や教育の精神の根本は、次の世代に影響を与え、そしてリレーされてゆくべきものであることを、人の親になってみて、はじめて気づかされた気がするのです。これは短絡的な解釈かもしれませんが、小林秀雄が『考えるヒント』で「物を考えるとは、物を掴んだら離さぬという事だ」と説いた、その「離さぬ」思考の連続と繰り返しが、その人の生き方の底流を支える根本につながるのではないかと考えるのです。

■伊《い》曾《そ》乃《の》神社《じんじゃ》と西条祭り

さて、せっかくの機会ですので、孫のあなた達に、もう少し郷里愛媛を紹介させてください。愛媛県西条市には伊曾乃神社があり、この神社は歴史のある由緒正しい神社です。同神社のHPによると「御祭神の由緒は、第十二代景行天皇の皇子の武國凝別命《たけくにこりわけのみこと》であり、国土開発の大任をおび伊予の地に封ぜられ、皇祖天照皇大御神を奉斎し人々を愛撫し皇威を弘められました。命の御子孫は「伊予三村別《みむらわけ》氏」としてこの地方にひろがり栄え、天照皇大神に始祖武國凝別命をあわせ祀りました。これが当社の創祀であります。」と紹介されています。つまり、ジイジや孫のあなた達のご先祖様は、第十二代景行天皇の皇子

愛媛県立西条高等学校大手門

西条祭り

の武國凝別命「伊予三村別氏」ということになるのかもしれません（冗談です）。

また、この伊曾乃神社は、先にも紹介したように10月15日・16日の両日、例大祭・神幸祭《しんこうさい》が執り行われます。この伊曾乃神社例大祭（西条祭り）は、「夕日に映えてキラキラと耀きたわわに揺れる豊の稲穂を咥えた金色の鳳凰。河原をうめつくす数万の人々や堤防に勢揃いした『だんじり・みこし』の見守る中、打ち鳴らす太鼓・鐘の音もたからかに加茂の流れの中で水しぶきをあげ勇壮に「屋台《だんじり》」と練り合う御神輿《おみこし》の御姿は誠に神々しいきらめきを放ちます。伊予西条に生まれ育った人はもとより、祭礼のクライマックスを目にされた人々は何がしかの感動の記憶を持たれていることと思います。」と紹介されている通り、愛媛県が全国に誇れるお祭りです（地元の皆さんは日本一の祭礼と自負しています）。こうした環境の下で、3年間を過ごしました。そして、西条市が、大原孫三郎翁創業のクラレのまちである歴史の影響を受け、大原家の偉業への敬意が幼い頃より潜在意識の中にあったことも手伝い、大学は1年間の浪人暮らしを経て、大原社会問題研究所を持つ法政大学（経済学部）へ進学しました。

3——法政大学へ進学

1. ジイジの研究者としての源流

いよいよジイジの大学時代の話になります。孫のあなた達には、ちょっと難しい話が続くかもしれません。大人になったら読み返してみてください。

明治維新以降、日本の近代化は、西欧から多くのことを学ぶことにより、それを日本的に受け入れ、欧米に比肩できる東洋の先進国としての国づくりを目指しました。わが国の近代化において社会科学の分野で根石を築いた研究所のひとつが、1919年2月9日、大原孫三郎翁により設立された大原社会問題研究所です。現在は、法政大学社会問題研究所として、西洋における社会問題研究を起点として、言語、社会思想、哲学、労働運動にいたる先人の諸著作や調査研究、資料や文献を幅広く収集することから始め、それを精緻に読み解き、整理・編集・分析する作業を通じて、理解・啓発活動をしています。

ジイジは法政大学の経済学部へ進みました。恩師は、お亡くなりになりましたが、原薫《はらかおる》（法政大学名誉教授）先生です。原先生は大原社会問題研究所のご出身で、さらに原先生の恩師が、戦後、長く研究所長を務められた久留間鮫造《くるまさめぞう》先生です。ジイジは久留間先生の孫弟子にあたります。久留間先生は退官されていたため、講義を教室で受けることは叶いませんでしたが、ジイジは、大原社会問題研究所の理想や活動の歴史について、久留間先生から直接お聞かせいただく機会を得ました。また「次代を担う君にエールを送ろう」と、晩年、久留間先生の『恐慌論』のご著書にジイジの名前を入れてサインをいただく光栄に恵まれました。ジイジは、それが契機となり研究者の道を志したのです。この学ぶ環境を与えて頂いたのが、法政大学で事務職をされ、『法政大学１００年史』の編纂に携わられた、秦恵三《はたけいぞう》先生です。秦先生は、ジイジの高校時代の同級生で、法政大学経済学部へ共に進学した佐藤秀之氏の叔父上であり、恩師の原先生と共に久留間先生を師とされた方です。大学進学では保証人になっていただき、大学４年間、本当にお世話になりました。こうしたご縁もあり、佐藤さんは郷里で小学校の教員をされる傍ら、郷土史家として西条祭りの研究をはじめ、退職後は、新居浜市史の編纂に携わっています。65歳を超えて老年の仲間入りをした後も、ずっと交流を続けています。生涯の友がいることは本当に幸せです。

その後、ジイジは社会に出てから自分の力で法政大学の大学院（博士前期課程）へ進みました。

孫のあなた達にも、こうしたチャンスが訪れ、自らの力で掴み取れると良いなと願います。

2. 大原社会問題研究所から学んだこと

さて、ジイジが法政大学にある法政大学大原社会問題研究所の教えから学んだ精神は、西洋における社会現象やそこで生起した課題を、単なる表層的な理解にとどめず、深く学問という観点から受容するプロセスを通じて、その解決策を見出そうとする意志です。すなわち、研究所を創設した大原孫三郎翁の功績は、欧米の社会問題の研究や文献収集に終始せず、日本の歴史や社会慣習を踏まえて問題の解決策を探る活動を並行して進め、日欧米の相違点と共通点を明らかにすることにより、相互理解を深め、異文化・異社会と共生しようとしたことにあります。

さらに、大原孫三郎翁の偉業は、激動期にあって、企業経営者の視座から国家的な課題である「近代化」に向けた道筋を自ら探ろうと、自然科学や医療福祉、芸術や宗教など複眼的な視点に基づく社会実装活動を通して、綜合的に近代日本に求められる真理と社会正義を探究したことにあります。そして、その志は總一郎《そういちろう》氏により展開され、謙一郎《けんいちろう》氏、あかね氏に受け継がれて今に至ります。

■大原家と係累の人々

さて、ここで大原家について、もう少し紹介させてください。岡山県倉敷市にある大原美術館は、日本初の民間西洋美術館であることはよく知られています。このように岡山には日本初の歴史を持つものが多数あり、その多くに大原孫三郎翁が深く関わっています。例えば、日本初の孤児院に「岡山孤児院」があり、これは石井十次《いしいじゅうじ》の設立によります。彼の熱意と内外のクリスチャンを中心とする多くの人々の援助などで、明治末の東北飢饉の際には、１２００人の孤児を収容する日本最大の孤児院であったと記録にあります。大原美術館の基礎となる絵画を収集した児島虎次郎《こじまとらじろう》の夫人は石井十次の長女であり、「岡山孤児院」の経営を援助したのが薬種問屋である林源十郎《はやしげんじゅうろう》（山川均《やまかわひとし》の義兄（姉・浦の夫））です。この活動は岡山の地にとどまらず、大阪のスラムの児童を対象にした夜学校や保育所である財団法人石井記念愛染園が設立され、そこには、創立当初から救済事業研究室（大原社会問題研究所の前身）が付設されています。大原社会問題研究所は、「愛染園」で創立総会を開催しており、こうしたことから、石井十次も「大原社会問題研究所を創った人びと」のひとりといえます。

　ところで、社会問題研究所創立は、大原孫三郎翁が河上《かわかみ》肇《はじめ》から影響を受けたことがきっかけであると言われています。その論拠は、河上肇の著作『貧乏物語』（１９１７年）の書き出し「驚くべきは現時の文明国における多数人の貧乏である」と、１９１９年に社会問題研究所が刊行した『社会問題研究』創刊の辞「社会問題とは簡単に言はば、社会の大多数の人が貧乏して居る、其を如何にして救治するを得るかと云ふこと、それが今日の謂ふ所の社会問題である」との類似性に見ることができます。実際に大原孫三郎翁は河上に会い、その意見を聞き、彼に研究員就任を懇請しています。そして河上は適任者として高野《たかの》岩三郎《いわさぶろう》を紹介しています。高野岩三郎は、研究所の所長を務めた後、戦後初のＮＨＫ会長として、戦後日本の民主的マスコミの礎を築いた人です。この高野岩三郎所長の女婿がマルクス経済学に宇野派を築いた宇野《うの》弘蔵《こうぞう》（倉敷市出身、第六高等学校（現在の岡山大学）を経て、１９２１年東京帝国大学経済学部卒業）です。そして、ジイジの大学時代の恩師の恩師が、長く大原社会問題研究所の所長を務めた久留間鮫造先生です。

■久留間鮫造先生と原薫先生について

久留間先生は、１８９３年岡山市（紙屋町）に生まれ、第六高等学校（現在の岡山大学）を経て、１９１８年、東京帝国大学法科大学政治学科卒業。１９１９年大原社会問題研究所入所、１９４６年法政大学教授となり、１９４９年に法政大学に移管された法政大学大原社会問題研究所の所長を兼任しました（１９６６年まで）。１９４５年の終戦を機に、大原社会問題研究所を支えてきた大内兵衛は東大経済学部に復帰しました。また、１９４６年に高野岩三郎が日本放送協会（ＮＨＫ）の会長に就任し、森戸《もりと》辰男《たつお》は日本社会党から衆議院議員を経て１９４７年に片山内閣の文部大臣に就任したため、研究所の再建任務は創立以来の研究員である久留間鮫造先生の手に委ねられたのです。こうして大原社会問題研究所は、１９４９年10月に財団法人大原社会問題研究所最後の委員会を大内兵衛宅で開催、法政大学との合併を決議し、12月8日に文部省の認可を得て、創立以来ちょうど30年で法政大学大原社会問題研究所として再出発、現在を迎えているのです。

ジイジの恩師である原薫先生は、法政大学との合併によって大原社会問題研究所の財政状態が安定し、スタッフの充実が図られたことを受け、１９５３年に助手として採用されています（原薫先生が久留間鮫造先生の葬儀委員長をされました）。

久留間鮫造先生や原薫先生からお教えいただいた根本は、「唯物史観では、人間社会は土台である経済の仕組みにより、それ以外の社会的側面（法律的・政治的上部構造及び社会的諸意識形態）が基本的に規定される。したがって経済学を学ぶ者は、まず土台の研究につとめ、その後に、土台＝生産関係が生産力との間に生む矛盾を見定め、そのうえで、より良い社会実現のための根石となれ。」でありました。

戦前に起こった日本資本主義論争では、講座派は、明治維新後の日本を絶対主義国家と規定し、まず民主主義革命が必要であると論じ、これに対し、労農派は明治維新をブルジョア革命、維新後の日本を近代資本主義国家と規定し、社会主義革命を主張しています。こうした論争とは一線を画し、土台の研究に努めること、すなわち経済学者の責務は、まず社会の上部構造を成す政治（イデオロギー）とは一線を画して、客観的な下部構造の研究に専念し、その研究に基づき上部構造の在りようを明らかにすることが重要である、との教えであります。それは必ずしも政治（イデオロギー）を否定するものではなく、例えば現代社会においては、わが国で進む、少子高齢社会や格差社会、長引く景気低迷と国民生活の困窮、国債の大量発行による財政不安などの課題に対する実態分析を行ったのちに、その解決策や打開策を国民生活の安心や豊かさの実現に向けて具体的な政策

法政大学 原薫ゼミナール
前中央 遠藤茂雄教授

法政時代　佐藤秀之氏と

法政大学大学院修了式　阿利莫二総長

法政大学 剣和会　筑波大学交流試合

久留間鮫造先生（法政大学社会問題研究所提供）

法政時代 剣和会

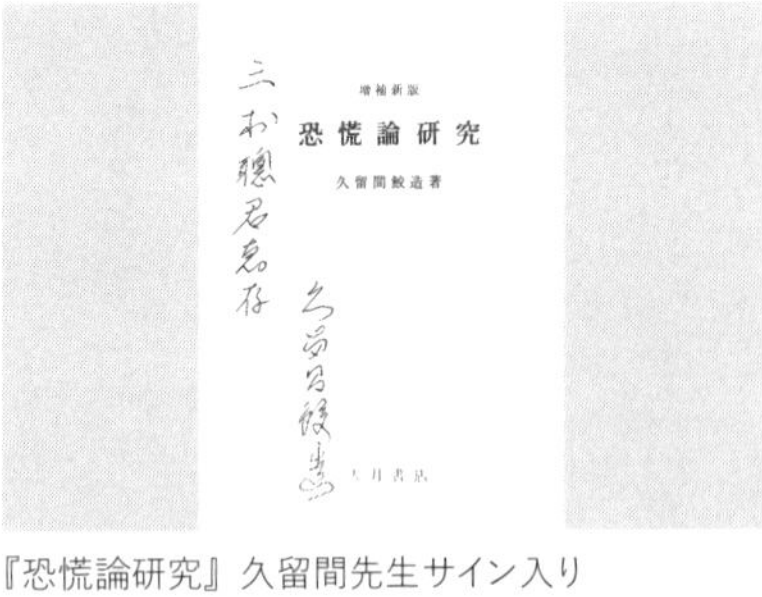

『恐慌論研究』久留間先生サイン入り

として明らかにするという考え方に他なりません。
社会問題に対峙する強い意志が、ジイジが生きる上での支えとなりました。そして、久留間先生から、先生の名著『恐慌論研究』にサインをいただきました。これがきっかけとなり、ジイジは研究者を目指す決意をしたのです。

4——妻（バアバ）との出会い

1. 妻との出会いは市民サークル

大学時代は、2年生から『貨幣論』の原薫ゼミに入り、原薫教授と遠藤茂雄教授の下で、ゼミ長として卒業まで、高校時代に勉強しなかった分を取り戻しました。春と夏の合宿、毎週サブゼミと本ゼミの2回のゼミを中心に学生生活は回り、経済学のゼミが議論を競う関東大会（中央大学）や全国大会（福岡大学）にも積極的に出場して議論を深めました。また、スポーツでは剣和会という剣道のサークルに入部して、交流試合に出かけました。中学時代は補欠選手で過ごしましたので、筑波大学にて相手が二段の学生から一本取れたことが生涯の記念です。

バアバ（妻幸江さん）との出会いは、国立市の市民合唱団「国立ときわ会」でした。一時は大学の混声合唱団に入部したのですが、未だ学生運動の名残が香り、しばらくして退部しました。ただ、神宮球場での東京六大学野球の応援や六大学連合混声合唱連盟合唱会など、六大学相互間でのエールの交換の機会が多くあり、各大学の校歌と応援歌を覚えることができました。

さて、「国立ときわ会」は、指揮者が国立音楽大学の長井則文講師であったため、女性メンバーは師事を受けている国立音楽大学の現役の学生が多く在籍していました。そこに同い年の妻（幸江バアバ）がいたのです。東京都主催の都民合唱コンクールで幾度となく優勝の実績を誇る合唱団ですので、練習はとても厳しく、社会人のサークルにも関わらず、仕事が忙しくて練習に来る回数が少ないとステージに立てない仕組みになっていました。一方で、折りにふれて親睦会の開催が多くあり、私（ジィジ）と妻（バァバ）が、その親睦の係に選ばれたことがきっかけで交際が始まりました。

2. 結婚のきっかけ

そして結婚することになったのは、妻（バァバ）が中学の音楽の教員として社会へ出てからのことです。着任した学校が荒れていて、プリントは配布したらすぐに破られる、木琴をはがしてバラバラにするなど、いわゆる学校崩壊が起こっていました。そして1学期が終わるとメンタルを病んで休職してしまいました。当時は携帯電話などない時代ですので、連絡がないなと思っていたら、母親（幸江バァバの母小夜子さん）から「様子がおかしいので自宅まで来てもらえないか」と電話があり、驚いて訪ねてみると、暗い部屋の中に一人居ました。妻（バァバ）とは同い年でしたが、私（ジィジ）が浪人しているため4年生で就活中でした。授業単位は、卒論以外は取っていましたので、それから付き添う生活がはじまりました。

休職した教員専門の病院がお茶の水にあり、そこに付き添って参りましたが、来院している皆さんが暗く、これは大変だと思い、それならばと、気分転換に愛媛の実家まで連れて行きました。母（ジィジの母敬子）が小学校の教員でしたので、同情してくれたこともあり、温かく迎えてくれた両親に感謝しました。そして、2学期を休職して山や海へ行ったりしながら過ごしました。また、私（ジィジ）は東京で転勤のない職場を条件にして就職活動するよう方針を切り替えました。住まいも妻（バァバ）の実家の八王子へ、ゼミの3年生を引っ越しの手伝いに総動員して転居、実質的に同棲を始めました。その甲斐あって、年が明け、3学期から復職することができました。義務教育課程の教員は大変な仕事だと思いますが、お陰様で、定年少し前の退職ながら、何とか勤めあげてくれました。

ジイジ、バアバ、二人とも財産のない家庭に育ちました。一方で、戦争を経験して辛酸をなめた両親でしたので、両家とも子供の自由な生き方に理解があり、特に教育にはお金をかけてくれました。還暦超えて、結婚して40年を迎えることができたのも、両家両親の辛抱強さと寛容な心の賜物だと思うのであります。

5——娘たちのこと

1. 伊予さんは特別な親孝行を祖父母に

時間が一気に飛んでしまいますが、家族の話を続けます。

孫である晴さんと樹さんのお母さんである伊予（ジイジの長女）さんが、２００７年４月、東京大学大学院理学系研究科に入学しました。愛媛の郷里から

混声合唱団 国立ときわ会
東京都都民合唱コンクール優勝

混声合唱団 国立ときわ会
創立25周年記念定期演奏会

ジイジの父猛友と母敬子が上京、母は半身不随の障がいがあるにも関わらず、幸江バアバ（ジイジの妻）が介護して東京大学まで参りました。孫のあなた達の曽祖父さんと曽祖母さんは、共に冥途の土産にこれほどの喜びはないと嬉し泣いてくれました。

お金で買えないのがプライドかもしれません。た

だ、お金がないと偏差値の高い大学に行けない時代とも言われています。ジイジもバアバも財産のない普通の家庭に生まれ育ちましたので、お母さんにはよく頑張ったと心から褒めてあげました。その後、大学院理学系研究科の修了時にお母さんから送られてきた、研究報告の姿を見て、ジイジとバアバは親バカながら誇りに思いました。

東京大学を目指す必要はありませんが、孫のあなた達は、お母さんの背中を見ながら、自分の夢の実現に向けて、自分が決めた道を歩んでほしいと思います。

2. 理乃さんは親孝行のプレゼント

2013年3月25日、次女の理乃《あやの》さんが、中央大学商学部を卒業しました。ジイジも同じ日に岡山大学の卒業式があり、出席できませんでした。携帯で写真を送ってくれました。ようやく、親としての責任を果たすことができました。世間の波に揉まれることでしょうが、みんなたくましく生き抜いてほしいと願います。

理乃さんの心に残る思い出は、いくつもあるのですが、その中でも中央大学付属高校陸上部時代のマラソン大会です。大会があるたびにバアバと何回も応援に行きました。地元立川の昭和記念公園での走りが綺麗で忘れられません。チームは好成績で入賞したと記憶しています。

さて、その理乃さんが、2013年4月から晴れて社会人になりました。「お父さん、初任給が出たから、お父さんの大好きなラーメンをご馳走するね」と申しますので、4月20日、妻と3人で日野市にある中華そば専門店の武富屋へ参りました。今は惜しまれながら閉店しましたが、八王子系ラーメンの名店であり、家族でお気に入りの店でした。八王子系ラーメンの特徴は醤油味で刻み玉ねぎが乗っています。遠慮なく馳走になりましたが、ようやく娘が独り立ちしてくれ、親として肩の荷が降りた嬉しさに、生涯食したラーメンの中で、格別に美味しい一杯となりました。愛犬ららも可愛がりました。

理乃 高校時代の雄姿

成人式

格別の1杯

伊予 大学院入学式　東京大学赤門前にて

大学院入学式　小宮山宏総長 挨拶

大学院修了研究報告

大学院 学位授与式

そして、2017年8月26日、理乃さんは久保山潤一さんと結婚しました。8月26日は、故・義母小夜子さんの誕生日です。何かご縁を感じました。

そして、ついに父親としての最後のお務めである待ちに待った結婚式となりました。理乃さんとバージンロードを歩みました。感慨無量でした。

次のお楽しみは、孫であるあなた達（夏帆と莉子）の結婚式です。それまでジイジもバアバも元気に暮らしていきたいと思います。

久保山潤一、理乃、夏帆（右）、莉子（左）

愛犬らら

Episode 2

就職・社会人として歩みはじめる

1――社団法人 全国労働金庫協会の時代

1．学生時代の立志を胸に己の求める道へ

ジイジが社会人の第一歩を踏み出したのは、1983（昭和58）年4月1日です。前述の大原社会問題研究所で学びたいとの初志が強く、大学時代は金融論のゼミを選びました。日本銀行や都市銀行はじめ金融系に進む先輩や同期が多かった中で、地味ながら働く人の金融機関であり、その起源を大原家がある岡山に持つ労働金庫業界を目指して、社団法人全国労働金庫協会を志望、その熱意が認められ内定をいただきました。

つまり、「安定しているからとか郷里に帰れるから公務員の道を選ぶ」とか「例えば金融機関では知名度が高く世間体が良い大銀行（今ならメガバンク）を目指す」とかではありません。ジイジは安定や世間体に価値はなかったのです。「好きな道を選び自分の決めた道を進む」ことが後悔しない生き方だと確信していました。

そして配属は労働金庫連合会資金部で2年間在籍し、当時は全国に47（現在は13）あった労働金庫から、労働金庫連合会への定期預金の受け入れ業務や、中央機関として大蔵省や日本銀行へ業務報告書を届ける業務、富士通や日立製作所へのコンピュータ研修など、慌ただしい中で得難い経験を積むことができました。なかでも「ろうきん富士研修センター」で受けた新入研修が胸に深く刻まれ、生涯の研究テーマとして「勤労者福祉金融」を探求することを決めました。

2．前職で得た経験と人脈を積極的に活かす

職業人としては、労働金庫業界から2年で転職したものの、次は社団法人金融財政事情研究会、さらに現代文化研究所（トヨタのシンクタンク）へ移り、そ

して大学教員となった現在まで、いわば〝ろうきんウォッチャー〟として、結果的に何らかの形で労働金庫業界との関係を維持してきました。

まず、金融財政事情研究会では出版部時代に『労働金庫読本』の企画・提案を行い、編集を担当、これがエディターとしてのデビュー作です。転職しておきながら、厚かましくも2年間の人脈を活かして元の職場に企画を提案して書籍を刊行、初版6000部を売り上げました。出版部長から「新人で5000部以上売れる書籍を企画出版した者は皆無だ」とたいそう褒められました。

その後、逆に金融財政事情研究会で得た経験、情報、人脈を活かして、全国労働金庫協会が実施した次世代システム構築検討プロジェクト、全国合併検討プロジェクト、労働金庫連合会が実施した次世代システム構築プロジェクトにアドバイザーとして参画することになります。近年は労働金庫の未来を考える理事長（西田安範理事長）主催の有識者懇談会の学識経験者チームの一員として活動を続けさせてい

ろうきん研修富士センター

足柄山

講義風景

ただいています。とりわけ、全国労働金庫協会が主催する幹部研修や各種講座では、30年間以上講師を担当し、加えて全国の金庫を訪問させていただきました。最近では、岡山大学に着任した関係で、中国労働金庫や四国労働金庫が実施する会員向けのセミナーや職員研究会へお招きいただく機会を得ています。

3．利他の心で継続すれば必ずチャンスが訪れる

現在、国連が提唱するＳＤＧｓ（Sustainable Development Goals）が世界の皆が考え実践するテーマになっています。「勤労者福祉金融」の活動が、国連最大の機関であるＩＬＯ（International Labour Organization：国際労働機関）から「日本を代表するＳＤＧｓ活動は労働金庫運動」であると大きなエールが送られました。

そして国際労働機関（ＩＬＯ）駐日事務所と一般社団法人全国労働金庫協会主催のＳＤＧｓシンポである「ＩＬＯ―ろうきん共催フォーラム～社会正義の実現に向けて～」が、２０２３年6月30日、青山にある国連大学のエリザベス・ローズ国際会議場において開催されました。主催者を代表して、国際労働機関（ＩＬＯ）駐日代表の高﨑真一氏が開会の挨拶に立ちました。基調講演では、「助けてと言える社会をつくる。いま抱樸《ほうぼく》が伝えたいこと」と題して、認定ＮＰＯ法人「抱樸」の奥田知志理事長が、わが国の貧困問題について、ホームレスの救済活動を軸とした、これまでの経験知に基づく魂のこもった講話をされました。この話題提供を受けて、対話会「希望のまちを全国へ～つながりで築く未来の社会」と題して、スピーカーに、高﨑真一さん、奥田知志さん、さらに東京都立大学人文社会学部教授で、子ども・若者貧困研究センター長の阿部彩さん、全国労働金庫協会理事長の西田安範さんが登壇されました。

岡山大学の立場からも、倉敷宣言を胸に刻み活動を持続することを、高﨑真一駐日代表にお伝え申しあげました。心温まる会ながら真剣勝負の会でありました。企画・運営をされた全国労働金庫協会政策調査部の山口郁子部長はじめ関係者の皆様方のご尽力に心から敬意を表します。

ILO＆全国労働金庫協会主催SDGsシンポ
西田安範理事長（中央）

G7倉敷市労働雇用大臣会合

ILO高﨑真一駐日代表

ホスト役の伊東香織倉敷市長

相前後しますが、２０２３年４月22日、23日には、Ｇ７労働雇用大臣会合が倉敷市で開催され、開催前日の４月21日夕方から、倉敷市美術館を会場として開催された、ウエルカムレセプションに、岡山大学からは那須保友学長とジイジが副学長（ローカル・エンゲージメント担当）としてお招きいただきました。ＩＬＯからは、ジルベール・Ｆ・ウングボ事務局長が参加されました。

さて、こうして、これまで自らが感じた「勤労者福祉金融」分野の問題意識と研究テーマを、折に触れて日本金融学会や日本ＮＰＯ学会などで報告し、あるいは大学の紀要に書き溜め、その内容を岡山大学の紀要として発表、九州大学大学院の後期課程で川波洋一先生のご指導を受け、書籍として上梓、その成果を手掛かりに京都大学で川北英隆先生のご指導の下で博士号（経済学）をいただきました。

この自らの書が上梓できたのは、かつての同僚である金融財政事情研究会の谷川治生理事（出版部長）、小鷲まり子氏（出版部）の温かいご理解と編集指導の賜物なのです。つまり、ジイジは社会人として、実務家経験では三つの職に就き、大学人として二つ目の職場であり、合計で五つの職を渡り歩いてきました。そこでの特徴は、最初の職場で決めたテーマを温め続けて、その後の職業で得た経験を活かし続けて、同時に人脈も維持しながら、大学人となり、多くの人に助けていただきながら、当初のテーマについて遅咲きながら花を咲かせることができました。大きなゴールに辿り着くためには、利己主義では成就できず、利他の心が本当に大切なのです。谷川ご夫妻との写真は巻末で紹介します。

現在は、博士号を得た京都大学で招聘され、非常勤ながら研究員として研究を続けた後に、2022年6月1日、京都大学を所在地として一般社団法人京都アカデミア投資研究会を設立、その代表理事に就任しています。還暦を越えて、定年の歳となりましたが、それでもまだ、研鑽を続けてゆく覚悟です。

■まず自らの思考と立場を明らかに示して話す

今、記した、最初の職場で決めたテーマへの持続的な探究をもとに述べたジイジの文章がありますので、ここに引用します。

僭越ながらわたくしの専門分野と略歴を紹介させていただきます。専門分野は勤労者自主金融です。単著『労働金庫の研究：勤労者自主福祉金融の歴史・理念・未来』（金融財政事情研究会（2014年））で博士学位を得ました（九州大学で川波洋一先生から学び京都大学で川北英隆先生の指導で取得）。労働金庫は、1950年に岡山県と兵庫県において信用協同組合として設立されました。わが国初の労働金庫が岡山で設立された事実は興味深く（大原孫三郎翁の影響があるのではないかと考えており、今後のわたくしの研究テーマです）、1953年10月に労働金庫法が施行され、1966年に沖縄県労働金庫が設立され全国47金庫となりました。その後、金融の自由化の中で地域合併が進み、現在では13金庫となっています。

労働金庫法の第1条では、「この法律は、労働組合、消費生活協同組合その他労働者の団体が、協同して組織する労働金庫の制度を確立して、これらの団体の行う福利共済活動のための金融の円滑化を図り、もって健全な発達を促進するとともに、労働者の経済的地位の向上に資することを目的とする。」と設立の目的を謳っています。その協同組織を形成する会員は、原則として労働組合や消費生活協同組合などの団体であり、会員である団体（団体会員）自身及びその組合員（構成員）が利用できます。その活動の特徴は、職場推進機構（労働組合内部の労働金庫担当の世話役）や地域推進機構（地域の労働者福祉協議会や全労済、生協などと連携した地域活動）を主体とした組織体に、他の金融業との決定的な差異性と独自性を持っています。一方で、わが国の金融界は大きく変貌を遂げました。金融の自由化による業務規制の緩和や商品サービスの自由化の進展と、その過程で発生したバブル経済と崩壊、Financial Technologyへの過度の依存に対する脆さを露呈、新たな金融危機の到来とその後遺症への対応が課題です。

わたくしの研究では、まず、戦前における協同組

ジイジが執筆した労働金庫関係の書籍・雑誌・記事

織金融の萌芽期を振り返ることにより、資本主義による経済社会にあって、社会的弱者である中小零細企業や勤労者のファイナンスへの必要性により必然的に協同金融が生まれた背景を確認しました。その目的は、戦後の信用金庫や労働金庫誕生にいたる設立理念を考察することにより、協同金融の本源的な存在意義を明らかにすることです。

次に、金融の自由化後における労働金庫の今日的な存在意義を「全国労働金庫経営分析表」を用いて労働金庫の経営指標の推移を観察することにより、金融の自由化の前後期、バブル経済期とその崩壊期、Subprime Shockの前後期に分け、金融経済環境を概観しました。とりわけ、金融制度改革の進展を受けて、最近10年間における労働金庫財務諸表分析を行い、労働金庫に求められる経営行動に関する課題を整理した結果を踏まえて、今後の労働金庫に求められる時代に適合した協同組織性を見出そうと試みました。そこでは、金融庁の指導により中小企業向け金融機関で取り組みが進められてきた考え方を個人

中国ろうきん　金尾博行理事長（当時）

全国労働金庫協会　中央・中江公人理事長（元防衛省事務次官）　右・田村潤元キリンビール副社長　左・加藤幸博専務理事（いずれも当時）

四国ろうきん講演　松山市にて

ろうきんのマスコットキャラクター
ロッキー&ピンキー

取引に応用・展開できないか、との仮説をたて、金融サービス利用者が適正なサービスを得るために求められる行動指針を、協同組織性を活かした「個人取引におけるリレーションシップ・バンキングの必要性」と位置付け、労働金庫の今日における協同組織性と存在意義を提起しました。

こうした研究手法は、大原社会問題研究所の設立目的はもとより、久留間鮫造先生や原薫先生からの教えによるものであり、これがわたくしと大原社会問題研究所を、今なお繋ぐ絆となっているのです。

2——社団法人 金融財政事情研究会の時代

1. 新人の時に苦労を選ぶか逃げるかで将来が決まる

１９８５年４月、社団法人金融財政事情研究会（現理事長は加藤一浩氏）に採用され、配属は出版事業部でした。大蔵省銀行局と国際金融局の関係では、金融行政のアニュアルレポートといわれた『銀行局金融年報』や国際金融のアニュアルレポート『大蔵省国際金融局年報』の編集を担当、各局の担当者のほぼ全員が執筆に関わる大作ですので、原稿の入稿に苦労しました。原稿が揃うまで夏休みに入れませんん。当時は紙の原稿用紙でした。１枚もらうのに何度も何度も足を運びました。大蔵省は忙しい人ばかりです。とは言え人間だれしもトイレには行きます。いよいよ最後の原稿が近づくと、トイレの前に立って執筆をお願いすることもありました。

新人の時の一番の思い出は、上司に連れられて財務官室へ入った時です。広い部屋の奥に巨大な地球儀がありました。迎えてくださった大場《おおば》智満《ともみつ》財務官が、為替の電光掲示板を指さしながら、「どんどん円高が進みますよ」とプラザ合意の交渉経緯と苦労話を聞かせてくださったことが、強烈な印象として今も記憶にあります。

1983年、米国は日本の金融システムについて大きな改革を求め、日米の為替問題と日本の金融自由化を協議する「日米円ドル委員会」が設置され、1984年5月、日米円ドル委員会報告書が発表され、金融の自由化と円の国際化が始まりました。さらに、1985年9月、ニューヨークのプラザホテルを会場として、日本、アメリカ、イギリス、西ドイツ、フランスの蔵相と中央銀行総裁が一堂に会し、ドル高の是正に向けて協調行動をとることが合意される歴史的な会合が開催されました。いわゆるプラザ合意です。

プラザ合意前には240円程度だった為替レートが、合意後は一気に円高が進みました。そして1986年の年明け1月に200円から円がますます強くなり、1986年半ば以降には150円前後にまでなりました。こうした金融の自由化と円の国際化の進捗にあわせて大蔵省や日本銀行、そして市中銀行や証券会社、保険会社を行き来する仕事が始まりました。

金融財政事情研究会同期会　伊豆にて

金融財政事情研究会 出版事業部

金融財政事情研究会 会社訪問

2. バブル経済とその崩壊、天国と地獄を現場で体験

日本はバブル経済に突入、そして崩壊、まさに天国と地獄を日常業務の中で肌に感じながら、与えられた業務をこなしました。確かに、世の中、毎日花見の宴が続きました。自分が偉くなったという錯覚に襲われそうになりました。実際に、検察庁から霞が関や丸の内の接待関係について事情聴取を受けました。さらに国税局の査察部長とのやりとりや、暴対法の折りには警察庁、貸金業規制法となった自己破産問題では日弁連やデータを担当している最高裁判所に通いました。そして銀行法や証券取引法、さらに保険業法や商法、新たに注目された金融先物取引法、インサイダー取引や個人情報保護法はじめ企業や投資家倫理・コンプライアンスなど、立て続く法改正では、全国銀行協会、日本証券業協会、生命保険協会などの業界団体との業務が山積しました。

こうして我ながら忙殺される日々でありました。そしてバブル経済の崩壊により、多額の不良債権が発生、闇が社会を覆い尽くしました。大蔵省でお世話になった方が自殺するという悲劇や日本銀行で可愛がってくれていた方が引責辞任するなど、悲しい出来事にも出合いました。お客様と銀行の板挟みになった真面目な支店長が大勢銀行の職場を去りました。

バブル絶頂期は、銀座、赤坂、六本木、新宿とネオンで光合成するほど、ゴールを見失いながら過ごした時期がしばらくありました。それでも「のむ、うつ、かう」に決して染まらず、自分を見失わずに業務を遂行できたのは、両親の教えと小学校から大学までの先哲の教えを肝に銘じて忘れなかった冷静な自分がいたからだと確信できます。元来、お金や出世にはあまり執着しなかった性格があります。それよりは、西条高等学校の校訓、正々堂々と質実剛健に胸をはって生きる方が楽だと感じてきました(今もです)。そして自分に与えられた業務も他人が嫌がる業務も、さぼらず、「こんな国の動きに連動しながら日本のお役に立てるかもしれない仕事は、そ

うそう誰にでも任せてもらえる仕事じゃない」と思いながら励みました。仕事の出来栄えはともかくとして、志を同じくする大勢の人たちに支えてもらいながら、一歩一歩、真っ直ぐに進んだ経験が実を結び、念願の大学教員になれたのだと思うのです。

3. 思わぬ特命業務の経験で得た複眼思考

特命事項として、バブル経済の絶頂期になると損失補填問題と多重債務・自己破産者問題が社会問題として大きく取り上げられました。夏休みに愛媛の実家に帰省していましたら、電話が鳴り、父が「東京の職場から電話だぞ」と呼びました。なんだろうと出ますと、倉田勲専務理事から直接の電話で「休暇中に悪いな、至急、東京へ戻るように、詳しくは戻ったら」と命がありました。専務理事室を訪ねましたら「本来、大蔵省の公益法人が受けたらいけない業務だが」と前置きがあり「特命だ、秘書業務についてくれ、業務のテーマは主に損失補填問題と多重債務者問題だ、社内にも内聞だ」との指令でした。

当時は「はい」と「YES」しか返事の選択肢がありませんので、早々に指示された衆議院議員会館を訪ねました。外務大臣や官房長官を歴任されている林芳正議員のお父上である林義郎議員の秘書を仰せつかり、林先生が大蔵大臣に就任されるまで、2年間ほど担当させていただきました。議員会館の部屋に入ると、先生ご本人がおられて、「よろしくね」とご挨拶いただき、しばし雑談をいたしました。とても真面目な先生だとの印象でした。既にジイジの秘書名刺ができていました。

■大臣秘書の仕事とは

さて、秘書業務の開始です。林事務所から連絡が入りますと、朝から自民党本部に参ります。担当は財務委員会の金融問題小委員会です。朝食会がセットされています(夕方からの委員会はカレーなどの軽い食事)。毎回、割烹着姿の女性が、ご飯にシジミの味噌汁と一品、二品を手際よく並べていきます。われわれ秘書は、部屋の壁際に並べられたパイプ椅子で、もちろんお茶も出ません。そしてテープレコーダー持ち込み禁止ですので、速記ができないジイジは大学ノートに、話題提供者の話のあらすじを書き止め、各先生方から出された質問と回答も書き止めねばなりません。委員会担当の国会議員の先生方が大勢いらっしゃいますので、どの先生が質問されたのか、お顔と名前を覚えるのが大変でした。1回の委員会で一冊ノートを使い切ります。

委員会が終了しますと、急いで職場に戻り、当時はPCがなくてワープロでしたが、忘れないうちに議事録を作成します。職場に内緒ですので、上司から「三村、また遅刻か、あの仕事はどうなっている！」と指示が飛びます。うまく答えながら議事録をまとめてから、それをファクスで林事務所へ送信します。

時々、連絡があり、林先生に補足説明に来るように指示がありますと、衆議院議員会館に出かけて、林先生のご質問にお応えします。そして林先生から「その点を経済界がどう考えているか聞いておいてください」と指示を受けると、すぐさま経団連や日

霞が関

大手町

衆議院議員
林　義郎
秘書　三　村　　聡

林義郎先生秘書

本商工会議所にアポを入れて、取材、ヒアリングに参ります。そしてすぐに帰社して、それを報告書にして同じようにファクスするわけです。時々、林事務所で時間があると、山口銘菓をいただきながら年賀状の整理などをお手伝いしましたが、原則は政策秘書でしたので、政治活動には関わりを持ちませんでした。

ともあれ、霞が関への出入りは、どんな会議をしていても秘書名刺を見せると、すぐに会議がとまり、説明に専念してくれます。また、何度も自民党本部へ出入りしましたので、普通の人では知ることができない様子を見せていただき、多くのことを学ばせていただきました。政治に興味がないジイジではありますが、多くのことを学び複眼で物事が眺められるようになった気がします。いただいたチャンスは、ポジティブ思考でこなすことで、得難い栄養になることがあります。

4. 編集者として実務書ベストセラーを出す

出版事業部時代には、時代を先取りする金融実務書の企画を編集会議で何本通せて、また、それを単行本として世に問い、何部売れたか、何回増刷できたか、つまり何人の方に読んでいただいたか、それを勝負する時代が6年間続きました。

当時は、八重洲ブックセンターのビジネス書コーナーでランキング入りできるか、日経新聞や東洋経済の書評欄に取り上げられるか、徹夜覚悟で頑張りました。企画段階のものから改訂する年版書籍も含めると、多い時には、20冊以上の書籍を同時に動かしていました。また、年史の受託や小冊子の企画編集など業務は多岐にわたりました。そして編集者としての経験が、いろいろな業務のシーンで役に立つことになりました。金融界での実務書の場合は5000部を超えると大型書店の実務書コーナーでランクイン、1万部を超えるとベストセラーと言われたものです。遠い昔の話になりましたが、ジイジが企画から執筆依頼、編集、制作刊行までを担当した書籍とベストセラーの書籍をいくつか紹介します。

特に実務書は、出版する準備の段階から、必要とするマーケットを選定して、刊行までに刷部数と予算措置も併せて確保する交渉力が問われます。つまり「買い上げ」という概念が存在することも、実務書を担当する醍醐味です。大学教員の執筆する研究書も広い意味では、物語などのフィクションとは異なりますので、私見ながら研究実務書に近い性格を有します。大学教員の研究書は、授業で学生が購入する部数以上に、どれだけの読者を確保できるかが課題になると思います。

最近では、部数が少なくても刊行できるオンデマンド方式による少量印刷の技術が飛躍的に伸びてきましたし、また、紙の書籍ではなく写真や映像を多数入れた電子出版も普及してきました。

社会科学系の実務家教員は、金融機関の調査部やシンクタンクからの転職組、また官僚出身者まで多彩です。さらにジイジのような編集者とか、新聞記者、広告代理店のクリエーターなどマスコミからの

ジイジが企画編集を担当した主な書籍（ハードカバー）

方も多いようです。共通点は、「大学入試にも一芸入試」なる試験がありますが、大学教員に教員免許はありませんので、同じく実務家教員は「一芸（専門）に秀でれば良い」ということでしょうか。あとは、何らかの形で大学とのつながりがあることが必要かもしれません。また、学位は、修士号はあった方が良いと思いますが、岡山大学のクラスですと博士号に加えて、採用の際には、研究業績の実績評価が厳しく問われます。また留学生が大勢いますから語学力も必要になります。

ちなみに、ジイジは大学と社会をつなぐ担当部門のマネージャーとして採用されましたので、通常の学部採用の基準を外れています。つまり、本来の採用基準からすれば例外でしたので、その例外の分は、他の能力（通常教員が持っていない能力）に期待されたことになります。社会的キャリアの面で異能者と言われましたので「一芸（特殊キャリア）に秀でれば良い」という分類に近い採用になりましょう。

5．海外調査の思い出

また、もう一つの思い出が、海外調査の思い出です。

１９９０年代から、金融財政事情研究会はグローバル化の流れに即して、ニューヨークに事務所を展開、日本の金融界が世界に積極的に出かけて行った時代でしたので、欧米からアジアまで、さらにはＯＤＡ（政府開発援助）まで事業の拡大を図っていました。こうした時節、ジイジは、１９８０年代後半から２０００年初頭にかけて、アジアの資本市場調査で、タイ、マレーシア、台湾の証券取引所や財務省、中央銀行、証券会社や銀行などを訪問、また、世界のビジネススクール調査で、英国、フランス、ドイツ、アメリカの大学ＭＢＡや企業や銀行の研修所でヒアリング調査に渡航しました。さらに確定拠出年金法が施行され、自己責任による年金制度が導入されることを受けて、いまでは、iDeCo の愛称で親しまれていますが、同制度の元となるＤＣ（Defined Contribution Plan）調査で、アメリカ議会や労働省、全米自動車労組、ホールセール&リテールユニオン（労組）、年金運用機関などを訪問調査するなど、様々なテーマで海外調査の機会を頂きました。

若い頃に世界の事情を自らが現地で確かめ、そして、日本が何を成すべきか考えることは誠に良き経験となりました。

また、法務省や裁判所、日本弁護士会など法曹との関係も強かったことから、商法改正から国際法まで様々なシーンで貴重な経験を積ませて頂きました。同僚の成田元男氏は、かつて外務省を目指した外資系銀行からの転職組で、とくに語学に長けていました。国際司法裁判所の記念行事のおりに、オランダのハーグ（本部）からミッションが訪れ、成田氏と皇居や最高裁判所など数か所へご案内した思い出があります。ロッキード裁判の最高裁大法廷判決で裁判長を担当された草場良八元最高裁長官が、退官後、法務省の法人として金融財政事情研究会の事務所におられた経緯もあり、折にふれて、ご一緒させて頂いたことを懐かしく思います。

ボストンにて　吉野洋太郎先生と
中央・金井朗 金融財政出版事業部長（当時）

日本人初のハーバード大学MBA教授の
吉野洋太郎先生

成田元男さん 最高裁判所大法廷前にて

草場良八元最高裁長官　最高裁判所にて

また、金融財政事情研究会の創立50周年記念事業（2000年7月）では、金融の自由化の実態調査を全国の金融機関に実施、その分析を担当いたしました。その結果を50周年記念シンポジウムで講演、さらに機関誌である『週刊金融財政事情』の50周年記念特大号に原稿を掲載頂きました。

また、広く金融界向けでの業務成果としては、銀行法の政省令通達までを分かり易く解説した『銀行法規便覧』の企画編集を大蔵省銀行局内同便覧編集委員会委員として担当、また、同じく信用金庫の業務を解説した『信用金庫便覧』の同じく大蔵省銀行局内信用金庫研究会の研究員として担当しました。

そしてこうした経験を踏まえて、秋本治氏の代表漫画『こちら葛飾区亀有公園前派出所』で有名な東京の下町エリアを拠点に事業展開する亀有信用金庫さんの『亀有信用金庫90年史』の執筆を依頼され、信用金庫の歴史や理念などを約2年半の歳月をかけて書き下ろした実績があります。最終稿が手を離れるまで、部屋中が信用金庫や金融関係の資料で足の踏み場が無いほどの作業となりました。ズシリと重い、箱入りの年史が完成、刊行され手元に届いた時には、思わず嬉し涙がこぼれてしまいました。

さて、1990年代から2000年に入りますと、この頃、サラ金問題で多重債務者が激増して社会問題となっておりました。それを受け、ようやく2006年12月に貸金業規制法が施行され、出資法による法外な金利での貸し付けが規制されました。この時には、愛知県豊田市にあります愛知学泉大学へ転職しておりましたが、2008年5月、多重債務者の根絶と新たなリテール金融の方向性を探るべく『リテールファイナンス・ビジネスの研究』（監修：弁護士片岡義弘、2008年5月BKC刊）が刊行されました。当時、BKC（ビー・ケー・シー）の社長をされておられた北村善三氏にご依頼いただき、第3章「リテールファイナンスとマーケティング戦略」の執筆をお手伝いいたしました。北村氏は、出版業界でも評判の人格者として、多くの業界関係者や読者から信頼を得ておられました。彼は長野県のお生まれで山がお好きでありましたが、夏の槍ヶ岳を縦走される途中、滑落してお亡くなりになりました。突然の訃報に驚きました。

6. 社会人として学んだ深い箴言

20年間勤務した社団法人金融財政事情研究会は、内閣総理大臣経験を持つ故福田赳夫氏が創設した、当時は大蔵省所管では、最も大きな公益法人でした。ジイジが社団事務局の担当の頃ですが、同じく内閣総理大臣をつとめた福田康夫氏が理事であった時代もありました。つまり、清和会の流れが見え隠れする社団法人の顔がありました（公益法人改革が始まる前には政治家役員はいなくなっていました）。また、理事長こそ大蔵官僚が天下っていましたが、一方で補助金はゼロ、職員に出向や天下りは原則はいなくて自営（プロパー職員）で運営をしている点が特徴でした。ですから事業計画と収支はシビアであり、大蔵省のみならず文部省の学術団体であり、さらに法務省や国税庁との縁が深かったため、クリーンな経営を旨と

右から
銀行局金融年報（ジイジ：編集委員）
国際金融局年報（ジイジ：編集委員）
銀行法規便覧（ジイジ：銀行法規研究会研究員）
信用金庫便覧（ジイジ：信用金庫研究会研究員）

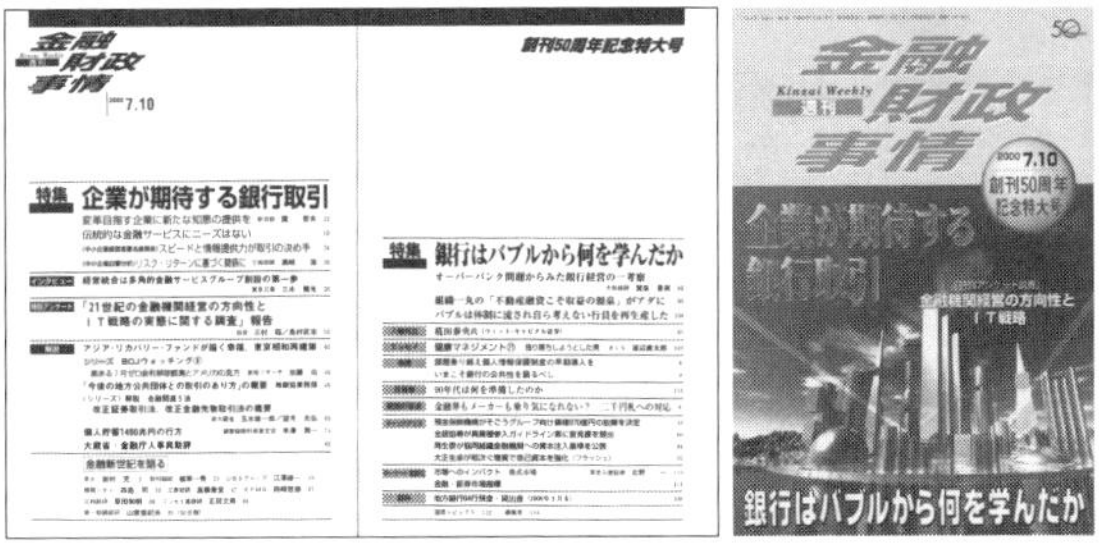

週刊金融財政事情 創刊50周年記念特大号　表紙と目次

しつつも民間企業より厳しい経営をする顔を持っていました。したがって、『週刊金融財政事情』という機関誌があり、バブル経済が崩壊した時に、編集長が「いまや大蔵省は清朝末期のような組織である」的な記事を書いたことが大問題となって、緊急理事会が開かれたこともあります。

さらに当時は、金財労働組合も全国一般労働組合東京南部支部という活動家揃いの組織に属していました。入会後の研修を終えた頃に、ジイジの採用面接をした専務理事と常務理事が、かつて金財労働組合の過激な委員長、書記長であったことを知りました。そして労働界が再編したときに、全国一般労働組合の本部は連合へ、東京の千代田区、中央区は全労連（共産党系）へ、そして新宿区、港区、渋谷区、大田区を活動エリアにしていた東京南部支部は全労協（社会党左派系）へ分裂するという股裂き状態となりました。半蔵門会館で開催された全労協の結成大会に動員がかかり、役員でもないのに数合わせで参加した思い出があります。岡山県出身の太田薫（総評議長）氏が結成演説をされたことが記憶に鮮明に残っています。

中央・倉田勲専務理事（当時）
左・岩下検一郎氏　ODAモンゴルにて

金財労働組合委員長時代

こうした中で、バブル経済が崩壊して、不良債権処理の問題が表面化、裁判化したときのことです。複数の銀行の頭取が国から責任を追及され告訴されました。そこで驚天動地の事件が起こりました。ジイジのボスの倉田勲専務理事が、裁判の証人として召喚されたときに、本来は大蔵省の公益法人として金融行政をみてきたのですから、国の立場で銀行の責任を追及する証言をするのが自然です。ところが、「銀行にも責任はあったと言えるが、大蔵省にも監督責任があり、銀行のしかも頭取だけを責めるのはおかしい」、「大蔵省の責任は如何に、それを明らかにしてから銀行の責任を追及するのが筋ではないか」とやらかしました。これには大蔵省も絶句でした。専務理事は、何度か呼び出されましたが、意見を変えることはありませんでした。

調布にある隠れ家の焼き鳥屋で理由を聞きました。すると「三村、それは当たり前だ。我々の雑誌や書籍を読み、セミナーや研究会に参加してくれ、さらに教育教材を活用して人材育成をしているのは銀行さんだから、まず我々は銀行のおかげで飯にありつけていることを忘れてはいけない。そして大事な点は、銀行の汚職や粉飾、業法違反や不正は厳正に処罰されなければならぬが、バブル経済の生起と崩壊は、そのレベルをはるかに超えた国家の問題だ。それは公務員たる官僚とて立場は違えど、同じく責任をとる覚悟がなければ、社会は誰も信用しなくなる。今回の件を大蔵省側の立場だけで斟酌や忖度したら、我々が専門誌として週刊誌を出す資格がなくなる。我々はマスコミとして真実を伝える顔を絶対に忘れてはならない。それがプロとしての我々の企業倫理だ」と語りました。社会人として学んだ最も深い箴言です。

7．人生は喜怒哀楽、その先の自分を信じて生きる

ジイジは、政府系の銀行や公庫、民間金融機関の業界団体である全国銀行協会、地方銀行協会、第二地方銀行協会、全国信用金庫協会、全国信用組合中央協会、全国労働金庫協会、全国農業協同組合連合会を担当、当時の都市銀行13行、信託銀行7行、長期信用銀行3行、そして北海道銀行から琉球銀行まで、全国47都道府県すべての銀行を廻りました。信用金庫も全国50以上はお伺いしたと思います。その頃の思い出を書き止めようと思います。

楽しかった思い出は、銀行員の方とは、日中業務

は真剣そのものですが、ゴルフは嗜みませんので、後楽園球場や神宮球場へ外野席ながら生ビールを買ってプロ野球観戦に出かけ、時にはオペラや歌舞伎にご一緒した方もいます。また泊りで一緒に山に登った方もいます。特に海外経験のある方の土産話には、まるで子供のように目を輝かせてお聞きした記憶が懐かしいです。そして親しさから披露宴の司会を依頼され、何人かの方のお世話をさせていただきました。大学時代の先輩から、職場も転職しましたが、都度、同僚や先輩から頼まれるとお受けしましたので、通算で20組以上の司会をさせていただきました。

地方では、休みの日に玄海灘まで鯛釣りにお連れいただいたり、東北では山菜探しにお連れいただいたりした思い出があります。銀行ではありませんが、北陸では本省時代にお世話になった大蔵省の方が転勤になり、ご自身の官舎にお招きいただき、あぶった干物で日本酒を頂戴した経験など枚挙にいとまがありません。

次に、こぼれ話では、頭取応接に秘書さんがお茶を運んできてくれる際に、頭よりも高くお茶を掲げて出してくれた銀行、本店の美術館フロアと称して国宝級の陶磁器や絵画が所狭しと並べられていた銀行、きちんとアポを入れて訪問しても総会屋対策用の応接室に通された経験もあります。北海道では、ラーメン好きだと申し上げたら、味噌、醤油、塩の有名店を3軒ハシゴしてくださった方、沖縄では県下全域の金融機関研修会を台風が直撃、一旦、中止となりお弁当をキャンセルしたら、再開するとの連絡が入り、開店と同時にデパ地下でお弁当を買い占め、タクシー2台に積み込み琉球銀行研修所へ運んだ思い出が懐かしいです（背広がびしょ濡れで、ジャージを着て司会をしました）。

最後に悲しい思い出は、バブル経済の崩壊により、北海道拓殖銀行と山一証券が破綻、その後は金融機関の再編がはじまりました。退職を余儀なくされた方、自ら去った方を見送るのは本当に辛いものがありました。そして何よりも自ら命を絶たれた方については、今でも思い出すたびに胸が締め付けられる思いです。都市銀行の頭取から大蔵省の役人の方まで無念です。生きてさえいれば良いのにと何度も思ったものです。

あんな狂気で理不尽な時代は二度とごめんだと心底思いますが、家族を守る責任もありますし、泣いてばかりではいけません。その山を越えてその先の自分の人生を信じて生きる勇気が大切だと念じながら、暗夜行路を進みました。

8. 転職に迷い、見知らぬ地へ一人旅

このようなバブル崩壊後の状況にあって、ジイジ自身も金融界に疲れ果て、転職の決断をすることになりました。この時すでに大学の教員になりたかったのですが、力が及ばず、お誘いいただいたトヨタ自動車の研究所である、現代文化研究所へ転職いたしました。それまで20年勤続していましたので、正直、悩みました。土曜日の朝、ふらりと電車に乗り、あてもなく乗り換えたら、なんと岩手県の宮古にあ

トヨタ九段ビル

靖国神社

千鳥ヶ淵

伊藤直人副社長

る浄土ヶ浜まで着いてしまいました。浜で海を見つめながら、それまでの人生を振り返りました。その夜は飛び込みで民宿に泊まりました。さらに翌日は北上まで戻り、今度は山の奥を目指し、夏油《げとう》温泉に一泊いたしました。夏油川沿いの露天風呂につかりながらぼんやりと時間を過ごしました。そして静かに転職を決断いたしました。

妻が心配して電話をくれました。妻は奥多摩あたりへ軽い気分転換に出かけたくらいに思っていたようです。岩手県まで来ていると伝えましたら、ジイジの出身の四国方面でない、正反対の見知らぬ土地まで、わざわざ出かけているため、それこそ自殺でもするのではないかと大いに心配してくれました。

転職とは、見知らぬ土地への新たな旅立ちです。お誘いくださった、当時、研究所の副社長の伊藤直人氏は、「中途半端に大学の教員になるくらいなら研究所の方が、断然、やりがいがあると思います。あなたがこれまで通った大蔵省を国土交通省へ、全国銀行協会を日本自動車工業会へ変えるだけですよ」と気楽に申されました。そうは言われても、果たして専門外の天下のトヨタ自動車グループで務まるのか、これまでの名刺が全く役に立たなくなる、人脈もリセットなのか、ところでこれまでの20年間勤務で退職金はいくらなのか、などなど不安がよぎりました。

それでも転職を決断させてくれたのは、バブル経済の崩壊から立ち直ろうとしたにも関わらず、これ以上、証券や保険も含めて、広い意味での金融界で、毀損した組織や人の姿を見ることに耐えられなくなったというのが本音です。また、実務家大学教員を目指そうとする夢を捨ててはいませんでしたので、トヨタの研究所の実力やトヨタ本社の調査部の能力がいかほどか、見定めるのも新たなチャレンジとして面白いという欲も出たためです。

こうして、２００５年4月1日付で、九段の靖国神社前の、旧トヨタ自工東京本社ビルの最上階にある、トヨタ自動車グループの研究所「現代文化研究所」へ転職を果たしました。

その後、金融界は再びリーマンショックに見舞われ、イバラの道を歩むことになります。ジイジの精神力は限界に近づいていましたので、隣の芝生も決して美しいわけではなく、別の意味でイバラの道でしたが、一旦、金融界から離れることができたことは、わが身を守る上では、良い選択だったと思うようにしています。

一度決断したら後ろを振り返らず、前に進むことが、心身ともに大切だと思います。

Episode 3

大学での更なる学びと校務としての大学

1――博士を目指して九州大学へ

1. ここ一番に臨む覚悟と万全の準備

ジイジは、2011年3月1日、朝から九州大学大学院博士後期課程（経済学）の入学面接試験を受験しました。九州大学を志望したのは、九州大学はジイジが法政大学で学んだマルクス経済学の著名な先生方を輩出しておられ、学生時代に複数の先生方の著書で学んだ経験があるためです。そして、昔の友人の紹介で、金融審議会の委員をつとめられ、九州大学経済学部学部長である川波洋一先生の門を叩かせていただくチャンスに恵まれました。こうして研究室へお通しいただき、極限状態とでも申しましょうか、ものすごい緊張感の中で、入学面接試験にチャレンジ、研究目的と目標について説明しました。

以下はジイジ自身の備忘録として、研究計画の内容をかいつまんで残します。

■研究の目的と方法論、実績を伝える

1950年に勤労者自主福祉金融機関として設立された労働金庫が、社会経済や金融環境が大きく変貌を続ける中で、長い歳月において果たしてきた社会的使命と協同組織金融機関としての経営実態を明らかにし、今日的な意義とリテールファイナンスとライフプランのあり方を提起し、もって、将来の勤労者福祉金融の在り方・可能性を明らかにすることを目指したいと、まずは結論を述べました。

そして実務家経験を活かした研究者を目指すため、勤労者や市民を苦しめる結果となり社会問題となった、多重債務者と自己破産者の増大をいかに減らす施策を立案することができるか、というテーマにチャレンジすることを伝えました。さらに、「改正貸金業法」を踏まえ、健全な消費金融を育成するために労働金庫というフィルターを通して、①市民や個人投資家の暮らしと消費金融の因果関係を探るこ

とが求められていること、②「金融機関は誰のためのものか」という、金融機関の公共性を考慮したガバナンスのあるべき姿を、経営理念の今日的な意義を通して明らかにすること、と力説させていただきました。

そして、これまでの学会報告や著書の紹介、非常勤教員としての教育研究実績、実務面でも検証するための研究と分析を行ってきた実績を具体的に強調して説明いたしました。

研究方法についてのジイジの考えと手順は、①歴史：明治から戦後の実態を労働金庫誕生に至る歴史的経緯から検証、②規制緩和：金融の自由化以降の金融制度改革と金融・資本市場分野の規制緩和、③財務分析：労働金庫の財務分析による機関投資家としての視点を踏まえた経営実態の解明、④経営改革：金融マーケティング戦略の発想に立つ経営体質改善の道筋、⑤システム：金融・証券・年金サービスを提供するための次世代システムの開発課題、⑥情報戦略：ライフプラン分野の新たな情報提供とビジネスモデルの構築を検討、⑦展望論文ではない実務面を踏まえた将来の具体的な結論です。

この研究計画の章立てをご説明して、渾身の思いを込めてご指導をお願いしました。

2. 一意専心、本物の研究者は本気で接してくださる

こうして博士後期課程に入門を認めていただき、指導教官の門下に加えていただいて、年2回のペースで開催される「九州大学マネタリーカンファレンス（Kyudai Monetary Conference）」で、研究論文の報告会を兼ねてプレゼンを続けました。そこでは、既に博士号を持っておられる川波先生の門人の先生方から厳しい中にも温かいご指導を受け、書き直しを続ける日々が続きました。このカンファレンスは、かつては九州大学箱崎キャンパスの経済学部棟で開催されました。現在は、箱崎キャンパスは取り壊されて、伊都キャンパスへ移転しました。

ジイジは、若手の大学院生や北京大学など留学生

に交じり、新人ですので報告者のトップバッターで報告、次に日本金融学会全国大会で報告する内容をベースに持論を提示、その内容に対して川波先生をはじめ、先生方から貴重なコメントやアドバイスをいただきました。昼休みを挟んで、同じ社会人大学院生や既に博士号を取得している教員も含めて夕方まで報告と議論が続きます。

　夜には懇親会が催されて、報告会の反省会や研究状況の情報交換、そして各大学の動向などで盛り上がります。さらに翌日もお昼まで報告会が続き、一泊二日の研究会は終わります。どの報告も詳細な分析に基づくハイレベルな真剣勝負であり、毎回、大いなる学びを得ることができました。

　孫のあなた達に伝えたいことは、学びの中から自分が得た「知」は、お金では買えない、生涯にわたって蓄えられる自分のプライドという財産になると言うことです。

九州大学箱崎キャンパス正門

九州大学本部第一庁舎

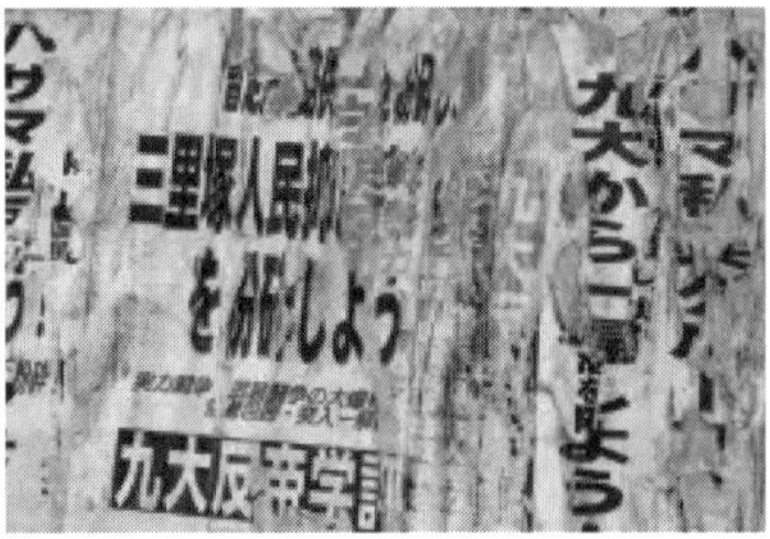
今は無き九州大学箱崎キャンパス

川波洋一先生 最終講義

3. 時の事情の変化にも諦めず対処する

九州大学大学院経済学府・経済学研究院でご指導いただいた川波洋一先生が退官されました。２０１６年3月21日、最終講義の会場は箱崎文系キャンパス講義棟２０２教室、講義論題は「資本主義的信用の構造と動態―理論と現実の往復を踏まえて―」でした。これまでの研究のご足跡を振り返りながら、研究者としての業績、問題意識、そして教育者としての活動など、幅広い内容に改めて感服いたしました。

夜は博多駅前にあるＡＮＡホテルへ会場を移して、謝恩会が開催されました。門下生はじめ関係の深い先生方や実務家が、先生のご退官と新しい門出を感謝の気持ちを込めて祝いました。川波先生からジイジへも温かいお言葉を賜りました。ここまで、研究者として活動を続けられたのは川波先生のご指導のお陰であり、恩師に心より深く感謝しました。

実は、先生は九州大学での任期を残されて、下関市立大学の学長に就任され、大学経営の立て直しと改革の陣頭指揮をとられるお立場となりました。学長のご公務を執務しつつ、引き続き博士論文のご指導をいただくことは、川波先生へのご負担を想像すると余りあるものです。九州大学で指導教官を新たな先生にお願いすることも考えましたが、新たな先生の負担となることも明らかでした。単位はいただいておりましたので、単位取得退学の措置をとることで、一旦、区切りをつける決断をいたしました。九州大学からは、今もなお、卒業生として同窓会の機関誌が届き、ありがたいことに川波一門会にもその端に加えていただいています。

このようなやむを得ない事情となりましたが、諦めず、再び新たな大学として、京都大学の「論文博士制度」にチャレンジする道を選びました。

2――京都大学で念願の博士、その先へ

1. 家族の支えで、博士に再チャレンジ

ジイジは、若い頃は官庁所管の公益法人と民間シンクタンク勤務というサラリーマン生活を四半世紀歩み、その後、50歳を前にして夢が叶い大学教員へ転進しました。

その間、修士の学位も家族の理解を得て、働きながら夜間課程で取りました。そして50歳を過ぎて、ようやく九州大学の博士課程へ進めましたが、結局、力及ばず単位取得退学となりました。論文は岡山大学経済学部の先生方のご厚情により岡山大学経済学会誌へ掲載の機会をいただきましたが、肝心の博士論文の指導では、指導を賜っている九州大学の先生に、多大なご心配をおかけする結果となりました。

ところで、孫であるあなた達のお母さんは、ジイジより先に二人ともに大学を卒業して社会人となり、学費が要らなくなりました。お母さんたちは「お父さん（ジイジ）だけが最後まで学生を続けていて、おまけに大学の先生なのに学費を納めているのも可笑しな話だね」と言いながら「絶対に最後まで諦めないでくださいね」と励ましてくれました。バアバは黙って応援してくれました。

こうした家族みんなの励ましを支えに、ジイジは研究者としては錆びかかった頭と老骨に鞭を打って、これまでの研究成果を1冊にまとめあげ、親友である谷川治生出版部長の温情もあり、単行本として世に出すことができました。それがきっかけで、お世話になった恩人の勧めで、京都大学は課程博士と論文博士の両方の審査制度を採用していると聞き、ご指導いただいてきた九州大学の先生にご相談、ご了解をいただいた上で、京都大学へ審査請求をさせていただきました。

とても厳しい第1次審査をパスし、面接審査に進

みました。その口頭試問では、複数の先生方より異なる角度から研究内容や単行本の隅々まで、誠に専門的かつ厳しい質問やご指導を頂きました。最終審査は大学院経済学研究科教授会での無記名による合否審査投票があったと聞きましたが、２０１５年１月24日、京都大学から博士（経済学）学位取得の通知が届きました。博士号に何の価値があるのかという点では、生きるために活かせる国家資格と異なり、たぶん実務的には、運転免許証の方が、価値があるかもしれません。ただ、転職を4回も繰り返して、教員という職業にようやく辿り着けたジイジにとっては、何ものにも代え難い大事な資格なのです。

　現在、ジイジが勤務する岡山大学の先生方は、若い先生方も、既に博士号をお持ちの先生方がほとんどです。こうした中、56歳にして、ようやく半人前から、「若葉マークの博士」ながら一人前として市民権を得られたのです。人にはそれぞれ人生の目標があると思います。退職時に、父猛友は公務員、母敬子は小学校の教員で社会人生活を終えましたが、戦争の影響で高等教育を受けることが許されず、念じても、その理不尽さゆえに学びを続けることはありませんでした。それゆえに、博士号をいただいたときに、父猛友は亡くなっていましたが、介護施設で暮らす米寿を迎えた母敬子は心から喜んでくれました。

　その頃、吉《よし》田《だ》松陰《しょういん》を題材にしたＮＨＫ大河ドラマ「花燃ゆ」が放送されている時期でした。彼の辞世の句は「親思う心にまさる親心、けふのおとずれ何

京都大学正門にて母と

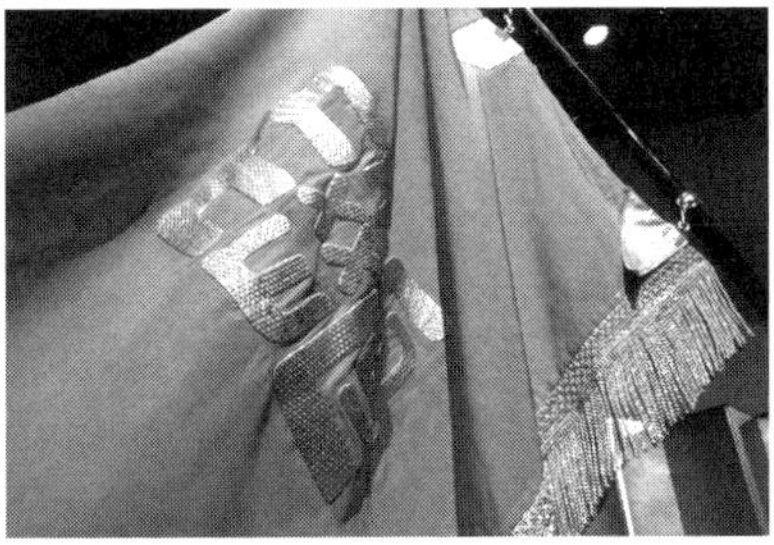
京都大学 学旗

と聞くらん」です。母敬子の施設へ参り、一昨年他界した父猛友の位牌へも手を合わせて感謝の心を伝えました。もちろん、いつの時代にも社会に内在する理不尽さは存在しますが、戦後生まれのジイジたちや、特に今の世代には、松陰の生きた時代や、その後の戦争が引き起こした時代の理不尽さはありません。

あなた達に伝えます。人生を活かすも諦めるも自分次第です。自らの将来に無限の可能性を持ち続け、それが叶えられると信じて、これからも歩んで参りたいと思っています。どうか自らの夢を追い続け、そして時間がかかっても、いつか素敵な花を咲かせることが大切だと思います。

2. 最高の舞台で忘れえぬ感動の瞬間

学位が認められた京都大学博士号（経済学）の学位授与式が、2015年3月23日、京都で開催されました。翌週4月1日が父猛友の3回忌です。戦後70年、父猛友は家が貧しくて、大学へ進学させてもら

京都大学大学院 学位授与式

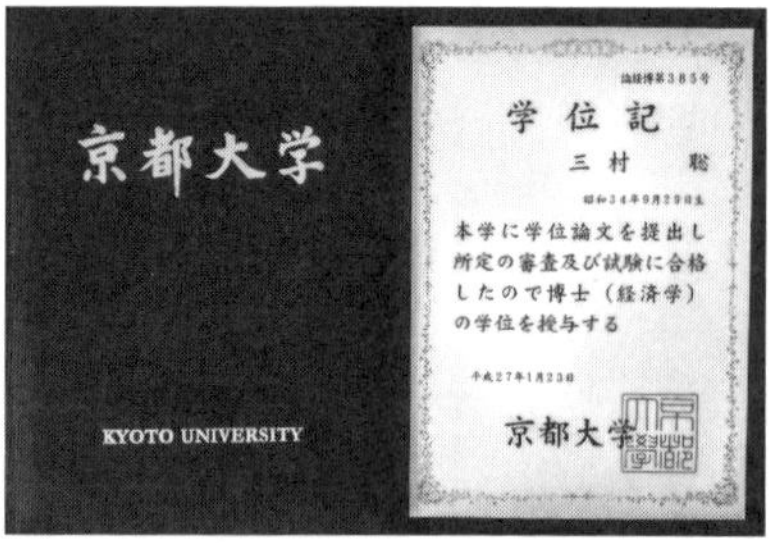
京都大学
KYOTO UNIVERSITY

論経博第385号
学位記
三村　聡
昭和34年9月29日生
本学に学位論文を提出し所定の審査及び試験に合格したので博士（経済学）の学位を授与する
平成27年1月23日
京都大学

京都大学博士号学位記

えず、工業高校卒業後、海軍へ志願、エンジニアとして従軍し、長崎大村基地（現在の長崎空港）で終戦を迎えました。特攻命令を受けており、あと3日、終戦が遅ければ、命を落としておったと生前に語りました。長崎原爆を体験しています。母敬子の父親弘（祖父）は、愛媛師範学校から金持ちだった祖母方の支援で東京へ出してもらい、日本大学で語学を学び高校の英語の教師となりましたが、捕虜収容所通訳として従軍、36歳の若さで、フィリピンミンダナオ沖で、魚雷攻撃で戦死しました。母敬子は家族の生活を支える代用教員として働きに出て、当時残された家族の暮らしを支えました。

今のジイジたちには学ぶ自由が与えられています。母敬子は脳梗塞で半身不随になり不自由な生活でしたが、冥途の土産にと学位授与式へ連れ出し、向こうへ行ったら、父猛友によろしく伝えてほしいと頼み込み、妻幸江が介添して式に列席してもらいました。戦争は人の幸せ全てを容赦なく奪い去ります。命あった者のその後の人生まで散々な労苦を背負わせます。それでも人は力強く生きて参りますが、東日本大震災は自然災害、戦争や原発事故は人災であることを、ジイジたちは決して忘れてはならないと思います。こうして、両親が果たせなかった夢への親孝行として、相当に無理をさせましたが、母敬子は学位授与式へ列席したのです。

学位授与式前日は、京都大学の正門からキャンパスを車椅子で散歩しました。学内で昼食をいただき、その後で旧制第三高等学校や帝国大学時代の京都大学の歴史と学風を伝える歴史展示室を見学し、指導教官の川北英隆《わかきたひでたか》教授は海外出張でご挨拶できませんでしたが、経済学研究科の建物などを紹介しました。

当日は、55歳という高齢での授与であったためか、博士号（経済学）の学位授与代表者として壇上に登壇、山極壽一総長より学位記を直接手渡しで授与いただきました。万感の思いを込めて「ありがとうございました」と大きな声を出してお返事しました。ジイジが、生涯忘れえぬ、人生で最も感動した瞬間でありました。

山極壽一総長のメッセージを大学HPより引用させていただきます。

「京都大学は1897年の創立以来、「自重自敬」の精神に基づき自由な学風を育み、創造的な学問の世界を切り開いてきました。また、地球社会の調和ある共存に貢献することも京都大学の重要な目標です。一方で今、世界は20世紀には想像もしなかったような急激な変化を体験しつつあります。東西冷戦の終結によって解消するはずだった世界の対立構造は、民族間、宗教間の対立によってますます複雑かつ過酷になっています。他方、地球環境の悪化は加速し、想定外の大規模な災害や致死性の感染症が各地で猛威をふるい、金融危機は国の経済や人々の生活を根本から揺さぶっています。その荒波の中で、大学はどうあるべきかを真摯に考えて行かなければなりません。そして、国は産官学連携を推進してグローバルに活躍できる人材育成を奨励し、国際的に競争力のある大学改革を要請しています。京都大学が建学の精神に立ちつつ、どのようにこの国や社会の要請にこたえていけるかが今問われています。本来、大学の使命は、教育、研究、そして社会貢献です。このうち、研究と社会貢献は世界の動きに応じて変わっていく性格を持っています。しかし、教育の本質は変わってはいけないと思います。京都大学は自学自習をモットーにして、社会とは少し距離を置きながら常識にとらわれない、自由の学風の学問の都であり続けなければなりません。そのためにまず、京都大学は静謐な学究の場であるとともに、世界や社会に通じる窓としての役割を果たさなければならないと思います。そして、窓を開けるのは世界や社会の最先端を熟知している教員であり、窓を出ていく学生たちが大学の主役です。実践の場に出ていく学生たちが大学で習得した能力を十分に発揮できるように、これらの窓は産官学の連携によって慎重に用意されなければなりません。一方、運営費交付金が削減され、競争的資金の獲得が奨励されるなど大学を取り巻く財政事情が変化する中にあって、大学が教育環境を改善するためには自己資金をもつことが不可欠です。そのためには、その必要性を広く社会に訴え、京都大学に期待する産業界や京都大学の卒業生の方々にご支援を賜りたいと考えています。併わせて地域との連携を強化し、世界に誇る文化の都である京都という場を利用しながら、京都を大学キャンパスとして豊かに発展させるべく他大学と協力していきたいと思っています。さらに、世界の大学から優秀な教員や学生を呼ぶためには、魅力ある京都で独創的な教育カリキュラムや共同研究プロジェクトを提供し、それを世界へ発信する必要があります。それは地域の発展、ひいては日本や世界の将来に大きく資すると考えています。総合大学、研究型大学として京都大学がやるべきことは、教養・共通教育、専門教育、大学院教育を豊かに組み合わせて、創造力と実践力を持った人材を育てることです。そのためには、学問の多様性と階層性を整え、さまざまな選択肢を許容する教育体制が必要です。学生たちの能力が開花するには時間がかかります。拙速に自分の将来を決めずに、価値ある試行錯誤を経て確かな未来を選択できるように、包容力を持った学習の場を提供したいと思います。豊かな発想力をもつ学生を育てるためには、教職員自らが世界から注目される研究と社会貢献に努めなければなりません。10学部、18大学院・研究科等、日本最多を誇る14研究所と多くの教育研究施設等からなる京都大学が全学体制でそれを推進できるように全力を尽くしたいと思います。」

京都大学吉田キャンパス

指導教官の川北英隆教授の研究室にて

3. 勇気を持って新たな一歩を踏み出す

２０２２年5月24日は、ジイジにとって、これまでの研究活動のひとつの節目ともいえる記念日です。6月1日付、ジイジは、京都大学を所在地として新たな組織「一般社団法人京都アカデミア投資研究会」を立ち上げ、理事に就任いたしました。本籍は岡山大学ですが、最終の学位をいただいた京都大学の経営管理大学院の研究員となりました。

この研究会は、バブル経済崩壊以降の証券市場では、日経２２５やＴＯＰＩＸ（東証株価指数）が思うような株価指数として機能しているのかとの疑問から、企業の正味実力を反映した長期安定型株価指数（京大川北指数）を東京証券取引所と共に研究するために設立したものであり、皆さんの仲間に加えていただきました。同時に、ＳＤＧｓ（Sustainable Development Goals）で問われているＥＳＧ投資（環境（Environment）、社会（Social）、ガバナンス（Governance））の具体的な一助になることも視野に入れています。大学の社会的貢献の一環として機関投資家や年金基金などに東京証券取引所と共に本格的に研究や教育活動を始める予定です。この日は、同研究会の事務局予定の川北英隆先生の研究室で川北先生をはじめ、香川大学三好秀和先生らとミーティングを行い、さらに登記書類の最終確認をいたしました。

そして、２０２３年4月から、京都大学での所属が経営管理大学院研究員から産官学連携本部の証券投資研究教育部門の研究員となり、部屋も新しい東一条館「国際科学イノベーション棟」へ移転してスタートを切りました。なお、同年10月からは岡山大学の公務が繁多となり、研究活動は継続していますが、研究員職は辞しています。

3——学都を目指す岡山大学での校務

1. 地域総合研究センター設立

次に、ジイジが、岡山大学で10数年間奉職した中で、大切であると思料したEpisodeを備忘録として残します。

岡山大学でジイジが長く所属していた地域総合研究センター設立の目的は、「学都」の創生にあります。「学都」という言葉は難しいので、このセンターの設立趣旨から読み解きます。学都創生の鍵は、「大学人が地域の人々と連携し、地域の人々が世界の人々と連帯するという活動理念を持つことであります。これまで、多くの国立大学は、その人材養成の理念を国家に有為な人材を提供することに重点を置き、医療や地域教育などを除けば、大学は地域や地元の都市に深い連繋意識を持つことが少なかったと思われます。すなわち、グローバルな視野で地域が自立する事に貢献する大学をめざし、地域の人と連携しつつ地域の善き頭脳となり、地域のための優れた人材養成の場となり、知的に高度な地域サービスを提供する大学を作りたいと考え、岡山大学は地域総合研究センターを設立しました。」と謳っています。ジイジは、２０１１年10月15日のセンター設立以来、２０２４年3月末日まで、この理念とも申すべき「設立趣旨＝志」をつないできました。

これまでの足跡を振り返りますと、ジイジは「学都」を創るために、２０１３年国立大学法人運営費交付金岡山大学概算要求に向けた企画提案を文部科学省高等教育局に対して提案する担当を拝命、テーマは社会と連携した実践型教育の全学への導入を目指しました。この大型予算を獲得して、全学の教養科目、専門科目、大学院科目に「実践型社会連携授業」を配置いたす仕事を担いました。

同時に、主役の学生による地方創生活動では、学生みずからがまちづくりに参加、大学と地域をつなぐ企画を募集・審査、必要な経費を含め活動支援を実施したのです。学生たちは、中心市街地の賑わい創出、中山間地域活性化などの活動を通じ、地域の課題解決の提案と実際の活動を展開してきました。こうして社会へ巣立つための生きる力を得てきました。なお、この活動に関連して、先進教育賞社会連携・社会実践教育分野で「岡山大学2016年度ティーチング・アワード」を受賞する栄誉に浴することができました。

2. 岡山大学国立大学法人運営費交付金概算要求

2013年4月19日、文部科学省高等教育局を訪問、岡山大学からの2014(平成26)年度国立大学法人運営費交付金概算要求(長期大型予算)に向けた説明の機会を得ました。そして、2013(平成25)年5月29日、文部科学省高等教育局国立大学法人支援課及び研究振興局学術機関課から発出された「平成26年度の国立大学法人運営費交付金概算要求の考え方」では、「国立大学における教育研究活動は、それぞれの理念・目標に則り、中期目標及び中期計画に沿って、自主性・自律性を発揮しながら取り組まれてきている。また、国立大学の機能強化について、中央教育審議会答申「第2期教育振興基本計画について」(平成25年4月25日)、教育再生実行会議「これからの大学教育等の在り方について(第三次提言)」(平成25年5月28日)及び産業競争力会議における議論において、グローバル化への対応やイノベーションの創出等が強く期待されているところである。」との考え方が示されました。

この流れを踏まえて、岡山大学では、「生きる力を涵養するための社会から学ぶ人材育成教育実践」の観点から、「実践型社会連携教育」を全学に導入する企画事案を進める方針を固めました。本件は、岡山大学経営会議で決議され、岡山大学最重要課題に位置付けられ、ジイジが文部科学省への概算要求獲得に向けた企画案作りと交渉担当役を拝命しました。文部科学省から示唆に富んだ指摘を数多くいただき、その結果を持ち帰り、さらに学内、そして地域社会からも意見を聴取して企画案を練り直す作業を繰り返しました。そして精緻な最終企画提案書をまとめ提出、大型予算の獲得に成功しました。

この予算を背景として岡山大学では、「実践型社会連携教育」の目標として「地域と教育再生」、「地域と技術・環境」、「地域と医療」、「まちづくり」の4つを柱に掲げ、社会と大学の協働により岡山大学が地域の資源として教育研究分野からの社会貢献を目指しました。そこでは、社会貢献及び実践型教育実現に向けて、全学の部局を支援するための教員を新規に採用、全学をあげて議論を重ねながら、地域や社会との連携支援はもとより、SGU（スーパーグローバル大学）を念頭に置いた世界で通用する人材の養成を目指す「グローバルタイプの実践型社会連携教育」科目の導入に注力したのです。

なお、2021年3月、実践型教育分野は、「実践型社会連携教育」を全学に導入、配備が完了したことを受けて、担当所管部署が地域総合研究センター及び企画総務部から学務部に移管され、そのミッションを果たし終えました。ジイジが岡山大学に奉職した校務の中では、最も時間と精力を費やした一番大きなミッションでしたので記録に留めます。

旧文部大臣室

文部科学省

文部科学省正門

3. 文部科学省

「地（知）の拠点整備事業（大学COC）」

２０１５年度、岡山県立大学を中心大学として「地（知）の拠点大学による地方創生推進事業」がスタートしました。本事業は、「大学が地方公共団体や企業等と協働して、学生にとって魅力ある就職先を創出するとともに、その地域が求める人材を養成するために必要な教育カリキュラムの改革を断行する大学の取組を支援することで、地方創生の中心となる「ひと」の地方への集積を目的として「地（知）の拠点大学による地方創生推進事業」を実施する。」ものです。換言すれば、『人口減少が地域経済の縮小を呼び、地域経済の縮小が人口減少を加速させる』という負のスパイラルに陥ることが危惧される中で、地方の大学が、地域の自治体や中小企業等と協働し、地域の雇用創出や学卒者の地元定着率の向上に関する計画を策定、COC事業の要件を満たした大学が、地域と協働し、地域を担う人材育成計画を実現するための教育改革を実行、県内就職率をあげるという事業内容です。

岡山大学は、園・小・中・高校で園児や生徒たちの学業や部活動、地域活動を大学生が現場へ出て支援する学校ボランティア制度の拡充と、その制度を地域貢献全体に発展展開できるシステムの開発を担当いたしました。さらに、２０１９年６月12日、岡山県内で本事業を推進するための「おかやまCOC＋推進協議会」が、代表校である岡山県立大学を中心に発足しました。岡山大学からはジイジが本事業の初動から担当を拝命して参加いたしました。

２０２０年２月17日、本事業の５年目の結びとして、おかやまCOC＋事業シンポジウム２０２０「大学と地域が切り拓く未来」がメルパルク岡山で開催され、５年間の成果報告がなされました。ジイジは岡山大学の担当としての役目を終えました。

4. おかやま地域発展協議体

■県内の産官学民が一堂に会するプラットフォーム

岡山大学は、第３期中期目標期間に向けた岡山大

おかやま地域発展協議体看板上掲式

おかやま地域発展協議体看板上掲式 森田潔学長（左）と窪津誠岡山商工会議所専務理事

おかやま地域発展協議体　趣旨説明 ジイジ

学の改革構想と将来ビジョンを「岡山大学改革プラン」として明確化しました。そこでは、急激な少子高齢化・グローバル化を見据えて、聖域なき組織横断型改革を断行するとともに、国際社会や地域社会と連携した世界に伍する最先端の研究及び実践的かつグローバル教育の展開による「学びの強化」に取り組み、大学が地域の資源として、その成果を地域社会と連携することにより地域創生に活かすことを目標に掲げました。

さらに長期的には、人類が蓄積してきた知と、最先端の知とを総合的に継承するとともに、世界に向けて創造的な知の成果と技の結実を発信し、以って、岡山の地域社会と共存・共栄しながら若い力を地域社会へ送り出し、岡山はもとより、わが国のイノベーションを先導する真のグローバルな教育・研究拠点として輝くことを目指すこととしました。そのために岡山の社会を構成する組織、団体が英知を出し合い、産官学民が一体となり、大学がプラットフォームとなって、岡山の持続的な発展を支える知恵と駆動力の源となることを目的として、２０１６年４月１日に「おかやま地域発展協議体」（Okayama Association for Community Development）を創設いたしました。荒木勝理事・副学長が委員長を、そしてジイジが事務局長を拝命しました。

そこでは、岡山大学が事務局となり、岡山商工会議所、岡山県、岡山市、倉敷市、中国銀行、山陽新聞社はじめ地域の皆様と連携しながら、岡山大学が有する多様な分野にわたる専門性や、大学機関という公正中立的な立場を地域貢献に積極的に活かして参ります。また、産官学民の情報共有の場として有効活用していくとともに、市民協働による地域活性化に資する活動を展開しました。

5. 岡山円卓会議の重要性

２０１６（平成28）年10月5日、岡山大学創立50周年記念館において、念願の「おかやま円卓会議（ラウンドテーブル）」設立会を開催しました。

円卓会議メンバーは、経済界（岡山県商工会議所連合会、一般社団法人岡山経済同友会、一般社団法人岡山銀行協会）、行政機関（岡山県、岡山市、倉敷市）、大学（岡山大学）、マスコミ（山陽新聞社）それぞれの代表者で構成されました。会議の目的は、世界や国内情勢の動向に基づき、岡山の社会が対応すべき課題や解決方法について、高い視座から自由に意見交換を行い、各立場からビジョンを語り、共通軸を見出すことです。

なお、議題については、各団体の事務局が集まり事前協議により決定、それに合わせた資料を準備す

おかやま円卓会議

岡山大学津島キャンパス

ることとしました。そして、岡山の社会が持続的に発展を続けるために、大学生に求められる資質、若手経済人に求められる資質、若手自治体職員に求められる資質、それぞれの人材像について相互に意見交換を行い、人材育成の指針を示します。

　すなわち、産官学民が互いに補完しあえれば、大きな成果が望める施策について、各事務局が事前準備したテーマや資料に基づき、トップの知見から相互に意見交換を行う会議体です。現在まで継続的に開催され、岡山県における産官学金言が一堂に会して地方創生の実現に向けた協議を続けています。ジイジが岡山大学に勤務して、企画案から実際の設立までを担当した最も大きなミッションのひとつです。

6. 岡山大学ティーチング・アワード受賞

■表彰されるのは小学校のとき以来50年ぶり

　２０１６年９月１日、〝第19回桃太郎フォーラム〟「共育力」を高める〜教員・学生・職員による三者協働型の教育に向けて〜（H28年度岡山大学教職員研修）が全学を挙げて開催され、岡山大学ティーチング・アワード表彰式があり、ジイジが先進教育賞社会連携・社会実践教育分野でティーチング・アワードに選ばれました。「現代コミュニティと地域経済」と題して受賞者プレゼンテーションの機会を頂戴いたし、許《ほう》南《なん》浩《ほ》理事（教育担当）・副学長から表彰状と副賞（研究費10万円）を拝受しました。

　受賞者プレゼンテーションでは、岡山大学が目指す実践型社会連携教育における授業の基本形は、「ＳＧＵ（スーパーグローバル大学）創成事業」が目指す、「グローバル実践知修得と社会との互恵性保持」の考え方を基礎として、「準備学習」、「現場実践」、「振り返り」という3段階で進め、大学（異分野）、地域（異社会）、国際（異文化）の3要素を構成する授業を目指したこと、そして実際に岡山県内の自治体やＮＰＯ、経済界や地域団体と共に活動する学生の具体例の紹介等を行い、気づき、動機付けを支援するという授業スタイルを取り入れた点を報告しました。なお、教育効果の検証（成績評価）では、「アクティブ・ラーニング」と「アウトカム基盤型教育」重視の観点から、社会連携をお願いした学生を支える「地域人《ちいきびと》」にも参加いただき成果報告会を実施、学生相互の投票により順位付けを行い、その結果を成績に反映する手法を用いた点を申し述べました。

表彰されるのは小学校のときの図工コンクール以来50年ぶりであります。表彰状は、施設で暮らす母のもとへ届けました。たいそう慶んでくれました。

■持論「社会連携・社会実践教育」の勧めと要諦

文部科学省の主導により〝アクティブ・ラーニング〟という言葉を巡り、全国の学校現場でその対応がなされています。その中で、社会連携・社会実践教育という分野について小職の持論を簡単に申し述べます。

最近の流行とでも申しましょうか、まちづくりや地方創生のさまざまなシーンで「ワークショップ」という手法が用いられます。参加者が自由に考えを述べ、他の参加者の意見にも耳を傾け、本音をキー

岡山大学ティーチングアワード

第19回桃太郎フォーラム
○日時 平成28年9月1日(木)
○主催 岡山大学教育開発センター
【プログラム】
岡山大学ティーチング・アワード表彰 表彰式

岡山大学ティーチングアワード案内

許 南浩（ほう なんほ）理事（教育担当）・副学長から授与

ワードでポストイットに書き記し、それを同じカテゴリーに集約、その結果にみなが納得する、そこから今後の課題解決に向けた方向性を見出す、というものです。確かに、参加者は、もやもやしていた悩みが晴れた気がします。しかし、「ワークショップ」を実施したことで満足して、そこから先に物事が進まないことが、いかに多いことでしょう。

こうした手法を授業に持ち込む場合に、教育者は何に留意しなければならないか、これが大事なポイントになります。さまざまな知見から膨大な研究がなされていますが、ジイジが大事にしている留意点がひとつあります。それは、自分自身が、学生に与える授業（課題）に対して、その地域の現場へ入り、その現状と直面する課題、その課題がなぜ解決できないのかを、可能な限り複眼的に調査・ヒアリングすることにしています。そして授業の準備段階で、自らが解決策への仮説シナリオを複数持つことにしています。その上で、学生に対して当該地域を題材にした、チームによるフィールドワークやワークショップを含む「社会連携・社会実践教育」を実施します。

つまり、現地現物に自らの足で接した結果をまとめ、さらに過去からのまちづくりの経緯（なぜ、どのような理由で課題が発生し、解決しようとしたが、どのような理由で合意形成ができなかったか、自治体（法規制など）の限界はどこにあったのか）、さらに関係する文献や最新資料、国も含めた地域の時系列データ等を読み解いた上で、学生をフィールドに出す、そのためには、座学オンリーの授業に比べ、数倍の準備時間を要します。それでも、なかなか満足な授業をする力量が無い自分に気がつき、へこみます。

そして理想は、授業は単位取得が目的でありますが、単位を取得した学生が、次は自主的に当該地域へ出向き、具体的な課題解決に向けて動き出してくれることであります。そこに到達した学生には、必ず「生きる力」が身につくと確信しています。

7. 地域総合研究センター設立10周年記念シンポジウム

岡山大学地域総合研究センターは、2011年11月15日に開所されました。

2021年11月9日、岡山大学創立50周年記念館において、地域総合研究センター設立10周年記念シンポジウムが開催されました。冒頭、槇野博史学長から基調講演をいただき、続いてジイジがセンター長の立場から、この10年を振り返りました。続く討論会（パネルディスカッション）では、「地域資源として岡山大学に期待するもの」と題して、倉敷市伊東香織市長、岡山経済同友会代表幹事梶谷俊介氏、NPO法人まちづくり推進機構岡山代表理事徳田恭子氏、そしてジイジの4名が登壇、地域と大学の連携の在り方について議論を行いました。進行役は、加賀勝上席副学長がつとめました。

さらに、続く活動報告「ローカルからグローバルへ」では、進行と報告を岩淵泰副センター長が担当、フルブライト奨学生デイビッド・M・アンダーソンJr.氏とアーバンデザイナーのサウミャ・キニ氏（米国ポートランドとつなぐ）の3名が、留学生の立場から見た岡山と岡山での学びについて、真摯な意見を述べました。結びに高橋香代理事の心のこもった謝辞にて閉会いたしました。岩淵先生とは岡山大学着任以来、良き相棒として苦楽を共に頑張ってきました。

近年では、岡山大学が掲げるSDGs大学経営の旗頭の下で、専門部会「SDGs研究会」を核にオール岡山が知恵を出し、SDGsを推進する原動力としての役割を担っています。こうして、日本経済新聞社が主催する、全国761の国公私立大学を対象として、大学が地域社会にどのような貢献をしているのかを探る「地域貢献度」調査において、日経グローカル「大学の地域貢献に関する全国調査2021」総合ランキングで14位にランクインすることができました。そして、この記念シンポジウムを開催することができました。地域と岡山大学をつなぐ全学センターとして、社会貢献活動、実践型社会連携教育、シンクタンク機能を果たしながら、地

那須学長を支える副学長

那須学長を支える副理事

岡山大学令和６年度入学式

域の皆様と共に歩んで参りました。支えてきてくださった皆様に心より深く感謝申し上げました。

　課題山積で混迷する時代にあり、この10年間を振り返れば『地方創生道半ば』ながら、岡山大学は夢と希望を掲げ、歩みを止めず、真に幸せを感じられる社会の実現を目指して、地域の皆様と共にＳＤＧｓで歩みます。なお、２０２４年４月組織改革により、地域総合研究センターは廃止、地域共創本部として活動を継続しています。

8．副学長と副理事を拝命

　岡山大学は、那須保友新学長のもとで、２０２３年４月２日、「令和5年度岡山大学入学式及び大学院入学式」を挙行いたしました。会場は岡山県総合グラウンド体育館（ジップアリーナ岡山）、学部生・大学院生ら計３５１４人の入学を祝いました。

　式では那須保友学長が、入学許可を宣言、そして式辞では、新型コロナ禍を乗り越えて入学された新入生の苦労を慮り、頑張りを讃えました。そして岡山大学でのキャンパスライフが希望に満ちたワクワク・ドキドキの日々になることを祈念、迎える大学側も全力で新入生を応援することを約束しました。そして新学長の座右の銘である「不易流行」について説き、自らの「不易流行」を考えながら、希望に満ちた日々の暮らしを大切に生きてほしい、と熱く伝えました。

新型コロナ禍の影響で、4年振りとなる保護者参加による入学式でしたので、多くの保護者の皆様方にも参列いただくことができました。広いアリーナの1階は新入生で隅から隅まで埋まりましたが、2階席も満席で、立ち見の方が出るほどの盛況な式となりました。そして会場の内外で、新入生とご家族の皆様が満面の笑みを浮かべながら記念写真を撮られる風景に胸が熱くなりました。

さて、私事ながら、2023年4月から大学運営では副学長（ローカル・エンゲージメント担当）を、そして国立大学法人経営では副理事（地域共創・ベンチャー担当）を拝命いたしました。その初仕事が、入学式への参列であり、誠に光栄の極みでありました。前任校では、卒業式で壇上にあがった経験はありましたが、正式な式服（アカデミックガウン）を纏っての式は初めてです。入学式の壇上にて、国立大学法人岡山大学という地域の国立総合大学として長い歴史と伝統を誇り、多くの卒業生を輩出、そして数々の教育研究実績を誇る名門校の経営の一翼を担わせていただく責任の重さが、ひしひしと全身を包みました。まさに身の引き締まる思いでありました。

こうした地域社会での活動が評価され、ありがたいことに2025年1月3日、ジイジは地元紙である山陽新聞社から山陽新聞賞（社会功労）を受賞いたしました。多数の方から祝電やお花を頂きました。

9. マスコミ対応

岡山大学の地域をつなぐ担当者として、様々なシーンで地域へのコメントや論評を担当して参りました。その一部を紹介します。

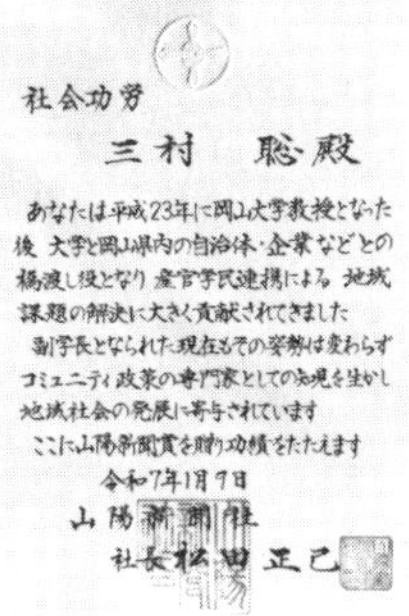
社会功労

三村　聡殿

あなたは平成23年に岡山大学教授となった後 大学と岡山県内の自治体・企業などとの橋渡し役となり 産官学民連携による 地域課題の解決に大きく貢献されてきました

副学長となられた現在もその姿勢は変わらず コミュニティ政策の専門家としての知見を生かし 地域社会の発展に寄与されています

ここに山陽新聞賞を贈り功績をたたえます

令和7年1月7日

山陽新聞社

社長松田正己

山陽新聞賞賞状

山陽新聞賞　謝辞を述べるジイジ

山陽新聞賞贈呈式　ホテルグランビア岡山

①主なラジオ出演

岡山では、ラジオは、RSK山陽放送の6：55開始「朝まるステーション」が人気です。2012年3月2日、2014年10月2日～3日の2回、出演させて頂きました。担当パーソナリティは滝沢忠孝アナウンサー、岡山大学の活動案内をさせて頂きました。

FMでは、2012年10月27日、FM倉敷に「岡山大学まちなかキャンパスin倉敷」〝亀の秘密　倉敷のこころ〃の広報に、法学部の秀川佳苗さん（現在は経済産業省中国経済産業局勤務）がFM倉敷へ生出演（10月22日）しました。この企画は岡山大学が、倉敷市「いきもの茶屋」と共催、倉敷のまちなかにあって、倉敷人の良識をみつめてきた古本屋「蟲文庫」店主田中美穂さんが、『亀のひみつ』（WAVE出版）を上梓され、それを記念して亀を題材に「水と命」について参加者全員が語り合い、倉敷の環境とまちづくりについて考えた企画です。監修した岡山県出身の「亀博士」愛知学泉大学矢部隆教授と世界から本物の亀たちが応援に駆けつけました。ＦＭ倉敷の広報が功を奏して、ＷＡＶＥ出版玉越直人社長のご厚意もあり「倉敷町屋トラスト」に亀好き、小動物好きの子供達が大集合しました。

ＦＭ岡山では、２０２２年2月25日、「岡山県内で活躍する各界のトップと対談する『ドリームトーク』」のコーナーにお招きいただき、岡山大学地域総合研究センターの活動について紹介させていただく機会を頂戴いたしました。

②主なテレビ出演

■ＯＨＫ岡山放送

テレビでは、２０１３年4月24日、ＯＨＫ岡山放送の番組審議委員を拝命、岡山放送本社で開催された番組審議会（第５０２回）に、はじめて出席いたしました。会議では、まず、委員長に公益財団法人大原美術館の大原謙一郎理事長が新任されました。審議会では、同年4月12日の夕方に放送された「夢みる金バク！」（バクは夢見る動物との言い伝え）、岡山と香川エリアの夢を著名ゲスト俳優や芸能人が叶えるサポートを行うコンセプトの新番組について各委員から意見が出されました。２０２４年現在、番組審議委員は10年目を超えて、現在では、副委員長として、大原謙一郎委員長の補佐役を拝命、月に1回のペースで担当を続けてきました。

ＯＨＫ岡山放送の思い出は、２０１５年1月28日、岡山放送の社長で、フジ・メディア・ホールディングスとフジテレビジョンの社長を務めた宮内正喜氏と、イオンモール岡山に開局した新しいスタジオでご一緒させて頂いたことです。メディアのトップを務める宮内社長の人脈の広さと豊富な経験に裏打ちされたお話に、大いに学ばせて頂きました。また、学生たちの中心市街地の活性化について考える「現代コミュニティと地域社会」の授業でも、学生たちが放送局の使命と役割について学び、議論する場にご協力いただきました。

２０１５年6月から、新社長に中静敬一郎氏（産経新聞政治部長・論説委員長）が就任され、２０１７年8月27日特番「加藤勝信厚生労働大臣に聞く」では、子育てや働き方、医療・介護・福祉、社会保障などがテーマ、伊原木隆太知事と共に、一億総活躍社会や働き方改革の在り方について持論を述べる機会を頂きました。

2022年7月6日、平成30年7月豪雨災害から4年がたちました。追悼式が、まーびーふれあいセンター大ホールにてしめやかに執り行われ、倉敷市真備地区復興計画推進委員長として献花、岡山放送の特別番組『復興の現在地〜西日本豪雨から4年』に生出演、持論を述べさせて頂きました。

■RSK山陽放送

RSK山陽放送での思い出は、2014年4月2日、「政令市5年の岡山　生かせるかビッグチャンス〜中四国拠点の街づくりは〜」報道番組に生出演、出演は、大森雅夫岡山市長、表町商店街連盟から大開博之理事長、表町から「岡山市中之町街づくり株式会社の片山進平社長、岡山商工会議所から古市大蔵副会頭、そして宮崎県日南市油津のまちの再生を請け負った木藤亮太氏、そして学識経験者として岡山大学からジイジがコメントを担当しました。進行役は、石田好伸アナと小尾渚沙アナです。宮崎からゲストでお招きした木藤亮太氏の話に現地収録した映像を組合わせた事例紹介は説得力がありました。

また、2015年9月2日、第1回まちなか活性化協議会が岡山商工会議所にて開催され、岡崎彬会頭が岡山市の中心市街地で展開されているまちづくり活動やイオンモール岡山オープン以降のまちなかの前向きな活動への期待や抱負を述べ、ジイジが岡山商工会議所イオンモール岡山出店対策委員会アドバイザーの立場でコメント、さらに、2015年12月3日、イオンモール岡山開業1周年の評価を依頼され持論を述べました。

■KSB瀬戸内海放送

KSB瀬戸内海放送では、2014年3月15日、地域で問題になっている課題の解決策を考える「報動力」に出演、イオンモール岡山の出店を控えた岡山中心市街地のあり方について、水道橋博士、片山進平氏（中之町商店会理事長）、河上直美氏（NPOタブラ・ラサ理事長）、赤坂隆氏（岡山市事業政策課）らと出演しました。水道橋博士のコメントの深さに驚きました。進行役は、多賀公人アナと芳川梨菜記者でした。その後も芳川記者の取材は続きました。

■TSCテレビせとうち

ＴＳＣテレビせとうちでは、２０１５年11月3日、「テレビせとうち開局30周年」報道特別番組に出演、テーマは「岡山市中心市街地の活性化」、収録は旧内山下小学校でした。出演は、岡山市大森雅夫市長、岡山市表町商店街連盟の矢部久智事業推進事業部長、そして学識経験者として岡山大学からジイジが進行役とコメント役の二役を担当しました。岡山市総合計画や地方創生戦略の要諦、表町商店街や奉還町商店街の課題と活性化策、イオンモール岡山出店の影響と共存策の考え方、西川緑道公園界隈の魅力作り、岡山駅への路面電車乗り入れやコミュニティサイクル「ももちゃり」の活用と自転車王国の実現はじめ都市交通政策。そして、市民会館の移転とまちづくり、旧内山下小学校の有効活用やカルチャーゾーンの更なる活用と歴史文化の誇りあるまちづくり、外国人はじめ観光客誘致とコンベンション政策、スポーツを中心に考えるまちづくり、など盛りだくさんでした。

２０１９年7月21日、参議院議員選挙では、選挙速報番組「２０１９岡山香川参院選ライブ」に生出演させて頂きました。テレビせとうちはテレビ東京系列（日経新聞系）で、全国の開票の模様は池上彰氏が、軽妙な切り口で議員に切り込みました。中四国エリアの選挙結果を解説する担当として、特定政党、特に勝者、敗者に偏らないよう配慮しつつ、池上節には遠く及ばぬものの、極力、市民の目線からコメントをさせて頂きました。

■NHK

ＮＨＫへの主な出演では、２０１５年11月16日、国は「地域経済分析システム（RESAS：リーサス）」を活用した地方創生戦略プラン作りを展開、内閣官房まち・ひと・しごと創生本部から、堀淳一郎ビックデータ参事官補佐を招き、岡山大学創立50周年記

倉敷市真備地区復興計画策定委員会　ジイジが委員長

TSCテレビせとうち　選挙速報コメント生出演

HNK「おはよう日本」

RSK山陽放送「朝まるステーション」
滝沢忠孝アナ

FM倉敷に学生出演　左 秀川佳苗さん

岡山放送（フジテレビジョン）宮内正喜社長

KSB瀬戸内海放送　芳川梨菜記者
イオンモール岡山オープニングコメント

念館を会場に、「ビッグデータ分析体験で まち・ひと・しごと の実像を探る」と題して講座を開催しました。その模様は、NHKニュースで学生たちの提案の様子が紹介され、企画・運営責任者としてコメントいたしました。

2017年2月8日、岡山放送局の夕方のニュース番組「もぎたて」で取り上げられた、民間のアイデアや発想を活かしてオープンした高梁市図書館と、自治体で地域と一体運営にこだわる瀬戸内市図書館をとり上げ、「岐路に立つ図書館運営」と題して、図書館の機能である「教育機能」と「情報提供機能」を軸に比較がされ、コメントを担当しました。

そして、NHKでは、平成30年7月豪雨災害（この西日本を襲った豪雨災害では、岡山県の人的被害は、死者61名、行方不明者3名、重傷者9名、軽症者152名、合計225名）の復興について、継続して取材を受けました。その理由は、ジイジが倉敷市真備地区復興計画策定委員会と同推進委員会の委員長の役目を担当したためです。

2019年1月30日、倉敷市が、平成30年7月豪雨災害で大きな被害を受けた倉敷市真備地区の5年間にわたる復興計画の素案を委員会で説明、この様子がNHKはじめ民放各局で報道されました。そして、2019年3月20日、倉敷市庁舎において、倉敷市真備地区復興計画策定委員会答申案をジイジから伊東香織市長に提出、そこでは、ジイジが復興への思いを住民を代表して読み上げ、伊東市長から、最善を尽くして取り組むとの決意表明を頂き、復興計画が本格的にスタートしたのです。

2020年6月24日は、西日本豪雨災害から2年を迎える真備地区の状況と今後の見通しについて、岡山放送局の大友美里記者からインタビューを受けコメントしました。そして、2021年7月5日、「おはよう日本」で「西日本豪雨3年〝今も不安〟」と題するニュースの中で、NHK実施の「西日本豪雨アンケート」結果を踏まえて、3年がたつ災害からの復興の様子を伝えました。

Episode 4

さまざまな大学にまつわる実践活動

1——早稲田大学との連携で貴重な経験を積む

1. 日本一のビジネススクール立ち上げに全力投球

日本経済がバブル期に突入しようとしていた、ジイジが若い頃の話です。１９９６年に橋本内閣が提唱した金融ビッグバンを受けて、規制緩和の潮流はグローバルスタンダードを合言葉として、大きく変貌を遂げようとする時代となりました。大企業や金融、証券、保険業界では、グローバルスタンダードに追いつき、追い越そうとハーバード大学やスタンフォード大学はじめ米国や欧州のＭＢＡスクールやロースクールへの留学を盛んに進めていました。

こうした情勢の中で、日本にも企業経営や金融資本市場の分野で、世界最先端の知識を習得できるビジネススクールを創設する要請が、国や企業から巻き起こりました。その頃の日本でＭＢＡと呼べる教育プログラムを持つのは慶應義塾大学ビジネススクールが唯一といわれていました。この流れに合わせて、早稲田大学でも本格的なビジネススクールを立ち上げたいとのニーズがあり、ジイジが所属していた、金融財政事情研究会と連携して本格的なコースを立ち上げました。これがご縁で、ジイジは、第13代小山宙丸《こやまちゅうまる》総長（キリスト教学、哲学）、第14代奥島《おくしま》孝康《たかやす》総長（法学、会社法）、第15代白井《しらい》克彦《かつひこ》総長（工学、知能情報学）という3代の総長の下で、早稲田大学と連携、大学改革の仕事をする経験を得ました。

まず、ビジネススクールです。当時の立ち上げから現在まで在任している先生は、早稲田大学大学院経営管理研究科の山田英夫教授（２０２４年度末で退官）で、他の先生方は既に退官されています。山田先生のご専門は経営戦略論、競争戦略論、ビジネスモデルの研究です。当時は、早稲田大学が、早稲田大学システム科学研究所を母体として、早稲田大学ビジネススクールまで進化を遂げる過程であり、早稲田大学の教員陣と日本を代表する各界のトップを講師とし、さらに実践活動を組み合わせたスタイルで、ジイジは本格的なビジネススクールを立ち上げるプログラム企画と運営を担当しました。プログラムのネーミングは、早稲田が21世紀に羽ばたくよう念じ、早稲田のWと翼をイメージしてWing21とジイジが命名させていただきました。

この「経営幹部養成講座Wing21」は、参加者は勤続15年以上の幹部候補生を企業から推薦派遣として募集、最初と最後の1週間はホテルにカンヅメです。最初の1週間、朝は皇居1周のマラソンからはじめ、朝食後はグループに分かれてのマネジメントゲームを実施、企画、営業、財務、総務人事など、会社経営の全体像を把握、そして翌週から1週間ずつ、財務戦略（松田修一教授）、マーケティング戦略（永井猛教授）、競争戦略（山田英夫講師）が主担当となり、集中講義を繰り返します。

その合間に、花王、アサヒビール、野村証券など

講演する金融財政事情研究会 徳田博美理事長

「Wing21」案内の表紙

「Wing21」講師で招聘した野村證券
酒巻英雄社長

「Wing21」コース責任者
早稲田大学 松田修一教授　清水市（鈴与）にて

企業のトップ、そして大蔵省、通産省、最高裁判事、新聞社、広告代理店、アメリカ駐日大使、外資系コンサルティングファーム、外資系ローファーム、そして早稲田大学総長など、各界を代表するトップ級の講師陣を招き、話題提供のあとは必ずディスカッションの時間を長めにとるカリキュラムを考案、実施したのです。また、フランス料理のマナー研修や鎌倉にある円覚寺にて座禅の体験、横浜港からのナイトクルーズなど、今では考えられない豪華な一面も持ったハイクラスコースに仕上げました。この企画の全体像から講師依頼と接遇、教材の手配、毎日の受講生のお世話の一切を早稲田大学事務局の後藤克好さんと二人三脚で担当させていただきました。

そして最後の1週間は、チームごとに企業に対する経営改革提案書を作成する作業に没頭します。そして、最終日にチームごとに発表、プレゼンを行ない、講師陣全員で採点を実施、優劣を決めるというハードなプログラムでした。

修了生では、アサヒビールの社長を務めた平野伸一氏（課長の時に参加、その後のOB会にも参加）、はじめ多くが役員に就いています。また通産省キャリア（衆議院議長をつとめた伊吹文明氏のご子息）が参加したことでも話題を呼びました。ここで得た知識と人脈は、ジイジの財産となりました。

また、これを機会として、早稲田大学ビジネススクールの非常勤講師を6年間担当させていただくという、教員への道を目指したジイジには貴重な体験となりました。残念ながらバブル経済が崩壊して途中で休講となりましたが、早稲田大学が従来の「野人の群れ」といわれるバンカラな校風、伝統を踏まえつつも、21世紀に向けて一歩抜け出した瞬間であったと確信しました。

2. 早稲田大と岡山大をつなぎ、まちづくり研究

岡山大学に着任してからの早稲田大学との思い出では、2012年11月8日、早稲田大学商学研究科にある早稲田大学マーケティング研究所主催の「赤磐市サスティナブルタウン研究会」にお招きいただ

早稲田大学 白井克彦第15代総長（中央）
一法師昌彦氏（左）総長室にて

早稲田大学 小山宙丸第13代総長

今も続く「 Wing21」OB会　銀座にて

早稲田大学 奥島孝康第14代総長

きました。

これは、岡山県赤磐市が〝自然とテクノロジーの調和が新しいコミュニティを創造する〟と題して、10月に発表した「あかいわスマートコミュニティビジョン」について、具体的な方法や内容の検討を進めている研究会でした。久しぶりに早稲田大学へ出向き、「経営幹部養成講座Wing21」マーケティング戦略講義でお世話になった、永井猛教授を委員長とする皆さんに、スマートシティに関する話題提供を含め、現在の岡山大学が取り組むまちづくりへの参加について紹介させていただきました。

メンバーの皆さんから最新の情報について、多くのことを教わることができました。永井先生とキャンパスでお会いするのは20年ぶりでした。拙書『金融マーケティング戦略』を出版した際に、週刊東洋経済に書評を掲載いただいた大恩人です。夜の居酒屋での懇親会の隣の席には、なんと奥島孝康総長が気さくに談笑されており、久しぶりにご挨拶させて頂きました。

それにしても早稲田大学の本部キャンパスは高層化が進み様変わりしていました。

3.「世間は広いようで狭い」素晴らしい出会いの妙

日本の金融証券市場が華やかなりし頃、早稲田大学が日本橋の交差点に新築したコレド日本橋の中に、ファイナンスの大学院を新規に創設するプランが動き出しました。大学院の責任者である大村敬一教授から相談をいただき、新大学院の広報戦略のお手伝いをすることになり、金融財政事情研究会から、ジイジが広報誌の創刊業務を担当しました。

ちょうど、総長が奥島孝康総長から白井克彦総長にバトンタッチされたタイミングでした。奥島総長には、Wing21のプログラムで、受講生たちと夜を徹して杯を傾けていただき、ジイジの母体の金融財政事情研究会から『会社法』の著書を上梓いただいた関係で、お人柄を承知しています（おまけにジイジと同郷の愛媛県人です）。そこで一番初めにジイジからインタビューをさせていただき「経済の早稲田の伝統復興への熱い心意気」を語っていただきました。

また、新総長の白井総長とは、実はジイジとバアバが出会い結婚した、国立市にある市民合唱団「国立ときわ会」で一緒でした。「世間は広いようで狭い」の典型事例でした。合唱団時代の思い出を語っていただきたいと提案したところ、白井総長は驚かれながらも大賛成くださり総長室で取材しました。白井総長の奥様はバイオリニストで学生時代、演奏をお聞かせいただきました。同席頂いた一法師昌彦合唱団代表と共に、合唱団の思い出話に花が咲きました。早稲田大学の飾らない中にも学びの品格ある姿を拝見した想いで一杯となりました。ジイジとバアバは２０２３年に結婚40年を迎えました。

4.法政大学と早稲田大学まで師事いただく恩師

ジイジが金融財政事情研究会の出版事業部に勤務した20代の頃の話にさかのぼります。ファイナンス、とりわけデリバティブと呼ばれる先物オプション取引の領域で、新刊を次々と出版された研究者に大村敬一教授がおられます。ジイジは編集者として長く、この大村先生の担当をしながら大村先生に育てていただきました。

編集者として書籍の刊行はもとより、わが国の社会人大学院の草創期には、いち早く青山学院大学と並び法政大学が大学院金融市場プログラム（当時）を立ち上げ、そのお手伝いをしました。大村先生は、社会人大学院設立の主担当の研究者です。金融市場プログラムと命名された修士号を認定するプログラムの開発では、最初から企画の相談をいただき、法政大学と金融財政事情研究会は協定を交わし、金融市場論、資本市場論、各国金融市場論の3コマを金融財政事情研究会がコーディネート、金融制度調査会、証券取引審議会など国の委員長をつとめた責任者はじめ銀行や証券会社、保険会社のトップ頭脳を講師に迎えて授業を担当していただきました。

開校に合わせて、ジイジは、3つのコースの講師のレジュメの準備と当日のアテンド（社会人夜間コースであったため講師の食事の手配やおクルマの手配）を担当しながら、大村先生からの指導とアドバイスに従い、試験を受けて学生として入学、授業を学生の立場でも受講しながら第1期生として修了、修士の学位をいただきました（法政大学大学院修士課程での指導教官・恩師）。そのご縁もあり、修了後は、非常勤講師として「証券とファイナンス」の授業を6年間、担当させていただく貴重な経験を得ました。

その後、大村先生が早稲田大学へ移られましたので、前述の早稲田大学の日本橋ファイナンス大学院（当時）や日本ファイナンス学会の立ち上げ運営など、20年近く行動を共にすることになりました。

早稲田大学へ移られてからの思い出です。日本金融学会2017年度春季大会が、5月27日・28日の両日、早稲田大学国際会議場を会場に開催されました。早稲田関係者で知らない人はいない「金城庵」にて天丼・もりセットをいただき、午後のセッションです。黒田東彦日本銀行総裁の講演がありました。黒田講演のポイントは、現在、アベノミクスや国債のマイナス金利政策で議論を呼んでいる「非伝統的金融政策」についてです。異次元緩和政策については多くの研究者や実務家が疑問を呈していました。

二日目、28日のセッションでは、支持派、反対派によるディスカッションも開催され、多くの参加者が耳を傾けました。初日終了後に、大村先生と近くの喫茶店で2時間近く話し込みました。大村先生は大蔵省の財務総合政策研究所特別研究官や内閣府大臣官房審議官（経済財政担当）など国の仕事もされた、幅広いキャリアの持ち主で、名実共に日本を代表する経済学者（金融証券）です。久しぶりに「大村節」を拝聴できました。黒田総裁の講演についても、鋭い解説をしてくださいました。わが国の近い将来を考える上で重要な学会でした。

そして、2020年7月、その大村敬一先生が早稲田大学を定年退官され著書『金融不安定化原理』を上梓されました。大学院の設置や新たな学会の立ち上げをお手伝いしながら、軌道に乗せるまで合意形成や組織体制の組成、広報活動や賛同者（資金）集めなど、幅広かつ精力的な活動をご一緒した思い出が走馬灯のように蘇りました。「退官して時間ができたので、一度、自宅へ遊びに来てください」とのメッセージが添えられていました。大村先生とは法政大学時代に出会い、早稲田大学を退官されるまでご指導をいただきました。

あなた達に伝えたいことは、ジイジは人柄の優しい恩師に恵まれ嬉しい限りです。未だにご恩返しができていませんが、あなた達も良い人との出会いを

右・大村敬一先生

学会の打ち上げ

大切にしてください。そして、何らかの形で恩返しをすることを忘れないでください。

2―東京大学が与えてくれた数々の記憶と思い出

1. 設立準備から事務局長まで学会裏方を経験

１９９３年4月10日に金融財政事情研究会きんざいセミナーハウス（四ツ谷荒木町）で日本ファイナンス学会の設立発起人会が開催されました。「日本ファイナンス学会設立趣意書」（抜粋）です。「（前略）わが国の状況を見ますと、１９８０年以降実務的ニーズが高まったこともあって、ファイナンス研究者は、象牙の塔においてばかりではなく、民間研究機関等においても急速に増加してきております。米国に比べれば研究者層が薄く未熟ではありますが、最近では若手研究者も育ちはじめ、優れた研究が徐々に発表されてきております。わが国におけるファイナンス研究は、これまで、理論計量経済学会の少数派として甘んじ、研究成果の発表や相互批判、相互理解のための学問交流の場が十分ではありませんでした。わが国における資本市場の急速な発達とその国際的な重要性を顧みれば、今更ながらファイナンス研究者の層の薄さを思い知らされずにはいられません。ファイナンス研究の地位が国際的に確立された今日、このような状況を脱し、若く優秀な頭脳を大いに惹き付け、日本におけるファイナンス研究の飛躍的発展の培養基となるような全国的な学会組織の創設を提案する機会がきていると考えるに至りました。」

二人の発起人代表、東京大学経済学部の小林孝雄教授（現在は同学会顧問、東京大学名誉教授、日本ファイナンス学会名誉会長）と横浜国立大学経済学部の倉澤資成教授（横浜国立大学名誉教授）を筆頭に、早稲田大学ファイナンス大学院の大村敬一教授（現在は同学会顧問、早稲田大学名誉教授）と日本生命保険相互会社の川北英隆氏（現在は京都大学名誉教授でジイジの博士号学位の指導教官）と一緒に学会の設立から会員及び資金集め、学会誌の創刊、全国大会、国際大会の準備運営、会員管理システムの構築まで、ジイジが設立時の学会事務局長を担当しました。

小林孝雄教授の研究室はもとより、ご自宅での打ち合わせやランチミーティング、夕食会を含めて、数え切れぬほど企画と運営の在り方について打ち合わせを重ねました。顧問にRobert C. Merton（MITスローン・ビジネススクール教授：ノーベル経済学賞）、Myron S. Scholes（スタンフォード大学ビジネススクール名誉教授：ノーベル経済学賞）、William F. Sharpe（スタンフォード大学ビジネススクール名誉教授ノーベル経済学賞）など、ノーベル賞を受賞した世界トップのファイナンス学者の方々が名を連ね、国際学会の時には、現在のようにインターネット、オンラインシステムが十分ではありませんので、事務局はとても気を使い苦労した思い出があります。

こうして、米欧のファイナンシャルテクノロジーに追いつき追い越すことを目標として、大蔵省や証券、金融、保険業界を全て巻き込み、昼夜兼行、東奔西走、組織の設立、運営にあたりました。生涯、忘れえぬジイジの最も力を注いだ記憶です。この経験が将来のジイジの人生を決定づけてくれたと言っても過言ではありません。

あなた達に伝えたいことは、無理をする必要はありませんが、世界の未来を見つめながら歩いている人とご縁を頂き、広い世界を心で旅することができると、人生が楽しく、そして輝くと思います。

2. 学会報告で大学教員として記念日に

日本金融学会２００９年春季大会が、２００９年5月16日（土）、17日（日）の二日間、東京大学の本郷キャンパスで開催されました。

初日のE会場、セッション「日本の地域金融」において、ジイジは「日本労働金庫の誕生」のテーマで報告をしました。座長は神戸大学の家森信善先生、討論者は、駒澤大学の齋藤正先生がご担当ください

ジイジの50歳を祝う誕生会　新宿にて

東京大学 小林孝雄研究室にて

日本ファイナンス学会設立時名簿

前左：小林孝雄教授　後中：新井富雄教授
後右：ジイジ　前右：柳川範之教授

ました。

　大学の頂点と言われる東京大学の舞台で報告する機会を得られたことは、ジイジが大学教員になれた本懐の一つと言え、夢がひとつ実現した記念日となりました。あなた達も夢を持ち続け、努力を続けながらチャンスを待てば、いつかはチャンスが到来、夢が叶うということを忘れないでくださいね。

3．モビリティ分野で一番ご指導いただいた先生

　ジイジが金融財政事情研究会を退職、トヨタ自動車の研究所から愛知県で愛知学泉大学の教員となり、現在の岡山大学へ転職する間の話題です。

　２０１０年の５月には、東京大学大学院工学系研究科教授の鎌田実先生の研究室を訪問、鎌田先生は産業機械工学がご専攻でトヨタ自動車の技術顧問です。また、２００９年４月１日に東京大学が設立した、「高齢社会総合研究機構」の初代機構長をされています。日本が世界で先行する超高齢社会における諸課題の解決に向けて研究する機関です。

鎌田先生からはジイジが豊田市で実施した「安心・安全・ゆとりの通学路事業」のうち、ドライブレコーダを住民の皆さんが搭載してヒヤリハットデータを収集した調査結果へのコメントや今後に向けた貴重なアドバイスを頂戴しました。その後、日本学術会議や日本自動車技術会で報告機会を与えていただき、さらには東日本大震災の復興調査に帯同させていただきました。また、岡山大学でもご講演いただくなど、数々のご指導をいただいて参りました。現在、鎌田先生は、東京大学を退官され、2020年6月24日から、一般財団法人日本自動車研究所の代表理事、研究所長に就任されています。

岡山では、一般財団法人地域公共交通総合研究所の活動やシンポジウムで、政策研究大学院大学の家田仁先生や名古屋大学の加藤博一先生らとご一緒させていただきました。そして2023年6月24日、岡山県高梁市吹屋地区へグリーンスローモビリティの調査で来岡されました。高梁国際ホテルにて、近藤隆則市長（当時）や国土交通省から出向の政策監らを交えて、高梁市の公共交通問題やグリーンスローモビリティの推進施策、地域DXとMaaSの現実的な課題と方向性、激甚災害時の移動手段の確保等について意見交換させていただき、高梁市の職員の方と吹屋地区へ帯同いたし、現地でご指導をいただくことができました。

さらに、吉備中央町へご案内申し上げ、これまでのデジタル田園都市健康特区の実践に向けた、岡山大学の那須学長をトップとし、医学部・大学病院を核とした協力・推進体制の歩みについて、ご説明を申し上げました。鎌田先生からはデジタル田園都市構想のポイントと課題について持論を拝聴することができました。また、吉備中央町では、全日空の生みの親、岡﨑嘉平太記念館をご案内申し上げ、さらに、吉備中央町から久米南町に向かいました。

久米南町役場のご担当者に出迎えていただき、オンデマンド型の乗合タクシーの説明を受けました。名称は「カッピーのりあい号」、AIによる予約・配車システムの導入により運行時間内なら久米南町内はどこからどこへでも自由に利用ができ、町外からの来訪者も、このデマンド交通システム「カッピーのりあい号」が利用可能となっています。実際に、利用状況を確認させていただくため、配車されたタクシーの後ろをついて参りました。事務所では、このデマンドシステムの利用状況や配車予約システムについて詳しく説明していただきました。鎌田先生から、久米南町の制度は全国的に見ても好事例であり、地域で導入を検討する価値のあるモデルであるとアドバイスをいただきました。

目立たなくても、地域の現場で社会のお役に立つと信じて真面目に黙動を続けていれば、いつかそれを見ていてくれる偉い人がいて、もっと良き道へ導いてくれるということを、あなた達に伝えておきます。

4．産官学最高レベルの三つ巴の研究会

２０１７年7月20日、梅雨が明け、暑さで東京大学三四郎池も枯れ気味ながら、水面に夏の雲が映り

岡山県高梁市吹屋にて

東日本大震災復興調査（大槌町）
右からトヨタ佐藤則明氏　鎌田実先生　ジイジ
石田東生先生

（一財）地域公共交通総合研究所

静かです。安田講堂を横切り、お昼の楽しみ工学部2号館に入る日比谷「松本楼」へ向かいました。残念ながら、団体貸切の都合とかで喫茶のみの営業でしたので、やむを得ずSUBWAYでランチをいただきました。トヨタ自動車主催のモビリティ研究会です。国土交通省も迎えて、研究報告は東京大学 大学院工学系研究科 社会基盤学専攻 羽藤英二教授です。2024年現在、わが国の都市工学の第一人者として大活躍中の研究者です。「自動運転に関する未来の見える化、技術の捉え方、社会実装への規制や課題」について、高度な話題提供がなされ、国土交通省への要望も出されました。

トヨタ自動車、国土交通省、東京大学という「産官学最高レベルの三つ巴の研究会」は、日本の最先端技術と社会実装の政策可能性を同時に議論する集まりです。ジイジは、こうした研究会に参加できたことで、そのレベルの高さと学びの深さを得られた喜びに感謝しています。

あなた達には、例えば、企業、国、大学という立場の異なる視点で、一つの課題を徹底的に探究して、自分の意見を述べ、他人の意見に耳を傾ければ、必ず課題解決の道は開けることを覚えておいてほしいと思います。つまり、同じ立場の人だけで議論をしていると、いつの間にか出口が見えなくなることがあります。いろいろな人の意見を聴くことができる人になってほしいと思います。

5．東京大学ヒアリングから得た確信

地方創生では、国も霞ヶ関の縦割り体制に「横糸」を通すべく、内閣府に地方創生推進部署を設置しました（内閣官房まち・ひと・しごと創生本部）。東京大学が進める横糸機能を担う組織のひとつに「情報学環（研究組織）・学際情報学府（教育組織）」があり、長女の伊予さんが勤務していました。そこで伊予さんからいろいろ教えてもらいました。東京大学の情報学環は、世界と伍す卓越した研究水準を持つ18の研究科、研究所、センターで「環」＝「横糸」の研究組織で構成されています。岡山大学も10学部8研究

科3研究所を擁する地方大学としては総合大学です。ちなみに情報学環（研究組織）機能の一翼を担うのが東京大学「福武ホール」です。岡山大学にも福武（ベネッセ）のご支援により、故福武純子氏のJにちなんで命名された「Jホール」と「Jテラス」があります。

２０１７年7月、岡山大学は東京大学が推進する「環」＝「横糸」の考え、施策から何を学ぶか伊予さんと情報交換の機会を得ました。東京大学はこの発想の源を、新聞（マスコミ）研究という社会科学研究領域に持つ点に着目しています。国立大学に人文社会科学系領域不要論が展開される時世にあって、東京大学はその答えを、具体的に組織体制を持って示しています。次に、相違点は如何にあるか、大学内部においても盛んに議論が進められていますが、その答えのひとつは、岡山という地域社会が持つ優位性にあると考えられます。

岡山では、地域が一体となり、産官学金言民が一体となって議論する環境（まさに「環」＝「横糸」）が、「おかやま地域発展協議体」や「おかやま円卓会議」の組成により整いました。そして、地域の諸組織・団体がテーマを持ち寄り、地域社会に横糸を通すべく、積極的に情報交換や課題解決に向けた議論を展開中です。東京、名古屋、大阪などの大都市では、都市のパワーは凄まじいですが、逆に規模が大きすぎて、大所高所からの議論はできても、産官学金言民など都市を構成するメンバーが一堂に会し、市民参加で本音の意見を汲み上げ、議論を重ね、そして社会実装を図るまで「知行合一」を進めるという、緻密で丁寧なプロセスを構築するには限界があると考えられます。

ジイジは、愛媛の田舎に生まれ、東京で30年暮らし、名古屋で5年、そして岡山で10年以上の歳月を過ごしてきました。すべてのまちに大学はあります。それぞれの大学は、地域社会が持つ優位性を手がかりとして、大学が持つ幅広で複眼的な視座から世界水準を見つめ、最先端の研究と教育（人財育成）を担いつつ、地域の資源として地域社会と一体となり具体的な成果を積み上げることが重要な使命＝存在意義のひとつである、との答えを得ました。東京大学でのヒアリングにより、今後とも地域の環境や特性を活かしながら大学がプラットフォームとしての役割を担っていこうと、覚悟と決意を新たにしました。

東京という大都会でも、岡山という地方の都市でも、人が暮らし、幸せに生きるという点は同じです。一方で、その暮らしを取り巻く環境が違うため、幸せに生きる道の探し方が、その環境に影響されることがあるかもしれません。それでも、「人間到る処青山あり」という言葉の通り、世の中はどこで死のうと、骨を埋める所はあります。生まれ故郷だけが墳墓の地ではないから、大きな夢を実現するためには、あなた達はどこへでも行って、心置きなく活動すればよい、ということを覚えておいてほしいのです。あなた達には無限の可能性があるのです。

6. キャンパスを散策してリラックス

所属学会で理事を務めていた日本計画行政学会の本部理事会が、２０１９年5月14日、東京大学であり、議案がいろいろあって、長時間の会議が続きました。その理事会は工学部棟でありました。1階に都市計画のジオラマが飾ってありました。理事会の前後に時間を見つけて、三四郎池の周りを散策しました。そして安田講堂下にあるおしゃれな中央食堂でお茶をして、リラックスできる時間を過ごしました。

あなた達は、今は忙しくて時間が足りないということはないかもしれません。でも大人になると、日本人はとかく働き過ぎと言われるように、仕事に追い立てられることになるかもしれません。ちょっとした時間を作って、一息ついて、心のバランスを取ることも大切だということを、頭の片隅に覚えておいてほしいのです。

7. 東京大学山中寮

暮れから二泊三日、２０２２年の元旦は、長女、伊予さんの手配により、富士山麓山中湖畔の東京大学山中寮で過ごしました。山中湖の初日の出を拝みながら、富士山の朝に年始の祈りを捧げました。TV、新聞、PCから離れ、自然と山の神の近くで迎えた新年でした。そして人生の残りの時をいかに過ごすか思いを巡らしました。充電させてくれた東京大学山中寮の環境に感謝です。

そして2023年の3月25日にも一泊で山中寮を使わせていただき、年度末の疲れを癒しました。お天気は崩れて、雨脚はひどくなり、お目当ての富士山は、裾野までもさっぱり拝むことができませんでした。しかし、モノは考えようでありまして、この雨が幸いしてか、外出ができない分、山中寮で薪がぱちぱちと音を立てて炎を上げる暖炉を囲みながら、久しぶりに長い時間、家族で会話やトランプなどを楽しむことができました。

あなた達に伝えます。お休みの時には、自然の中で、本当に何もせずに頭を空っぽにしてほしいと思います。人間の頭の中のキャパには限界があります。お休みの時に詰め込み過ぎた情報を惜しみなく捨て

山中湖

東京大学山中寮

富士山

て、次の情報が入る空間を大きく空けてあげましょう。

3——東京大学から政策研究大学院大学まで師事いただく

1. 捲土重来　昔の失敗を新たな仕事で取り返す

ジイジは20年間勤続した金融財政事情研究会を中途退職（自分では卒業）して、トヨタ自動車の研究所である現代文化研究所へ転職、交通研究室へ配属となり、多くのミッションをいただきました。

さて、現代文化研究所の業務の中で「家田研究会」と命名された、唯一、人名が付いている研究会業務がありました。当時、東京大学工学部で社会基盤学専攻、交通・都市・国土学研究室を主宰されていた家田仁教授（現在は東京大学名誉教授、政策研究大学院大学教授、2020年度土木学会長）のお考えを参考にしながら、トヨタ自動車が国土交通省と意見交換しながら都市交通政策に反映しようとする研究会でした。ところが、研究所の多くの担当者が関わるも、家田先生のお考えを十分に引き出せる活動ができていないと聞かされました。

ジイジを採用してくれた、当時、現代文化研究所副社長の伊藤直人氏に連れられて、東京大学へ家田先生を訪ねご挨拶に参りましたが、お気を遣われる言葉の中にも、確かにご不満が見て取れました。そして親会社のトヨタ自動車の担当部長からも、研究所の仕事ぶりを指導され、立て直しを厳しく命じられました。

ジイジは、当時はまだ若かったですが、それでも歳がいった転職組ですので、いわば「秀吉の草履とり」からの出発に苦労の連続でした。気を遣うにも業界の常識が違い、国の政策に関与するブレインという観点では、東京大学は同じなのですが、これまでの大蔵省と銀行の関係と東京大学、国土交通省とトヨタの関係と東京大学では、所変わればなんとやらで、勝手がわかりません。その後、何度か研究会を重ねる中で、試行錯誤を繰り返し、少しは穏やかな雰囲気で会が開催できるようになりましたが、それでも満足いくまでに立て直しを図ることはできませんでした。その後、会は「トヨタ自動車モビリティ研究会」に収斂されてゆき、この件は一段落したのです。

さて、家田先生とは、ジイジが豊田市にある愛知学泉大学に移ってからも、時折、研究会のお手伝いでご尊顔を拝する機会をいただきました。そして、２０１１年、岡山大学へ移った後に本格的にご一緒できる機会を得ることになります。岡山に本社を置く両備グループの小嶋光信会長が一般財団法人地域公共交通総合研究所を設立した際に、小嶋会長は理事長に就任、そして東京大学、さらに退官後は、政策研究大学院大学へ移られた家田先生を理事としてブレインに迎えられました。その際に地元の大学からも誰か理事に入れるべきとの判断があり、大学へのご依頼もあり、ジイジが理事を拝命することになりました。あまりにもレベルの落差が大きく、恐縮するなどでは言い尽くせない座組でありました。それでも拝命する以上は何かお役に立とうと気をもんでおりますと、家田先生から「今こそ英知を集め「地域モビリティの再構築」をテーマに書籍を上梓したい」とのお題をいただきました。

2. 苦労を幸せに変えてご恩返し

以来、企画から2年の歳月を要しましたが、金融財政事情研究会で鍛えた編集経験を活かしながら、幸い出版社も薫風社さんが無理を承知でご協力してくれたおかげで、２０２１年8月『地域モビリティの再構築』を上梓することができました。監修者が家田仁先生、小嶋光信会長、そして編著として、三村聡（岡山大学）、岡村敏之（東洋大学）、伊藤昌毅（東京大学）3名はじめ一流の筆者で刊行することができました。そして、本書は、高い評価をいただき２０２１年度公益財団法人交通協力会「交通図書賞」に選ばれました。２０２２年4月11日、関係者一同にお世話になった薫風社三橋初枝社長にも臨席いただき、東京丸の内での表彰式に臨みました。

3.学会最高峰のモビリティ研究者と歩めた幸せ

さて、ジイジ達は、本書『地域モビリティの再構築』を教科書として、シンポジウムを連続して開催、その仕上げが、2022年9月2日、第4回となる「地域モビリティの再構築」総括シンポジウムの開催でした。全国約600の自治体、研究者、交通事業者をオンラインで結び、家田仁（政策研究大学院大学・特別教授）先生が自ら進行を担われました。冒頭、開会挨拶を小嶋光信両備HD会長（地域公共交通総合研究所・理事長）が行い、家田先生から「総力戦のケーススタディ～実質効果と定着への脱皮～」というメインテーマに込めた思いが披露され、シンポジウムは始まりました。

第1部は「総力戦のケーススタディ～実質効果と定着への脱皮～」と題して6名の有識者、政策担当者、実務家から話題提供がされました。そして休憩を挟んで第2部の総括ディスカッション、テーマは「総力戦は成るか～そのキモを論じる～」です。

司会進行は、同じく家田仁先生が担当されました。パネリストは、大串葉子氏（椙山女学園大学）、岡村敏之氏（東洋大学教授、第3回シンポジウム・コーディネータ）、谷口綾子氏（筑波大学教授）、松本順氏（みちのりホールディングスCEO）、そして、三村聡（岡山大学教授、第2回シンポジウム・コーディネータ）（五十音順）の5名です。

ジイジは、公共交通を守るために求められる公助の役割とその限界性、また、何よりも大切な自助、共助のありようと、具体的な実装提案をさせていただきました。とりわけ、欧州を代表として制度化されている交通税の必要性とその財源について、かつての政治主導で導入された特定道路財源や東日本大震災で学者が提案して導入された復興特別所得税を事例として、その可能性と問題点について言及しました。熱のこもった本音で語り合ったシンポジウムでした。総合司会の大上真司氏（地域公共交通総合研究所・副理事長）からの呼びかけに応じて、総括コメントを鶴田浩久氏（国土交通省公共交通・物流政策審議官）が行いました。全体はオンラインでの開催でしたが、国土交通省はじめ岡山からは真庭市長などが現地参加されました。

トヨタの研究所時代にうまく運営できなかった「家田研究会」でありました。大所高所から温かくご指導を続けてくださいました家田先生のお心づかいへの感謝の気持ちと、ご恩返しの意味を込めて、研究者の道を歩み続けてきたことに満足しています。

あなた達に伝えたいことは、長い人生で、一度や二度の挫折や失敗はつきものです。その時、なぜ自分や組織の力が及ばなかったのか、どこに配慮が足りなかったのか、他人の責任にせずに、しっかりと見極めることが、実は大切です。成功事例より、失敗したときの方が、人は成長するとよく言われます。それは正しいと思います。大事なことは、「失敗したときに、他責にせず、本気で反省する人になる」ことだと思います。格言に「失敗は成功の母」とか「失敗は成功のもと」とか言います。失敗しても良

地域モビリティ再構築シンポジウム

交通図書賞表彰式　東京丸の内

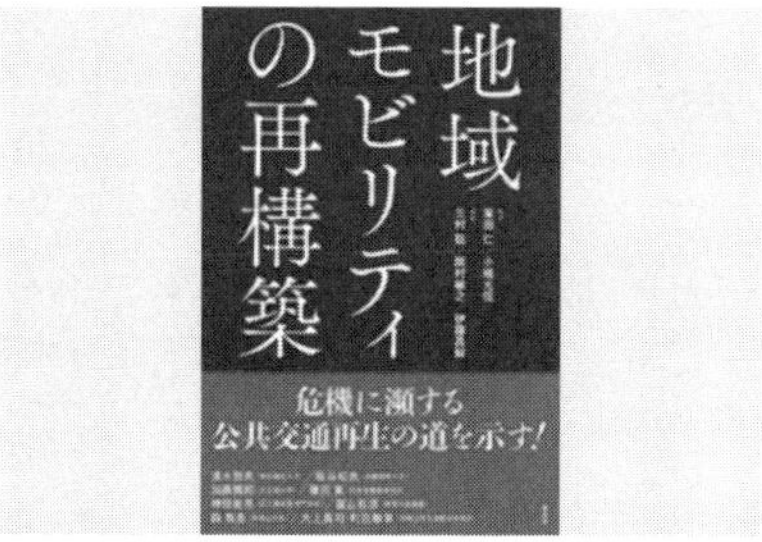

『地域モビリティの再構築』

薫風社 三橋初枝社長

いから、その失敗を真摯に反省して、間違った点やうまくないやり方を改める勇気を持てば、いつかは成功にたどり着けます。ぜひ、その心を持ってほしいと願います。

4――散歩コースで親しみ馴染んだ一橋大学

1．学生時代　一橋大学「兼松講堂」で歌う

学生時代、法政大学在学中の4年間、国立市に住み、遠い千代田区市ヶ谷キャンパスまで通っていました。郊外に住みましたので、そこで国立市民合唱団「国立ときわ会」（代表は、一法師昌彦氏）に入会、毎週、国立市民会館で練習を重ねました。

指導者は国立音楽大学の長井則文先生（故人）でした。長井先生は、NHK教育テレビで紅白歌合戦の裏番組として大晦日に放送されていたベートーベン交響曲第九番「合唱付き」の指導と指揮者を務めた高名な指導者でした。「国立ときわ会」は東京都都民合唱コンクールに出場、3回連続最優秀賞に選ばれるハイレベルな団体でした。毎年、国立市主催の「国立音楽祭」に出演しておりましたので、そのたび、ステージとして使われる一橋大学の兼松講堂の舞台に立っていたわけです。

先にも記しましたが、この活動で出会ったのが、当時、国立音楽大学の学生であった妻の幸江さんで、彼女の歌の恩師が長井先生でした。彼女はアルト、ジイジはテノールでした。「国立ときわ会」は、アマチュアながら国立音大の学生が大勢所属していたこともあり、レベルはかなり高く、東京シティーフィルハーモニック管弦楽団の演奏で、「モールアルトレクイエム」をレコーディングした実績があります。

一橋大学がとり持ってくれたご縁なのかもしれません。

あなた達に伝えます。ジイジも昔は痩せていたんだよ。

2. 学生時代の思い出の下宿は葡萄畑の中

国立市一橋大学の裏辺りに、ジイジが学生時代、下宿していた通称「ぶどう園」と呼ばれる畑の中に建つ大規模アパートがあります。入学時、大学生協が紹介してくれた、一番安い物件でした。まわりは高級住宅街ながら、ここは別世界の農場で、当時は葡萄棚の中に安普請のアパートが並んでいました。家賃滞納には、農場の手伝いや空き部屋の補修や壁の塗り替えで免除してくれた大家さんでした。

誠に風変わりな一橋生、6畳一間にグランドピアノを入れてピアノの下に寝ながら一日中練習する音大生、部屋中絵の具だらけの美大生、無農薬野菜の栽培方法を研究するおにいさん、おねえさんなど、さらに元は学生運動の活動家、東京芸術大学出身のプロのテノール歌手の方など、さまざまな青春群像がありました。四国の田舎からリュックサック一つで東京へ出て、大学生活をはじめた原点の地です。久し振りに訪れてみましたら、再開発はされていませんが、安普請の建物は取り壊され、今風に建て替えられていました。

かまやつひろしの名曲に吉田拓郎作詞作曲の「我が良き友よ」があります。歌詞は6番まであります。ジイジは、まさにこんな学生生活をすごしたのです。

下駄をならして奴がくる　腰に手ぬぐいぶらさげて

学生服にしみこんだ　男の臭いがやってくる

ア一夢よ よき友よ　おまえ今頃どの空の下で

俺とおんなじあの星みつめて何想う

可愛いあの娘に声かけられて　頬をそめてたうぶな奴

語り明かせば下宿屋の　おばさん酒持ってやってくる

ア一恋よ 良き友よ　俺は今でもこの町に住んで

女房子供に手を焼きながらも生きている

ジイジが勤める岡山大学の学生たちも、多くが東京へ旅立ってゆきます。それぞれの旅立ちを見送るたびに、新しい暮らしの中で、懸命に生きてもらいたいと思います。

この国立界隈の名店は、今ではほとんど無くなってしまいました。今も残るのは、都内に広く店舗展開されましたが、元祖「スタ丼 サッポロラーメン国立本店」（国立音楽大学付属高校正門前）です。また、学生の頃は下駄を鳴らしてまちを闊歩、ジイジになってからは、トイプードル「らら」と孫のあなた達と一緒に一橋大学のキャンパスを散歩して楽しみました。

そうです。二十歳から還暦過ぎまで、長年の生活圏である国立のまちには、ジイジの下駄の音とバアバのピアノの音と一緒に、さまざまな思い出が詰まっているのです。

3. 念願の一橋大学で登壇して見えたもの

２０１３年5月25日・26日、日本金融学会の２０

一橋大学

一橋大学兼松講堂にて　ピアノは妻 幸江

日本金融学会で念願の報告

若き日のジイジ

13年度春季大会が東京国立市にある一橋大学で開催されました。初日、セッション：日本の金融システム（D会場　24教室）にて、ジイジは「労働金庫の財務分析」をテーマに報告させていただきました。司会は立命館大学の青野幸平先生、討論者は横浜市立大学の藤野次雄先生でした。九州大学博士課程でご指導いただいている川波洋一先生や川波一門の先生方も顔を出してくれました。

さて、今回の学会報告を実は心待ちにしていた理由があります。それは、ジイジは学生時代、4年間、国立市（一橋大学の裏）のアパートに住んでいました。また、現在の自宅も一橋大学の裏門（教職員官舎出口）から、徒歩で10分ほどです。つまり学生時代の若い頃から一橋大学の学園祭や国立音楽祭などの催事に参加、歳をとってからも、孫のあなた達や愛犬を散歩に連れて行くなど、一番長い間、身近にあって親しんできた大学です。ですから、大学生の頃の夢として「一生に一度でよいから、いつかは一橋大学に立つことができたら」と心の中で呟いたものです。報告の内容や出来不出来はともかく、この学会報告は、その長年の夢が叶った瞬間なのです。これまで幾度か、さまざまな学会や研究会で報告や講演をさせていただきましたが、最も思い出に残る一日となりました。「念ずれば花開く」素直に嬉しかったのです。

あなた達に伝えたいことは、心で念じながら、いつ花が開くかはわかりませんが、焦らず冷静に努力を続けていると、ある日、心の幸せが訪れるのです。チルチルとミチルは「幸せの青い鳥」を探すために、いろいろな世界の中で冒険を続けますが、なかなか青い鳥を見つけることができません。この話の結末は、自分たちの部屋の鳥かごに青い鳥を見つけるわけです。ジイジは一橋大学のある街に暮らし続け、キャンパスも出入り自由ですので、お気に入りの市民のスポットとして、休日の散歩、国立市民祭りや一橋大学の大学祭、時には大学生協で食事をするなど、一橋大学を身近に利用してきましたので一橋大学のことが大好きです。一方で、学問の府である大学という定義からは、研究者の世界からは、ジイジの能力では及ぶことが出来ないと思い続けてきた、とても遠い存在でした。ところが、毎日、毎日、長い間の積み重ねの末に、気が付いてみると大学という定義で、自由自在に行き来ができると実感できるところに手が届いたのです。自分の心の中に青い羽根を見つけることができたのです。今まで以上に一橋大学が好きになりました。

■黒田マジックの講演を聴いて

さて、学会の二日目は、孫のあなた達には直接は関係ありませんが、ジイジの自分事の備忘録として書き留めます。黒田東彦日本銀行総裁（当時）の講演がありました。演題は、「量的・質的金融緩和と金融システム―活力ある金融システムの実現に向けて―」です。

黒田総裁によれば、「金融システムの安定」については、「現状、わが国の金融システムは、安定性の面で大きな問題が生じているとはみていない」と前置きしながらも、「金融機関は、主力の貸出業務において、収益性が低下を続けるという課題に直面している」点を指摘されました。こうした貸出が伸び悩む中で、「信用リスクは減少するも、債券投資に伴う金利リスクが増す環境のもとで、『量的・質的金融緩和』により、前向きな経済活動が広がれば、金融機関業務にも活気が出始めるはず」と持論を展開されました。

しかし、多くの学者が指摘するとおり、「量的・質的金融緩和」は一種の劇薬である点も懸念され、後遺症が発生すると、後戻りができないところまで、日本経済は毀損する可能性もあります。また、日本銀行のプルーデンス政策（監督や規制による民間金融機関経営の健全化を念頭においた金融システム全体の安定化を目的とした諸施策）についても、「消費者物価の前年比上昇率2％を物価安定の目標として、2年程度の期間を念頭に置いて、できるだけ早期に実現する」という基本政策について具体的に解説、披露されました。いわゆる異次元緩和と呼ばれる黒田マジックの種明かしを本人がされました。

政策論争や学術論争はあるにせよ、誰かが何かをしなければ、デフレスパイラルの呪縛から逃れられない日本経済です。誠に不安ながら、この時は、黒田マジックに委ねるほかないと感じました（その不安は後に的中しました）。

5──東京農工大学で日本学術会議での報告を果たす

話の内容は相前後しますが、２０１０年10月５日、ジイジは、日本学術会議「総合工学委員会・機械工学委員会合同工学システムに関する安全・安心・リスク検討分科会　事故死傷者ゼロを目指すための科学的アプローチ検討小委員会（第21期・第８回）」で「豊田市での市民参加型の交通安全教育プログラム」について報告しました。指導は同委員会委員長の東京農工大学大学院の永井正夫教授、会場は東京農工大小金井キャンパス機械システム工学科９号館５０５会議室です。

今回の機会を与えていただいた東京大学高齢社会総合研究機構・機構長、大学院工学系研究科教授の鎌田実先生の司会ではじまり、40分間の報告の後、委員の先生方からご示唆やアドバイスを頂戴することができました。社会基盤工学、交通と都市政策分野の第一人者である東京大学大学院工学研究科教授の家田仁先生からは、先生が指導された国道17号におけるパフォーマンスマネジメントをはじめ、交通安全活動の実際事例を引用いただき、さらに小学生、中学生、高校生と年齢を重ねる各段階での継続した交通安全啓発教育が大切である点、交通事故削減のためには警察の協力が不可欠である点など、力強い励ましのお言葉をいただきました。

ジイジの報告に続き、永井正夫先生と共同研究をされている東京農工大大学院若手人材育成拠点工学研究院のポンサトーン・ラクシンチャラーンサク特任准教授が「常時記録型ドライブレコーダを活用した研究」について報告されました。ドライブレコーダのデータをデータマイニングし、ドライバーの運転操作を診断しようとする試みであり、興味深い内容のお話でした。会議終了後、永井先生の研究チームが開発された、実際のドライブシミュレータの紹介を実験室へ移動してご説明いただきました。

ジイジは大学の教員を目指し、努力の甲斐あってその世界の仲間入りができました。その世界でも、さまざまなトップレベルの研究者、科学者が集い、その研究成果や活動を、行政、産業及び国民生活に科学を反映、浸透させる政府から独立して職務を行う「特別の機関」が日本学術会議です。そこでは、政府・社会に対して日本の科学者の意見を直接提言、市民社会との対話を通じて科学への理解を深め、地域社会の学術振興や学協会の機能強化に貢献、日本を代表するアカデミーとして国際学術交流を推進することが使命とされています。

ジイジは、力が足りないために数回の報告しかできませんでしたが、それでも港区六本木にある日本学術会議本部をはじめ、報告をする機会を得たことを、あなた達に伝え残しておきたいと思います。

日本学術会議委員会で報告

右から永井正夫先生　家田仁先生

6―フィールドスタディを勘案し、電気通信大学で開催

1．健常者より優れた逸品の開発で真の自立へ

２０１５年9月11日、12日、13日、人を大切にする経営学会第２回全国大会が電気通信大学で開催されました（ジイジは常任理事です）。初日は、調布市にある電気通信大学に集合して、心の病を持つ障がい者が安心して自立した生活ができるよう、就労支援、自立生活支援、相談支援など、さまざまな形で支援事業を展開する「ＮＰＯ多摩草むらの会」（多摩市）に向かいました。風間美代子代表は「〝はたらく〟とは〝夢を追うこと〟と思い、福祉の枠を超え、障がいがあっても依存するだけでなく誰かの役に立ちたいと願う訓練生とともに、楽しく夢を追い続けられる法人を目指しています」と熱く語られました。

障がい者が開発、完成させた銘菓「多摩柚子わらび」の味に驚きました。有名百貨店の店頭に並ぶだけあって、上品で美味しい超一級品です。つまり、障がい者の方が作ったお菓子を健常者の人が「障がい者の人が可哀そうだから買ってあげましょう」といったお情けでは障がい者の自立に結びつきません。「健常者と同等、できれば健常者より障がい者の商品の方が優れた逸品を目指す」ことが、真の意味で障がい者が自立できる社会の実現につながることを学びました。

次に訪問した「遊夢《ゆうむ》」（多摩市と八王子市）は、「食材は身体によい産直有機野菜（附属農園「夢畑」にて栽培）及び良質の寒天を使用し、メニューにも工夫を凝らし、何よりくつろげる空間を目指しています。２００２年10月、3障がい（精神・身体・知的）が共に働く共働の店として、多摩市から年間約３００万円で3年間の期限付補助金を受けスタートした、寒天中心の甘味処です。その後自力で、２００７年4月に自立支援法の就労継続B型事業所、10月に就労移行型事業所へと進化させ、地域活性化に大いに貢献し、店頭販売や外販弁当・ケータリングも展開しています。

あなた達に大切なことを伝え残します。障がいを持っている方を可哀そうだと思わないでください。あなた達よりも感性や技能に優れた方も大勢います。

共に考え、共に働き、共に遊んでください。きっと、あなた達が気づかなかった、大切なことを教えてくれると思います。お礼に、あなた達も得意なことを教えてあげてくださいね。一人がいてみんなが生きている。みんながいるから一人が生きていることを忘れないでください。

2. 企業理念は〝頑張らない経営〟

2日目は、学会長の法政大学大学院坂本光司教授から開会が宣言され、基調講演は、「頑張らない経営」と題して、大手家電量販店の株式会社ケーズホールディングスの加藤修一代表取締役会長兼CEOの講演でした。地域密着サービスを目指しながら、ゆっくりと成長することを目標に経営を進める、企業理念に〝頑張らない経営〟を掲げた「逆転発想」の報告でした。

3日目は、朝から研究発表会で、ジイジが主査、コメンテーターをLFC株式会社の井上武社長が担当しました。午後からは、「研究発表の総括」と

かんてん茶屋「遊夢」

坂本光司学会長挨拶

して、各分科会での報告を主査がまとめて報告です。ジイジも障がい者の方の自立を支援する活動報告など、分科会報告を担当しました。

あなた達、人生を決して急がないでください。きちんと命を使えば１００年も生きられる時代ですから、人より先にとか、人を追い越そうなんて、思わないでくださいね。そして、自分の生き方も焦らないでください。1年や2年、道草をしても、あなた達のゴールは、ずいぶん、ずいぶん先にあります。いろいろな道が見えてきたら、回り道をしても良いし、人より遅れても良いので、自分が信じた、お気に入りの道を歩んでください。それが一番の近道になります。

7——東北大学では土地柄の良さを堪能

1. 日本銀行の機能不全による アベノミクスの失敗

アベノミクスの真価が問われる中、「日本金融学会２０１５年度秋季大会」が東北大学川内キャンパスを会場として開催されました。紅葉が美しいキャンパスです。セッション「各国金融機関」で、九州大学同門の松山大学掛下達郎先生（現在は福岡大学商学部教授）による報告「アメリカ大手商業銀行グループの引受業務への進出」を拝聴しました。また大教室で日本経済研究センター理事長（前日本銀行副総裁）の岩田一政氏による特別講演、演題「出口戦略と長期停滞」があり、会場からは積極的な質疑が出されました。アベノミクスを考案した一人である岩田氏が、異次元緩和から3年目を迎える中で、既に、日本銀行による大量の国債引き受け、買いオペレーションが進み、売りオペレーションができない状況が懸念され、日本銀行は機能不全気味です。その点を指摘する質問がなされました。ジイジは、政策の失敗であると考えます。

懇親会でも、師匠である九州大学の川波洋一先生や関係の先生方と、もっぱらアベノミクスの功罪について対話が進みました。

二日目、ジイジは、「地方創生と地域金融機関の役割」と題した広島大学村上真理先生からの研究報告に対する討論者（コメンテータ）の予定でした。ところが、村上先生が急遽体調を崩されたため、ジイジが村上先生の代理で報告内容を説明、そしてコメントもするという初めての経験をさせていただきました。

あなた達、人生は生番組ですから、時々、想定を超えた事態が起こることもあります。そんなときに、慌てず、臨機応変に対応できる力をつけることも大切です。そのためには、ジイジは、いつも物事に向き合う時に、ちょっとだけ先を見つめながら準備を進めるようにしています。その癖をつけると、どんなことが起こっても、まずは慌てずに、何か良い処方箋はないか考えられるようになります。

東北大学

仙台城址

伊達政宗公

2. 地方でのお楽しみ

さて、東北大学のキャンパスは仙台城跡と一体となっています。さまざまな学部・研究科などの建物が並ぶキャンパスを結ぶ街路は赤や黄色の木々で色づき、道行く人の目を楽しませてくれます。青葉山丘陵のあちらこちらに石垣が現れます。そして上りきると、青葉山公園（仙台城跡）です。

地方の学会では、ご当地グルメに出会うことも楽しみの一つです。東北大学がある仙台と言えば牛タンです。牛タン焼の元祖「太助」で「牛タン定食」、ご当地の清酒「浦霞」を注文しました。

また、仙台はジャズが盛んな土地柄で、ジャズフェスティバルが有名です。ジャズの名店「Count」で角のロックを2杯、時間をかけていただきました。大人の時を堪能した仙台の夜でした。

8——熊本大学の社会連携に脱帽

1. 地域公共交通の手本となるモデル

今の日本は災害列島と言われるほど、全国で災害が多発しています。内閣府の防災ページには、「近い将来の発生の切迫性が指摘されている大規模地震には、南海トラフ地震、日本海溝・千島海溝周辺海溝型地震、首都直下地震、中部圏・近畿圏直下地震があります。中でも、関東から九州の広い範囲で強い揺れと高い津波が発生するとされる南海トラフ地震と、首都中枢機能への影響が懸念される首都直下地震は、今後30年以内に発生する確率が70％と高い数字で予想されています。」と記されています。

この70％（2025年1月、国は80％に修正）という確率ですと、孫のあなた達が生きている間に、激甚災害に合う確率は相当に高いというか、必ず遭遇すると思われます。ジイジも企画に参加した「人の移動と災害対策」をメインテーマに据えたシンポジウムを、

2019年8月9日、10日、熊本大学、熊本市、国の協力を得て、熊本で開催いたしました。

この災害対策を念頭に置いた未来の公共交通のあり方やモビリティ政策を考えるシンポジウムの会場は、熊本国際交流会館大ホールです。「激甚災害」「公共交通の本質」をキーワードとして国が進めるソサエティ5・0（超スマート社会）に深く関わるMaaS（Mobility as a Service）実現に向けたさまざまな課題や実現可能性について、公共交通の観点から議論を展開しました。

基調講演では、熊本大学溝上章志先生、広島大学藤原章正先生、国土交通省総合政策局交通政策課の杉田茂樹同課長補佐、お三方が登壇されました。

ジイジは、激甚災害への対応の道を辿り、パネルディスカッションをコーディネート、メインテーマは「災害復興から明るい未来への道筋を示す～公共交通の役割と希望」です。熊本都市バス株式会社の高田晋社長から公共交通網統合整備の道筋（実際の苦労話）、（一財）地域公共交通総合研究所小嶋光信理事長から、両備グループのこれまでの足跡、課題、災害対応、熊本との共通点や相違点を披露いただきました。

次に、地元観光の観点から湯布院の名旅館「玉の湯」の桑野和泉社長が、利用者代表のお立場と幅広いご公職も踏まえて、お考えをお聞かせくださいました。三名の話を受けて国土交通省九州地方整備局の前佛和秀部長から、国の方針、重要施策、今後の見通しについて、さらにソサイエティ5・0やMaaSの思想を踏まえて、東京大学生産技術研究所伊藤昌毅特任講師から未来への道筋を、締めに政策研究大学院大学家田仁教授から将来に向けた道筋をお示しいただきました。

シンポジウムのパネルディスカッションで進行をつとめる仕事は、人のお話を聴きながら、全体の流れを把握して、さらに自分の考えを述べながら、メインテーマに迫るという生番組を仕切る力量が求められます。

あなた達も、そうした能力が身に付くと、いろい

玉乃湯 桑野和泉社長

地域公共交通総合研究所シンポジウムin熊本

熊本大学五高記念館

熊本市役所からみた熊本城

ろなことに自信が持てるようになります。

2．火の国の底力は凄かった県民性

2022年6月24日、25日の二日間、金沢、熊本、岡山の三都市の産官学による「三都市シンポジウム2021in熊本」が、熊本大学まちなか工房主催、すきたい熊本協議会の協力で、熊本市にて開催されました。メインテーマは「まちなかの居場所づくりと新しいライフスタイル」です。新型コロナ禍の影響で3年ぶりの熊本訪問で眼下に震災から復興を遂げつつある熊本城の勇姿を眺めました。地震の被害が大きかっただけに、立派な雄姿が戻り、思わず嬉しくなって、少しウルっとなってしまいました。

6月24日、同僚の岩淵泰先生のご案内で熊本大学を訪問、夏目漱石先生の碑にご挨拶をさせていただきました。それから、熊本大学五高記念館（旧第五高等中学校本館：重要文化財）を見学させていただきました。赤煉瓦の美しい記念館は、熊本大学の長きにわたる歩みを今に留める見事な建物です。内閣総理大臣をつとめた池田勇人氏ゆかりの五高太鼓は立派でした。また教員をつとめた夏目漱石の自筆の挨拶文や五高の棟札など、興味深い品々を拝見することができました。

ジイジは、高校生の頃に、夏目漱石の作品を何作も続けて読んだ思い出があります。「坊ちゃん」の舞台が松山なので、それがきっかけになり「こころ」「それから」「門」「草枕」「吾輩は猫である」「虞美人草」などを読み進めました。熊本大学でも教鞭をとった漱石先生の碑で写真を撮り、あらすじを忘れた作品が多い歳になりましたが、昔を懐かしみました。孫のあなた達も、ぜひ、お気に入りの作家を一人は作ってほしいと思います。それが自分流の考え方や生き方を形作ることもあるのですから。

9——慶應義塾大学で聴いた「幸福な社会」への道筋

人を大切にする経営学会第5回大会が、２０１８年9月15日、16日、慶應義塾大学日吉キャンパスにて開催されました。冒頭、会長挨拶に人を大切にする経営学会会長・元法政大学大学院教授の坂本光司先生がたち、続いて大会実行委員長挨拶を開催校である慶應義塾大学大学院の前野隆司教授がされました。会に先立ち開催された学会総会では、ジイジが大会議長を務めました。

特別講演では、働き方改革と「幸福学」と題して、前野隆司教授が、すばらしい講演をされました。

近年、ＳＤＧｓの推進が唱えられる中で、「ウェル・ビーイング（well-being）」が、キーワードとなっています。これは「ハッピネス（happiness）」が意味する幸福や喜びとは異なり、「身体的・精神的・社会的に良好な状態」を意味すると言われています。つまり「一人も取り残さない社会」を目指す意味を込めていると解釈できます。この「幸福学」という観点から、家庭からまちづくりまで、そして職場の人間関係を含む社会の在り方への提言を行っているのが、「幸福学（Well-being Study）」研究の第一人者である前野隆司先生です。誰にでもわかりやすい図を使いながら、人間が幸福に生きるための条件についての要素分解と解説で、集まった大勢の皆さんを魅了しました。あなた達でも理解できると思います。個人や家族の幸せが一番大切ですが、同時にまちづくりや組織経営で大切なことは何か、どうすればSDGsの発想でまちづくりが推進できるかまで、前野先生のお話では大きなご示唆をいただきました。

二日目16日、ジイジは、第3分科会自由論題の司会をコメンテーターの税理士法人報徳事務所代表の赤岩茂先生と共に担当、大会最後は、タイ国チュラロンコン大学商会計学部のKritinee Pongtanalert（ポンタナラート・クリティニー）講師より、「人を大切にする経営は世界にも通用できる：タイの事例から」のテーマで興味深い報告がありました。締めとして、分科会の報告があり、ジイジは第3分科会の報告を担当、大いに議論は盛り上がりました。福澤諭吉翁の像にご挨拶申し上げました。

時代をリードする第一人者のお話は心に優しく刺さりました。

大会実行委員長
慶應義塾大学大学院 前野隆司教授

総会挨拶
（右）同学会藤井正隆理事・事務局長

10——金沢大学・熊本大学・岡山大学「三都市シンポジウム」

1. 学都の伝統と面影が残る三都市

ジイジが勤務している岡山大学は、自治体・経済界など関係機関と連携を深めながら、国際学術都市「学都岡山」を目指した活動を日々行っています。特に、金沢・熊本・岡山は、明治期に旧制四高・五高・六高が開学、今なお「学都」としての伝統と面影が継承されているまちであり、この三都市と三大学が互いに集い、2005(平成17)年以来、過去を振り返り、そして未来のまちづくりを考える活動を続けています。この活動が、金沢・熊本・岡山の三都市が交代制で開催してきた「三都市シンポジウム」です。コロナ禍の影響などありましたが、例年、開催しています。

さて、金沢には全国一を誇る学生活動拠点「金沢学生のまち市民交流館」があります。ここは、学生と市民のまちなかの交流拠点として設置された施設で、「学生の家」「交流ホール」の2つの建物からなり、「学生の家」は大正時代の町家を改修した木造瓦葺き2階建てのアズマダチの見事な家屋で、学生

旧制四五六高そろい踏み（右後から時計回り）熊本大学まちなか工房 溝上章志 代表　金沢大学 福森義宏理事（社会貢献担当） 金沢大学 市原あかね 地域連携推進センター長　岡山大学 三村聡 地域総合研究センター長

金沢城址

金沢学生のまち市民交流館

たちの活動拠点となっています。

また、熊本は、くまモンが「学モン都市クマモト」と言っています。くまもと都市戦略会議は2010年から行っており、さまざまな取り組みをしています。さらに、熊本大学は五校記念館をはじめ学都にふさわしい活動をしており、小泉八雲が3年間英語教員として来ていた頃「極東の将来」という講演をして九州魂の必要性を説き、その後、夏目漱石も英語教員として赴任しています。熊本大学は中心部に熊本大学まちなか工房を作り、研究・教育と連動した地域情報の蓄積（セミパブリックスペースの研究等）、官民まちづくり、市民との定例学習会（すでに100回を超えている）、まちづくり活動支援等を日常的に行って来ました（現在は閉所）。（岡山は略）

2. 熊本開催の様子

最新の開催から、2022年6月、熊本開催の様子をご紹介いたします。

エクスカーションは、熊本市のまちづくりを手本

商店街でワークショップ
中央　両角光男熊本大学名誉教授

サクラマチ・クマモト

再整備が進む商店街

三都市シンポジウム

に、金沢、岡山の実情も紹介しながら比較検討する流れで進められました。ご案内いただいた桜町地区の再開発は目を見張るものがあります。その核となる熊本の中心市街地に、2019年9月に完成した、日本最大級のバスターミナルを有する複合施設「サクラマチ・クマモト」は見事です。各階に多くの樹木や植栽が並び、また、市民が気軽にランチやお茶やおしゃべりを楽しめるよう、緑に囲まれた中にテーブルと椅子が並んで配置されています。そのコンセプトは素晴らしいと感じました。

特にここは、かつて東洋一といわれたバスターミナルが、この度、断然、使いやすく新築されたパブリックスペースとなり、バスの時間待ちや友達との待ち合わせ、また、独りで気ままな時間を過ごせる空間といえます。そして眼前の歩道幅員を想像以上に広くとった空間は、欧州の旧市街地に引けを取らない歩行者に優しい数々の工夫がなされ、同時に、威風堂々とした落ち着きと余裕を感じることができました。そして、視線の先には熊本城が見渡せるように工夫されています。さらに石畳には、震災で崩れ落ちた熊本城の石垣の破片が「震災を風化させないため」の思いを込めて意匠・デザインとして埋め込まれています。

そして向かいの加藤清正公ゆかりの花畑広場には、樹齢700年を超える楠の大樹が人々を見降ろしながら人々の心を和ませてくれ、その広場も自由に往来でき、また、自由に議論ができるような移動ブースまでしつらえてあります。こうしたアイディアを企画して組み立て、熊本市や施工事業者の方々と現場で顔を付き合わせながら、実際のまちづくりに反映させる努力を続けているのが、熊本大学の田中智之先生（建築）、田中尚人先生（土木）達であり、これまでの流れを作り上げてこられたのが、両角光男先生や溝上章志先生、富士川一裕先生や前田芳男先生（前田先生は岡大の同僚でした）はじめ多くの先達、先輩となる先生方です。

まち歩きの後、城見櫓を会場にシンポジウムが始まり、熊本市、岡山市、金沢市の順番に、各都市のまちづくりの発表がなされ、積極的な本音の意見交換がなされました。この三都市からの報告を受けて、屋上から熊本城の見事な天守閣を眺め、懇親会用に模様替えされた会場での情報交換会では、産官学が入りまじりながら、日頃の疑問や意見を都市や産官学の垣根を超えて、徹底的に話し合いをいたしました。

遠く離れた三つの都市が、旧制高校という歴史の糸で結ばれ、今なお「学都」という輝きを求めて互いの切磋琢磨の活動を報告し合うことで、絆を確認しました。

孫たちに伝えたい、こうした伝統の継承こそが、過去から紡がれてきた歴史のなせる賜物であり、こうした機会を活かして、今私たちがどこに居るのかを確認し合い、そして互いに未来を見つめる目を共有する、そんな友がいることは本当に素敵だと思うのです。

11——山口大学での学会活動

1. 歳を重ねると学会の役員も大切なお役目

日本計画行政学会第30回中国支部大会が、２０１５年４月25日、山口大学（吉田キャンパス）経済学部を会場として開催されました。緑が多くとても美しいキャンパスです。理事会で中国支部の理事に推薦いただき、協議の上で理事に任命いただきました。研究報告会は、山口大学の平尾元彦大学教育機構学生支援センター教授が座長をつとめられ、３人の先生から興味深い研究が報告されました。理事を拝命しましたので、若手の研究者の養成に、微力ながら汗をかく決意です。

先輩が後輩に道を譲る段取りをすることは、とても大切なのです。そのことが理解できれば、振り向いて自分が辿ってきた道を確認することができますし、未だ道がない、未知の世界への道筋も不思議と見えてくるのです。

2. 自治体や経済界のトップと泊りで本音の熟議

２０１８年10月12日〜13日は、２０１８中国フォーラムin山口が開催されました。中国5県持ち回り開催の有識者会議で、地方創生や未来のデザインを議論、湯田温泉が会場でした。山口県村岡嗣政知事、中国経済連合会苅田知英会長（中国電力会長）、山口大学からは田中和広地域連携担当理事・副学長など中国5県より多彩な皆様が参加されました。

明治維新１５０年（維新策源地）の旗が市内に旗めきます。ジイジは第一分科会の座長を拝命、同部会では苅田知英中経連会長、そして岡山からは萩原工業萩原邦章会長、さらにマツダ役員、日本ＩＢＭ西日本支社長、日本政策投資銀行広島支店長、山口県産業政策部長らとご一緒の部会の進行役でした。

さまざまな業界の超一流の実務家の方々と議論をする機会を得ることは、何ものにも代え難い、とて

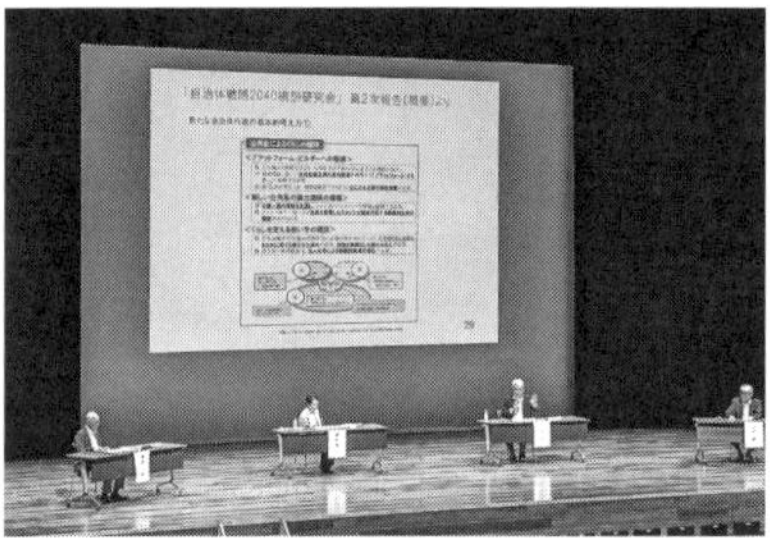

KDDI維新ホールにて日本計画行政学会全国大会

村岡嗣政山口県知事

SL山口号

山口大学にて計画行政学会中国支部大会

も素敵な心の栄養の時間です。孫のあなた達も、よき友と語らう時間を自らのチャレンジで作ってほしいと思います。

3. 学会の全国大会開催は気遣いと骨折りの大役

第45回となる日本計画行政学会の全国大会が、2022年9月9日~10日の二日間、コロナ禍の影響を踏まえて、KDDI維新ホール（2000人収容）とオンラインでのハイブリッドでの開催でした。主催校は山口大学です。中国支部の理事は広島修道大学の太田耕史郎経済科学部教授です。

初日の基調講演では、周南市の藤井律子市長が「大学を生かしたまちづくり―私たちの街の私たちの大学―」で熱のこもったお話をされました。続くパネルディスカッションでは公立大学協会中田晃事務局長の「少子化時代の地方大学と計画行政」のプレゼンを受けて登壇、ジイジからは「岡山大学の社会連携教育とSDGs活動」について話題提供させていただきました。そして、地域と大学が共存共栄するデザインをテーマに語り合いました。パネラーは、藤井律子氏（周南市長）、中田晃氏（公立大学協会 事務局長、公立大学法人福山市立大学 副理事長）、三村聡（岡山大学地域総合研究センター長）の顔ぶれで、コーディネーターは渡邉一成（福山市立大学年経済学部、大会プログラム委員長）教授です。本音の持論を思う存分に披露させていただくことができて、大いに満足いたしました。

二日目は、二つの分科会の座長を担当しました。8本の報告の進行ととりまとめでしたので、担当の論稿を精読して本番に臨みました。

役目を終えましたので、古都山口のまちを散策させていただきました。中原中也記念館と国宝の五重塔がある瑠璃光寺、美しい山口です。

知らない街を歩いてみることは、知らない自分を見つけることにもつながります。いつも未知の世界へ出かける気持ちを持つ人になって、いつも心の旅を愛して、人生の長い旅を続けてほしいです。

12――広島大学　温故知新のキャンパス

1. 地域経済と金融、多士済々の熱い議論

広島大学地域経済システム研究センターが２０１7年12月14日に主催した「地域経済研究集会」に参加しました。テーマは「いまこそ地方創生―地域金融と地域経済の課題―」、会場は平和公園近くのＡＮＡクラウンプラザホテル広島です。湯﨑英彦広島県知事挨拶、辻庄一中国財務局長、池田晃治広島銀行頭取、福田幸雄（株）アスカネット社長、橋本卓典共同通信記者など、多彩な講師陣から話題提供がされました。進行は広島大学地域経済システム研究センター伊藤敏安教授、コメントは広島大学大学院社会科学研究科鈴木喜久准教授でした。

湯﨑知事からは、近年、広島県は40年ぶりに人口が社会増となっている点、県民所得の伸びが全国1位など、各種の指標が上昇していることが自信満々に披露されました。湯﨑知事の挨拶は、落ち着いた語りの中にも強い覚悟が感じられました。次いで辻中国財務局長が「地域金融と地域経済」と題して、銀行に対して従来の担保主義から脱却するように求め、最近の事業性評価とローカルベンチマーク、そして地方創生に向けた顧客との共通価値の創造による金融機関経営の方向性を示唆しました。この話を受けて、広島銀行池田頭取が、「地域における資金循環機能を果たすために」と題して、地方創生の観点を織り込みながら、地方銀行の果たすべき役割・機能、そして実践展開中の創業支援、ベンチャー育成、地場産業支援、観光支援、農林漁業者支援、個人の資産形成など、幅広く具体的な施策を紹介されました。また、『捨てられる銀行』の著者として名高い、共同通信の橋本記者は、「生き残る地方銀行、生き残れない地方銀行」と題して、記者として培ってきた情報と理論に基づき金融界の生きる道を説き、

その辛口かつ示唆に富んだ内容で会場を沸かせました。

ジイジからは広島銀行池田頭取へ、地方創生による経済活性化には自治体との連携が重要であり、広島県や自治体の公金を預かる広島銀行の取組みについて質問させていただきました。自治体連携重視の具体的な内容が伝わるコメントを頂戴できました。続く情報交換会でも池田頭取と意見交換させていただき、地方銀行が置かれた厳しい環境と、それを乗り越えて、県民に信頼を持ち続けてもらうために何が必要か、まったく飾らないストレートなお話をお聞かせくださいました。

あなた達、臆せず、賢人に自らの疑問をぶつけて教えを請いなさい。なによりも価値のあること、それが賢人本人に自らの考えを投げかけ、その答えに声に耳を傾け、賢人から直接に学ぶことです。

2. 発祥の地へ回帰する大学

広島大学を会場として、２０１８年４月21日、日

湯﨑英彦広島県知事

広島高等師範発祥の地

広島大学東千田キャンパス

本計画行政学会中国支部の理事会、大会、総会が開催されました。久しぶりの東千田キャンパスです。大会では、岡山大学からは、大学院社会文化科学研究科の長宗武司さん（現在は、新見公立大学健康科学部助教）が岡山県の森田忠義さんと「岡山県庁における統計利活用の取組」、ジイジは「東京五輪を契機とするスポーツを利用した地方創生」のテーマで報告させていただきました。

ここ東千田キャンパスは、移転前の本部が置かれた場所です。また、文化財級の旧理学部の校舎に挨拶させていただきました。コストや維持費、効率化の課題がありますが、ぜひ、かけがえのない大学遺産として保存していただきたいと感じます。

そして東千田キャンパスは、広島大学の象徴とも言える、高等師範発祥地の記念碑や被爆地広島に起源をもたれる広島大学平和センターがあり、平和学に関する研究・調査及び資料の収集を行うとともに、研究成果を教育の場に還元して平和に関する教育を推進しておられます。歴史の重みを感じるキャンパスです。

東広島へ移転した広島大学ですが、ここ旧キャンパスへの回帰を進めています。温故知新とでも言えましょうか、原点回帰に賛同いたします。社会科学を学ぶ者は、さまざまな事情や矛盾が複雑に絡み合う、課題多き都市にあって、その解決策を考察することができると考えるためです。

Episode 5

学生と共に

1――愛知学泉大学の学生と共に歩んだ記録

1.「カーボンニュートラル社会」実現に参加

２０１０年5月、豊田市が環境モデル都市に選定され、低炭素社会の実現に向けた取組として「とよたエコドライブプロジェクト実行委員会」が発足しました。会場は豊田市市民活動センター、ジイジが設立総会で議長をつとめましたので、ジイジが担当していた三村専門演習とコミュニティ運営実習の学生8名が参加、受付や運営の手伝いを担当しました。設立総会では、豊田市、商工会議所、青年会議所、連合など各種団体、トヨタ自動車、豊田信用金庫、ＪＡをはじめとする企業、豊田都市交通研究所、愛知学泉大学など合わせて25団体が参加しました。

環境に優しいエコドライブの推進によってCO_2の排出を減らすと同時に交通事故防止を目指します。プロジェクトリーダーに、「とよた省エネ共和国」代表の浅野智恵美さんが選出されました。総会に続いて行われた講演会では、エコドライブの効果について説明があり、導入した事業所で、交通事故が以前より半分近くに減ったという研究結果が報告されました。そして、博報堂のソーシャルマーケティング担当者から「行政や企業、市民などが協働して、気持ちを一つにする場作りが大切である」との講演がありました。

また、午後から開催された「プラグインハイブリッド車・新型プリウス」10台によるデモンストレーション走行では、豊田市副市長や経営政策本部長の挨拶を受けて、学生達が3台に分乗、市役所から豊田市環境学習施設ｅｃｏ－Ｔ（エコット）間を往復走行しました。ジイジは6号車を運転、この時の豊田市経営政策本部長が、２０２５年1月現在の太田稔豊田市長（中核市会会長）です。２０２１年に倉敷市で開催された中核市サミットで再会しました。

三村ゼミの学生たち

プラグインハイブリッド車

実験用車両

社会実験会場

2. 社会実験に参加、未来志向のセンスを磨く

豊田市は、国土交通省の選定（超小型モビリティの利活用に関する実証実験）を受け、また、内閣府から選ばれている環境モデル都市、さらには、次世代エネルギー・社会システムを目指すまちづくりの観点から、2010年10月4日（月）〜8日（金）、12日（火）〜15日（金）、豊田市駅前のCOMOスクエア北側隣接地で、中心市街地パーソナルモビリティ走行の実証実験を実施しました。移動手段としての有効性、歩行者など他の交通に与える影響等に関する調査に、豊田市から依頼を受けて愛知学泉大学から20歳代の学生たちが参加し、試乗後、アンケートに回答して感想や意見を述べ、その後の授業の中でも振り返りをしました。

あなた達に伝えたいことは、この実証実験参加では、ジイジは、大学生が企業、市民、関係機関と連携して低炭素で環境に配慮した交通まちづくりを考えることは、これから社会人として社会生活を送る上で大切な経験になると考えて参加しました。

大学生は18歳を超えていますので、現在だと、選挙権を持つ大人の仲間入りをしています。社会の課題や問題を、様々な世代の方が体験して、その結果を持ち寄り、意見を述べ合う経験をすることは、長い人生を生きる上で、とても有意義な経験になると考えます。

さて、参加した学生からは、「パーソナルモビリティ（Winglet）の試乗体験は、未来志向でとても楽しかった。ただ、高齢社会対応を考えるならば、高齢者、とりわけ後期高齢者の方には、乗車時（スタート時）・降車時の安全性に不安が残り、運転免許証の返納問題への対策（低速モビリティ）に向けてもう一段の工夫が必要」との意見が出されました。また、「パーソナルモビリティが安心して走行できる道路環境の整備が必須であり、歩行者はもちろん、自転車や電動車いすとの連関性を確保しながら、一般の個別交通や公共交通との棲み分けを実現することができるか否かが大きな課題」であるとの感想が聞かれました。授業では、今回の経験を、現在、進めて

いる逢妻地域でのエコドライブプロジェクトにどのように活かすかについて、次回以降、検討を進めることにしました。

3. 就職難の時代に遭遇する学生達へ

ジイジは愛知学泉大学豊田キャンパスへ着任以来、就職委員長を任されていました。その関係で、当時、中日新聞さんから取材を受けました。２０１０年度の新卒者の就職は、国会やマスコミで社会課題として問題視された通り、誠に厳しい状況でした。30社以上受けても、未内定のままで年を越す学生達がいました。愛知学泉大学がある豊田市では、トヨタショック以降、自動車関連産業を中心に求人が激減しました。また、産業連関の強さから地域の基幹産業である自動車に元気がないと、他の製造業やサービス業にも深刻な影響が出ていました。

この当時、内閣府沖縄振興局総務課長だった古谷雅彦氏から、沖縄県の高校生への有効求人倍率は、なんと「０・1」だと聞き驚きました。10人に1人しか求人がない状態では、「真面目に勉強をしなさい、社会へ出て立派な大人になってください」などと言えません。高校や大学で、何を何のために学ぶのか、学問そのものの危機であると言って過言ではありません。とりわけ、普天間の問題も基地の存在という問題に止まらず、こうした雇用をはじめ経済・社会環境が低迷し続ける中で、不安な生活を強いられる県民の困惑の象徴が、基地問題に表出しているのではないかと推察しました。

このわが国を覆う非常事態にあって、微力ながら大学組織を挙げて、できる限りのサポートを学生達にすることが大学教員であるジイジの使命と心得、保護者との三者面談や学生への模擬面接などを積極的に実施しました。また、幸いにもトヨタショックがあったとは申せ、豊田市周辺には、トヨタグループの関係企業が数多くあるため、企業人事へのアプローチを含めて、就職先を開拓する日常活動を続けました。企業や商工会議所と大学をつなぐ人脈づくりです。その甲斐あって、ありがたいことに卒業予定者全員が、自動車関連企業、一部上場企業、公務員、社会福祉関係団体などへ就職してくれました。

ジイジはあなた達にSDGsの精神を学んでほしいと希望しますが、ジイジは「ひとりも取り残さない」を信条に就職指導やアドバイスを続けたのです。

また、ジイジは愛知学泉大学着任以来、入試担当副委員長も任されました。入試の副委員長とは入学試験の担当ではなく、高校訪問をして受験生を増やす、いわば営業職です。孫のあなた達には伝えたくないのですが、「入学金と4年間の授業料を合わせると、学生一人500万円の収入を得ることができると肝に銘じ、受験生を増やす営業活動を心掛けてください」と学部長に言われました。こうした業務では営業やプレゼンテーションの実務経験が必要であり、研究者や教育者には不向きです。ジイジの東京での実務経験に期待が寄せられたわけです。

4．学生とのゼミ合宿は大学教員になった証

2010年11月、3年生3名、4年生4名の総勢

実践型社会連携教育

名物の五平餅

ゼミ合宿

7名が、紅葉盛りの豊田市旭地区でゼミ合宿を行いました。ジイジが指導する三村ゼミ合宿の目的は、卒論の中間報告であると同時に「中山間地域の将来を語る会～豊田市旭地区を事例に～」に参加、実践的にコミュニティ政策を学び、学生自らが、話し合いの中から考える力を養うことです。笹戸温泉「清山荘」にチェックイン、さっそくゼミを始めました。4年生から卒論のテーマについて各人が発表、そのあと、「中山間地域の将来を語る会」への参加に向けて地域の課題を話し合いました。

夕食は、宿のご主人が山から採ってきてくれた〝天然の自然薯《じねんじょ》〟を女将さんが長い時間をかけてすり鉢で摺りおろしてくれ、新米に山盛りかけた〝とろろ飯〟です。香りねばり共に絶品でした。アユの塩焼きや鯉の薄作り、八丁味噌仕立てのシシ鍋（イノシシ）、蜂の子など、地元の素材による夕餉を堪能しました。

あなた達は、大学に進学ができたなら、ぜひゼミに所属して学外の地域社会や企業などへも出かける経験を積んでほしいと思います。その体験が大学生活の醍醐味でもあるためです。

翌日、朝風呂と朝食を済ませ、1時間ほどディスカッションをしました。長崎県対馬市が進める絶滅危惧種〝対馬やまねこ〟を交通事故から守る活動を通して、エコドライブと交通事故削減に向けた活動を題材にしながら、パンフレットとクルマに貼る〝対馬やまねこ〟をモチーフにしたステッカーを学生に配布しました。この絶滅が心配される〝対馬やまねこ〟が交通事故の被害に遭遇しやすい地点は、実は人間も交通事故を起こしやすい地点でもあります。また、この旭地区でも天然記念物〝日本カモシカ〟が交通事故にあっています。中山間地域では、スピードを出しがちになるドライバー行動は、交通事故死傷者数が多い北海道などにも共通して見られる事故要因です。

昼食には創業50年を超える老舗の福田屋さんで、名物の〝五平もち〟をいただきました。焼きあがるまでの間、女将さんから、旭地区の昔の様子、地域の良さ、そして現在抱える過疎化の情況について貴重なお話を伺えました。「そのうちに中学校から子供の姿が消えて校舎は老人ホームになっちゃうよ」と笑顔で冗談半分に語る女将さんの言葉に胸が痛みました。

さて、「中山間地域の将来を語る会〜豊田市旭地区を事例に〜」では、地域の代表や識者の皆さんから生の話をお聞かせいただき、中山間地域における持続可能なビジネスモデルの構え方について、現地視察を含め、直接学ぶことが、学生達に与えられた課題です。愛知学泉大学山崎丈夫教授が「中山間地域の再生を考える」と題して基調講演、ついで三人の方が「地元でまちづくりを担って」、「耕作放棄地の再生と定住化をめざして」、「〃しきしまときめきプラン〃づくりの経験から」の順序でリレー報告をして、最後は「地域活性化への思い」で結ばれました。学生達は、自らが意見や質問をするだけではなく、来場者へのマイクの受け渡しや帰りの駐車場誘導、机や椅子の後片付けなどを行い、ゼミ合宿の全工程を完了しました。こうした実践型社会連携教育活動の実績を長坂江里さんと石神征さんが、２０１０年12月1日、経済産業省が進める「社会人基礎力グランプリ中部地区予選大会」で報告、13の大学が出場する中、奨励賞を授与されました。こうした経験を経て、ジイジは、岡山大学へ転身することになるのです。

ジイジの自慢話に聞こえてしまうと本意ではありませんが、本業の教育や研究活動のシーンでも地域や企業、自治体など広義の社会と大学との接続を、常に念頭に置きながら授業のカリキュラムやシラバスを組み立て、社会を巻き込んだ教材づくりや学生指導を心がけて歩みました。

5.「まちづくりエッセイ」事業も学生参加で

愛知学泉大学コミュニティ政策学部（２０１９年後継の現代マネジメント学部が募集停止）と特定非営利活動法人ＩＴＳプラットフォーム21（理事長は河野安宣氏、２０２４年7月に解散）は、大学やＮＰＯという第三者

（客観性）の立場から、市民の皆さんの声を広聴し、また、行政の施策を市民に広報する（広報・広聴活動）ことを通じて、豊田市のまちづくりに市民の声を反映していくことを目的として「豊田市まちづくり懸賞エッセイ」事業を展開しました。この事業は、ジイジが企画を提案、準備から第1回以降、企画・運営事務局の責任者をつとめました。もちろん学部教員の皆さんの献身的な協力と学生参加、そしてNPOの社会人としての行動力が一体となって実現できた活動です。

具体的には、豊田市、豊田市教育委員会、豊田商工会議所、トヨタ自動車、豊田信用金庫、豊田都市交通研究所、中日新聞社、中部経済新聞社、ひまわりネットワーク、エフエムとよた、とよたエコドライブプロジェクト実行委員会、あいちエコモビリティライフ推進協議会、豊田スタジアムという豊田市の中核をなす団体に後援いただきました。

あなた達に伝えたいことは、社会全体を包摂する社会活動を実践する際には、関係するすべての機関に声をかけ、産官学金言NPOのオール体制で推進したいものです。ジイジは、丁寧に各団体を訪問して趣旨を伝え、活動への理解、支援、参加を求めました。

さらに、広報戦略の手法として、豊田市報での広報や交流館（公民館）へのチラシの配布、教育委員会から校長会を通じた市内小中学校への応募の呼びかけ、トヨタ自動車の教育機関であるトヨタ工業学園での取り組み、そして中日新聞をはじめとするマスコミの紙面や地元ケーブルテレビやラジオでの広報など、関係各位のご理解により、地域の団体の協力を総合的に得る手法を展開しました。また、企画・広報面での協力は、豊田市自然観察の森、豊田市矢作川研究所、豊田市環境学習施設エコット、とよたエコライフ倶楽部省エネ共和国、豊田市商店街連盟にいただき、企画会議にご参加いただきました。

特に、第4回「豊田市まちづくり懸賞エッセイ」では、特別テーマに「みんなのエコドライブ」を設定し、活動を展開した結果、応募総数は1683通に達しました。豊田市の人口は42万人です。市民の声を代表するには十分な応募件数になりました。そして、厳正なる審査の結果、選ばれた皆さんの栄誉を称えるために、表彰式が、２０１１年3月5日（土）豊田市民会館大会議室で開催されました。ゼミの学生達7名と本学研究所のスタッフ、そして共催するNPOの皆さん総出により準備作業を行いました。

当日は、司会をジイジと同僚の村林聖子コミュニティ政策学部准教授（現在は福岡大学法学部教授）が務め、全体のサポートを庄村勇人同学部准教授（現在は名城大学法学部教授）が担当しました。主催者挨拶として、NPO法人ITSプラットフォーム21河野安宣理事長、来賓挨拶として鈴木公平豊田市長から祝辞をいただきました。表彰状授与を寺部曉、学校法人安城学園愛知学泉大学理事長が行いました。ちなみに、同日、同会場では「豊田市市政60周年記念式典」が開催され、大村秀章愛知県知事や豊田章男トヨタ自動車社長らが列席する中、豊田市より大学の貢献活

豊田市政60周年記念式典　豊田章男社長挨拶

関係者と学生たち　中央右　河野安宣理事長

豊田市まちづくり顕彰エッセイ表彰式

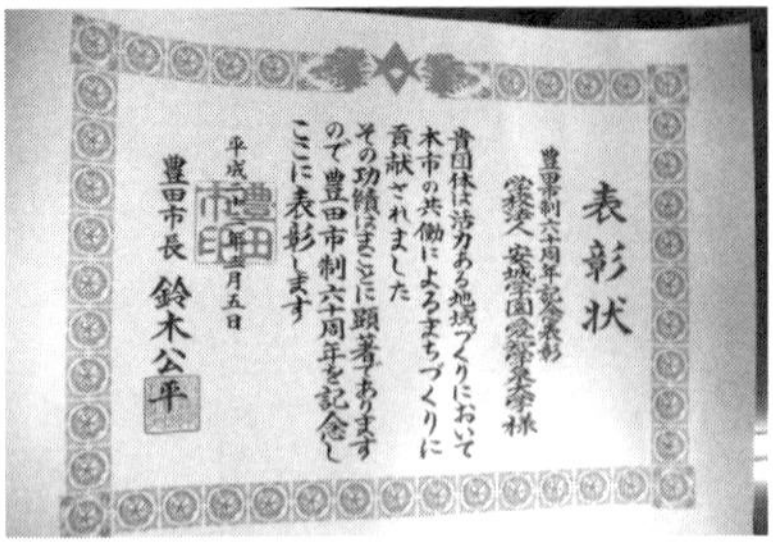

表彰状

動が評価され表彰されました。ジイジのゼミの学生達の大活躍に支えられた「まちづくり」イベントでした。

この事業も産官学金言ＮＰＯ一体となった実践型社会連携教育です。

6. 県外でのゼミ合宿は生涯の貴重な経験

ジイジの三村ゼミでの思い出に、長野県東御市での蕎麦の収穫体験と真田幸村の居城がある同県上田市の中心市街地まちづくり見学を兼ねた長野県ゼミ合宿があります。２００９年10月17日、18日、お世話になった収穫体験実習現場は、本書を上梓くださった「薫風社」、三橋初枝社長のパートナーの実家である長野県東御市（旧東部町）の蕎麦畑です。学生たちは、大変、お世話になりました。

信州の蕎麦は全国的に有名ですが、ここ、えぼし農園の蕎麦畑は無農薬で育成することを基本として、種まきから、草取り、刈り入れ作業もなるべく手作業で、脱穀は足踏み脱穀機、実（種子）の選別も昔ながらの唐箕《とうみ》を使用します。実は、この蕎麦畑は、東京の出版社や新聞社の関係者にも区画が貸与されていて、ジイジも東京勤務時代には「三村家」の区画をお借りして、蕎麦の収穫を家族で楽しんでいた経験を持ちます。そのご縁で、今回は学生たちのゼミ合宿の場所として選定したのでした。

学生たちにとっては、鎌での刈り入れ、足踏み脱穀機、唐箕《とうみ》、すべての作業が貴重な初体験です。最初は戸惑いましたが、そこは若さの特権とでも言えましょうか、また、ゼミ生には東海地区大学「空手道」個人戦の一位（優勝）、二位（準優勝）の強者やサッカー部など、体育会系の学生がいるため、三橋社長のご指導を得て、慣れれば作業の早いこと、驚くべき速さで作業をこなしてくれました。また、三橋社長には、格別なお気遣いで、飲み物やおにぎりの差し入れをいただきました。おにぎりを頬張る学生たちの満面の笑みを忘れません。

翌日は、真田信繁（幸村）の父、真田昌幸によって築城され、上田合戦で徳川軍を二度にわたり撃退した難攻不落の城として名高い上田城趾と、その城郭都市である上田市の中心市街地を歩いて廻り、道路空間の有効利用や観光客に優しいまちづくりのポイントを見学、産業城下町である豊田市との比較からモビリティ政策の違いを話し合いました。

あなた達に伝えたいことは、知らない土地で、知らない人に会い、新たな体験を得る機会があれば、積極的に参加してほしいと思います。ところ変われば品変わる、との格言通り、それぞれの土地には、その自然環境に適した暮らしがあり、それが長い歴史と文化に彩られながら、今なおその地域が持つDNAとでも言うべき、地域の個性として息づいています。それを学ぶことは、あなた達の目を複眼的にする、良薬であると考えるためです。

7. 生涯忘れられない卒業式~東日本大震災

学生と教員が一番輝く瞬間は卒業式です。ジイジは何人の学生を見送ったでしょうか。

最も思い出に残る卒業式は、手塩にかけ指導したゼミ生である長坂江里さんが、全学総代をつとめた愛知学泉大学の式です。2011年3月11日に東日本大震災が発災しました。その1週間後の3月18日、岡崎市総合公園岡崎市武道館において卒業式が行われました。会場では、在校生のボランティアサークルにより「震災復旧・復興」募金活動が行われ、式の冒頭では、被災され人命を落とされた方々へ哀悼の意を込めて黙祷が捧げられました。改めて「普通のことが普通にできるありがたさや素晴らしさ」を実感しました。

式の結び、長坂さんが三学部を代表して「こんな時だからこそ、日本人が古来より受け継いできた相互扶助や協働の気持ちを大切にして、コミュニティパワーでこの災難を乗り切ってほしいと思います」と「答辞」を立派につとめました。謝恩会では、家が全壊して卒業式に出席できなかった学生のことを全員がねぎらいました。また、4月から豊田市に消防士として採用された学生が「先生、前倒しで明日から宮城県へ入り復興活動に参加することになりま

2010年度卒業式　全学総代 長坂江里さん答辞

学泉祭　骨董市 教員ブース
（右）山崎丈夫教授

社会人基礎力グランプリ中部地区予選大会
奨励賞　（右）石神征さん（中）長坂江里さん

学泉祭

ゼミ合宿長野 上田城址

ゼミ合宿長野　そばの収穫作業を体験

した。帰ってきたら報告します」と胸を張ってくれました。

ジイジの学部はコミュニティ政策学部、指導したゼミ生は全員、何らかの地域活動に参加して、地域の課題を考えながら解決策を地域の皆さんと共に考える活動を続けてきました。

あなた達に伝えたいことは、大学教育の目標のひとつは、「学生時代に生きる力を身につけ、社会のお役に立てる人財の育成」なのです。この未曽有の激甚災害である東日本大震災に驚き、戸惑いながらも、焦らず、落ち着いて、冷静な対応をとれる学生たちを頼もしく思うと同時に、心から誇りに思いました。卒業式は、学生の成長ぶりが結実したことを確認できた最高の瞬間でした。

卒業生は、社会へ出てそれぞれの道を歩みながらも、社会のお役に立てる人として活躍してくれていると信じています。

2――学生による地方創生活動

10年の成果と課題――瀬戸内市裳掛地区での実践活動

1. 活動の概要

(1) はじめに

ジイジが顧問をするサークルに岡山大学公認学生サークル「まちづくり研究会」があります。このサークルは、2014年に活動を開始、その活動の目的は、過疎化人口減少の問題を抱える瀬戸内市邑《お》久町《くちょう》虫明《むしあけ》の裳《も》掛《かけ》地区をフィールドとした学生と地域住民による地方創生の協働活動であり、通称『瀬戸内市裳掛地区再生プロジェクト』と呼ばれています。この10年間、学生たちは先輩たちから後輩たちに実践活動をリレーしながら様々な活動を展開してきました。その主眼が、生徒数の減る裳掛小学校の子供たちの支援活動を続けることで、生徒数の減少に歯止めをかけることです。そのための具体的な方策として、「学生による情報発信」「耕作放棄地対策への参加」「空き家の再生支援による拠点づくり」「移住定住促進支援」「地域催事への企画・運営支援」「子供たちの見守り」などの活動を実践しながら地域を元気にする応援を継続してきました。

ここであなた達に伝えたいことは、身の回りの課題が何であるか、現場へ出かけて自らの目と耳と肌で実態を確かめてから、課題を整理して、その解決策を考える習慣を身につけられると、一事が万事、この手法は社会で生きる上で自らの課題解決にも通用します。つまり、地域や特定の目的を持つ集団やコミュニティでの催事企画を立てる活動に参加して、いろいろな経験をしてほしいと思います。その理由は、催事の企画や実行段階では、必ずや意見の相違がつきものとなります。その意見の相違点を互いが理解し合い、合意点をみつける経験を積むことは、隣人を理解して愛するというコミュニティパワーの源泉とでも言うべき、人と人の信頼の絆を深めるために最も大切な事柄だからなのです。

ここでの課題は、少子化対策、空き家の再生、移住・定住の促進です。

(2) 対象地域の概要

瀬戸内市は、2020年時点の 総人口36,048人、総面積は125・46㎢で岡山県の東南部に位置し、西は岡山市、北は岡山市、備前市と接しています。瀬戸内市国土計画(2023年3月瀬戸内市)によれば、市は「自然的・歴史的・社会的条件と日常生活圏との整合性を踏まえ、牛窓地域、邑久西地域、邑久東地域、長船地域の4つ」に区分されています(図)。

まず、「まちづくり研究会」の10年間の活動を振り返ります。まちづくり研究会は「岡山大学の総合力を生かし、岡山の地域課題を解決するような活動がしたい。地域に入って活動するからには、きちんと責任ある行動をしたい」という学生の思いを発端に、2013年12月に活動のための団体を立ち上げ、2014年度から現在に至るまで、岡山大学公認サークルとして活動を継続しています。2024年度も23名の新メンバーが入会し、総勢約40名となっています。活動は、毎年度メンバーが年間活動目標と計画を立て、継続的な取り組みの他に、独自の企画などを実施しています。一方で、学生たちの地域活動は互恵性がなければ成立しません。つまり、学生たちは地域から学び、地域は学生たちの働きにより地域が元気になるという互恵性を大切にして活動をしています。

(3) 主な活動

①情報発信

まちづくり研究会の広報誌「まちけん通信」を、年4回定期発行、現在まで刊行作業を継続しています。裳掛地区での活動内容やメンバー紹介に加え、記事担当者が作成した季節に合わせた情報なども掲載しています。印刷した「まちけん通信」は、裳掛地区の約700世帯すべてや裳掛小学校の全校児童に配布しています。また、裳掛地区の各施設や、瀬戸内市役所や瀬戸内市民図書館などの市内施設にも設置し、幅広く情報発信を行っています。

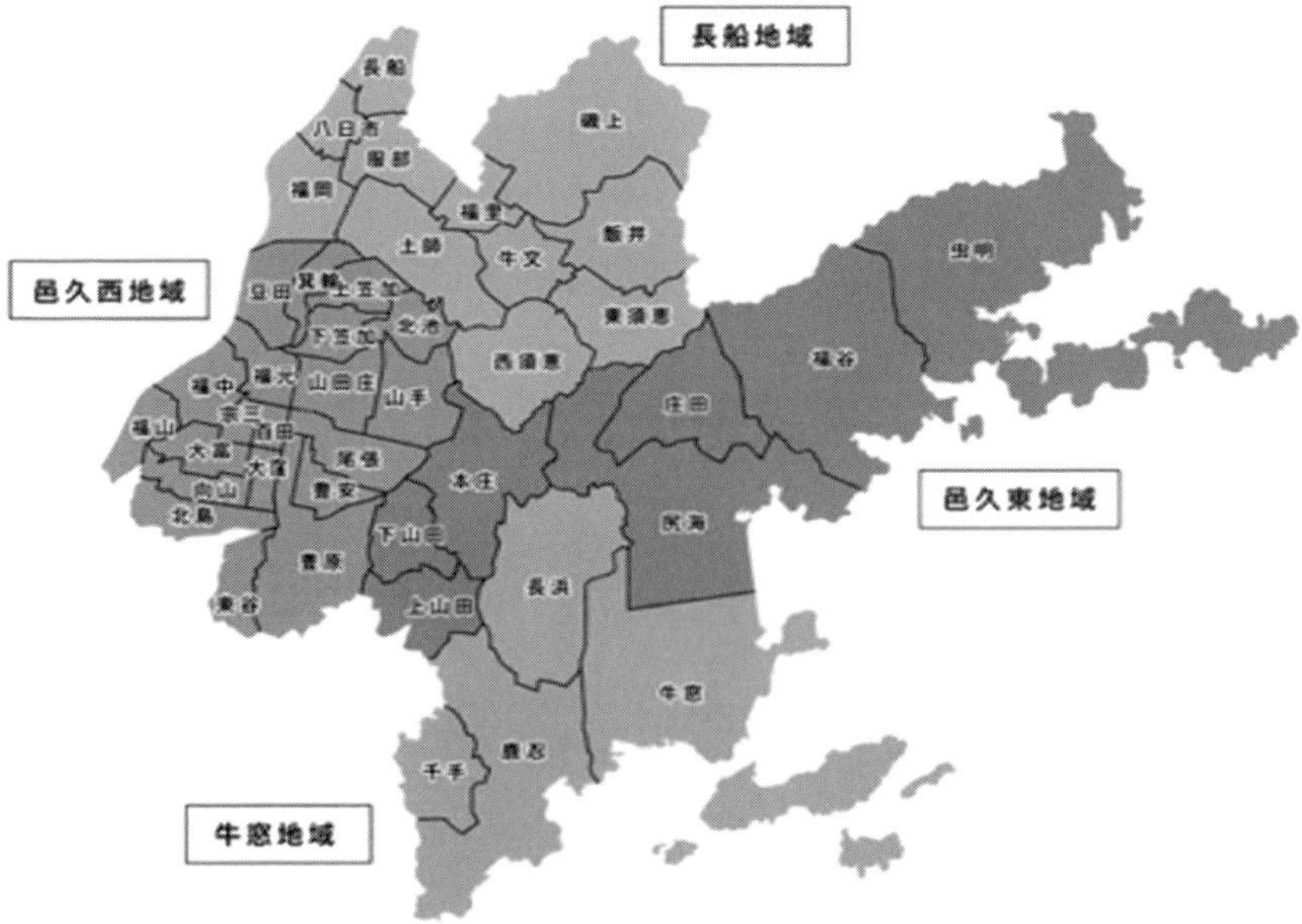

図　瀬戸内市地域分図

さらに、本格的な紹介誌「もかけ暮らし～岡山県瀬戸内市邑久町裳掛地区のご紹介」を、もかけ通信増刊号第3版として、2017年1月、もかけむらおこしプロジェクト・裳掛地区農村活性化協議会が刊行しています。

②農地の再生

「耕作放棄地対策」について考える活動として、サークル設立以前からさつまいもの栽培などを行ってきました。裳掛小学校の裏の土地を活用し、地域の皆さんの協力のもと、学生が主体となり植え付け・収穫・活用までを一貫して取り組み、収穫時には子供たちと共同作業を実施、収穫イベントも行ってきました。収穫したさつまいもは、地域の方と一緒に調理して収穫を共に祝い、また、加工して地域の祭りや大学祭などで販売した際には、売上代金を次年度の種芋購入にあてるなどして活動を継続してきました。

③子供たちの見守り

放課後学習支援「もかけてらこや」への参加は、

学生を指導頂いてきた
（左）菊地友和氏（元地域おこし協力隊）

裳掛地区コミュニティ協議会服部靖会長

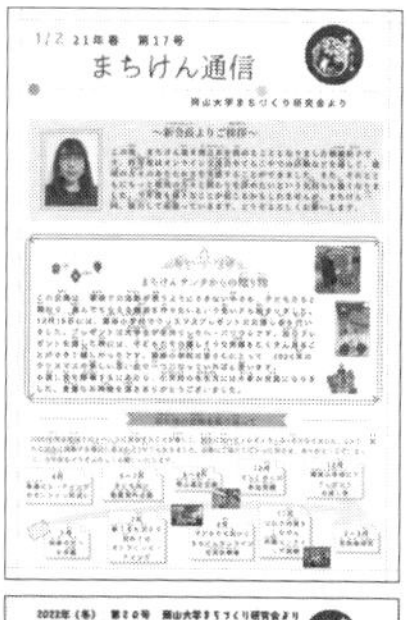

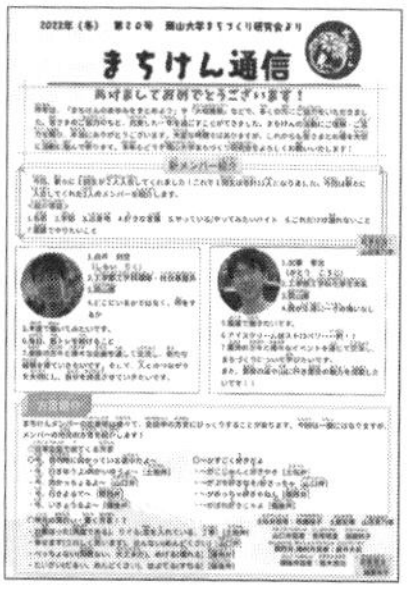

まちけん通信

まちづくり研究会の中心的な活動の一つです。週に1度から2度のペースで、地域の小学校で開催されている「もかけてらこや」に参加、子どもたちの勉強や放課後活動を支援してきました。この活動はサークル設立当初から現在まで継続しています。「もかけてらこや」は、ただ勉強を教える活動に留まらず、地域の子供たちや保護者との交流の場ともなっています。

④地域の催事への参加

小学校の運動会・夏祭り・どんど祭り等といった地域の伝統行事・イベントの企画から運営の手伝いまで、大学生ブースの出店といった形で参画しています。大学生として独自企画を準備し、地域行事を盛り上げる支援を行ってきたのです。

⑤空き地対策、移住・定住促進活動支援

裳掛地区コミュニティ協議会が、瀬戸内市移住交流促進事業として2012年から継続的に行っている空き地対策の活動の中で、まちづくり研究会は、外部ボランティアの立場で、活動の中に明確に位置づけられています。具体的には、上記「農地再生」の他に、空き家整備、移住促進イベントへの参加、移住者との交流支援、なども行っています。特に空き家だった古民家を再生した交流拠点「あけぼのの家」では、再生のための清掃などを手伝い、その後、地域の皆さんと大学生の交流の場としての活用も積極的に行っています。

この学生活動を地域で支えてくれた方の代表者が、裳掛地区コミュニティ協議会の服部靖会長と、裳掛地区集落支援員の菊地友和（地域おこし協力隊OB）さんです。服部会長は学生たちに優しさも厳しさも教えてくれるジイジ役、菊地さんは、学生たちに、どんどん刺激を与えてくれるお兄さん役です。

そして、裳掛地区の大勢のコミュニティの皆さん、小学校の先生方、裳掛地区に移住されてきて新鮮な風を吹き込む若いカップルなど、学生たちは、温かく見守られながら10年を超えて地域に関わってきたのです。

2. 具体的な活動の歩み

①2013年度（まちづくり研究会発足前）

■2014年1月　耕作放棄地対策スタート

耕作放棄地対策は、まちづくり研究会が発足する前の2013年度から活動を開始しました。

最初は、じゃがいもとさつまいもの栽培を地元の皆さんの指導を受けながら実施しました。学生たちが担当する畑の広さは十分すぎるほどであり、学生たちはある程度の人数を確保してローテーションを組まなければ、うまく耕作ができません。しかし、実際の栽培や収穫、さらに販売を行うには、多くの課題があります。一つ目の課題は、交通手段の確保です。岡山市内からここまでは30キロほどあり、クルマなら国道2号線バイパス経由で虫明IC下車すぐですが、学生たちは普段はクルマを使えないため、鉄道を使うとJR赤穂線邑久駅からバスの便（東備バス）が極めて少ないため往復に難儀しています。二つ目の課題は、収穫したじゃがいもやさつまいもを如何に販売するかです。

単純に現物を地元JAや生活協同組合おかやまコープなどに引き取ってもらうお願いはできますが、近所には地産地消販売を進める道の駅などもあり、裳掛地区コミュニティ協議会の服部靖会長からは、「できれば6次産業化のアイデアを出すために、学生たちにまずは現物の生産・収穫から体験して欲しい」とのご依頼を頂きました。こうした地域の課題を解決するために、収穫したジャガイモを岡山県下の皆さんに広く知らせる企画として、岡山の老舗百貨店「天満屋」本店地下食料品売り場にて瀬戸内市フェアの催事を利用して、学生たちが栽培したじゃがいもを出品、瀬戸内市担当者と学生たちが販売活動をしました。

こうして、一歩一歩、経験を積みながら、かねてより企画していた、裳掛小学校の校庭奥にある旧裳掛中学校の跡地を開墾、さつまいもと花卉栽培をするプロジェクトに着手しました。荒地として放置され大きな木立まで伸び放題になっていた中学校跡地は、地域の協力によりトラクターが入り綺麗に整地されました。さつまいもの種を植え付ける準備を済ませ、害獣から作物を守るための電気柵、そして柵を飛び越えてくる鹿を防ぐための網を張り巡らせる作業も行いました。竹やぶから長い大ぶりの竹を切り出して桟（さん）に使い、防護ネットは漁師さんから古い網を頂きました。そして、さつまいも（ベニアズマ、黄金千貫、鳴門金時の3種類）を作付、その他にスイカや花卉の類も植え、収穫体験では裳掛小学校の子供たちが参加するなど、学校ボランティア活動と組み合わせながら取組みました。

②2014年度の活動（第1期）

■2014年9月　地域の夏祭りに参加

学生たちは、裳掛小学校で開催された地域の夏祭りに参加しました。総勢10名を超える学生たちは、模擬店やアトラクションの準備を行い、夏祭り本番には、地域から多くの皆さんが集まり、裳掛小学校児童の太鼓演奏、保護者による飲食物の販売に加え、学生たちが企画したコーナーにも多くの子供たち訪れ、盛大な夏祭りとなりました。

■2014年10月「地域包括医療ケア」・「地域マップ作り」ワークショップ

2014年度、ジイジが担当する実践型教養科目「地域包括医療ケア」ワークショップの授業を瀬戸内市裳掛地区で実施しました。目的は、学生たちが地域へ出かけ、裳掛地区小規模多機能施設「縁路香（よりみちかおり）」を見学、地域包括医療ケアへの取組状況や課題をヒアリング、ワークショップを開催して解決策を考えることです。ここでは、住み慣れた家・地域での生活を継続できるように利用者の状態や必要に応じて、「通い」を中心に「訪問」「泊まり」の3サービスを組み合わせて提供する在宅介護サービスを実施しています。見学後に、地域の皆さんの参加によるパネルディスカッションとワークショップを実施しました。

「縁路香」の看護師さんから、活動の実際と今後の方向性について話題提供があり、裳掛地区コミュニティ協議会の服部会長からは裳掛地区における医療

天満屋百貨店で販売

耕作放棄地対策

学園祭で販売

収穫したサツマイモ

介護の課題や地域での見守り活動の実態、学生に対する期待が述べられました。学生からも意見や質疑が出され、その議論を踏まえて、7グループに分かれてワークショップに入り、討論後、チームごとに発表とまとめを行いました。小さくても確かなサービス、心の豊かさを大切に、共に支えあい共に育つ介護を提供することを意識しながら、次記の同施設の4つの目標を、全員が学ぶことができました。

1. 小さな声にも心の声にも耳を傾けながらいつでも傍に寄り添います。
2. 笑顔を絶えない毎日の生活をお手伝いします。
3. 温かい我が家のような生活空間を作ります。
4. 専門的知識で安全な介護を提供します。

さらに、地域活性化に向けた「地域マップづくり」ワークショップを開催しました。6グループに分かれて、学生が、地域の皆さんから裳掛地区の持つ魅力ポイントをヒアリングしながら地図に書き込んでいきました。神社仏閣など歴史的な史跡、景観のポイント、有名人情報、公共施設、特産品などをポストイットで地図へ貼り付け、移住定住対策や観光インバウンドのツールとして一役をかいました。

■2014年11月　地域の活動拠点作りがスタート

学生たちは、空き家になって久しい「旧キリスト教会」の大掃除を行いました。築100年を越えた元酒屋の旧家で、柱や梁、土台の礎石に使われている石などは、重厚で立派なものです。

学生たちは家の押入れや物置などの室内から不要品の運び出しを行い、伸びた庭の草木は、地域の皆さんがチェーンソーや草刈機で片付けました。利用できるまでには時間を要することが予想されるなか、まずは、スタートを切ることができました。雨漏りする個所など修繕箇所は地元の大工さんが補修してくれました。

■2014年12月
武久顕也市長訪問と地域の皆さんとの意見交換会

学生代表2名が瀬戸内市を訪ね、市長室で武久顕

移住定住フェアの支援

地域包括医療ケア授業

地域魅力づくりマップ作成

空き家の再生支援

也市長に、学生達が進めてきた、耕作放棄地対策、空き家再生活動、小学生の見守り、地域の資源発掘調査、地域のお祭りへの参加など、この2年間にわたる地域おこし活動の報告を行いました。

また、その1年を振り返り、活動報告と課題の抽出、今後の活動の進め方と関係者による情報共有のあり方などの意見交換を実施、まちづくり研究会の学生、裳掛地区コミュニティ会議、瀬戸内市役所、裳掛地区で耕作放棄地対策活動を行っている「生活協同組合おかやまコープ」、さらに岡山大学生協と岡山大学教職員の総勢20名以上が参加した会議となりました。関係者が一堂に介する初めての会議となり、活動報告や今後に向けた質疑応答を行いました

(なお、2023年6月にも学生代表が市長室を訪問、この10年間の活動成果を報告しています)。

③2015年度の活動（第2期）

■2015年4月　古民家再生活動

古民家再生活動が進み、拠点「あけぼのの家」の

地域活性化談義

小さな拠点あけぼのの家

市長室訪問　武久顕也市長（2023年6月）

ジビエと特産牡蠣でバーベキュー

オープニングのイベントにこぎつけました。学生26名が参加、地域の皆さんから、害獣対策で仕留めたイノシシの肉をジビエバーベキューとして提供頂きました。学生からは、これまで活動を展開してきた先輩による活動の振り返りと今年度の活動計画の報告を行い、その後チームに分かれてワークショップを実施しました。この古民家のネーミングや活動計画に対する意見が出され「あけぼのの家」と命名されました（当該地域が卓越した景観「日本の朝日１００選」に選ばれているためです）。移住定住を希望される方向けの「おためし住宅」としての機能を持たせました。

■2015年8月　地方移住・定住フェア

瀬戸内市で、地方移住・定住に向けた現地説明フェアが開催されました。裳掛地区にある「いこいの村」では、空き家再生や耕作放棄地対策の活動を展開している学生達の様子がパネル展示されました。大阪方面中心に東京などから10数名の移住があるなど活動の成果が出始めました。まさに、人口減少対策と移住定住の推進が具体化した瞬間です。

学生によるスマホ教室

裳掛催事を支援

工学部生製作のUFOキャッチャーが大人気

太鼓演奏

■２０１５年11月　耕作放棄地で栽培したさつまいも収穫と岡大学生祭での販売

耕作放棄地で栽培したさつまいもを収穫しました。収穫したさつまいもは、昨年に続き、学生たちは、大学祭でチップスに揚げて販売しながら、併せて、来場者向けに裳掛地区の広報活動を展開しました。

■２０１５年11月「交流お茶会」

学生達が地域の皆さんや子供達をもてなす「交流お茶会」を開催、耕作放棄地で耕作したさつまいもで3種のスイーツを製作しました。多くの参加者があり、裳掛地区の歴史や文化、名産の牡蠣養殖やピオーネ（葡萄）栽培の自慢話、現状の課題など、生の声を現地で聴くことができました。こうした企画には県外からの移住定住してきた方々も参加しています。

④２０１６年度の活動（第３期）

■２０１６年４月　新入生歓迎交流バーベキュー会

新入生12人を加えて、空き家を再生した地域の拠点「あけぼのの家」に出向き、地元名産の牡蠣とジビエ（イノシシ、鹿肉）で、交流バーベキュー会を開催しました。県外からの移住者に武久顕也市長も合流して交流を深めました。

■２０１６年８月　裳掛地区地域おこし合宿

地域おこし合宿が始まり、初日は、炎天下の耕作放棄地で草むしり作業を行いました。学生たちは入浴無料券で、瀬戸内が一望できる「いこいの村」（コロナ災禍で一時閉鎖、２０２４年４月現在、再開に向けた努力が続けられている。）大浴場に入りました。「あけぼのの家」では、東京都練馬区からの移住・定住者の方と懇談や夕食の準備などを行い、夜の交流会も賑やかに開催されました。

■２０１６年11月

ローカルサミットin倉敷おかやま

11月3日～6日の4日間、「ローカルサミットin倉敷おかやま」が開催されました。岡山大学が担当したエクスカーション「里海再生・隔離施設・海上文化交流（日生・備前・瀬戸内）」コースでは、備前市日生《ひなせ》町漁協にて〝アマモ場〟再生活動の取組みについてレクチャーを受け、3日には、瀬戸内市裳掛地区で空き家を再生した小さな拠点「あけぼのの家」にて、参加者と地域の皆さん、移住定住者の皆さん、裳掛地区で活動する大学生との交流会が開催されました。また、4日には、国立療養所「長島愛生園」を視察訪問、ハンセン病のために苦労された入所者の皆さんの療養生活をヒアリング、このような不幸なことが今後起こらないようにする取り組みと人権啓発活動について考えました。あわせて「第10回長島愛生園総合展（文化祭）」を拝見しました。なお、本サークルでは、恒例の活動に国立療養所への訪問を組み込んで「人権問題」についても学びの時間を確保しています。

⑤2017年度の活動（第4期）

■2017年6月　第11回おかやまローカルアソシエイト（通称OLa）in瀬戸内

「おかやまローカルアソシエイト」（通称Ola：岡山県を中心とした「産・学・官・民・農」の広範的なネットワークの形成・交流により、産業の発展および農業の振興を図るとともに、地域経済の活性化に寄与することを目的に発足した組織）が、国立療養所長島愛生園の愛生会館（国立ハンセン病療養所）を会場として、第11回おかやまローカルアソシエイトin瀬戸内を開催しました。

メインテーマは「地域団結」、長島愛生園で若者が集い未来を語る会として多くの企業経営者、経済団体、国からは経済産業省や中小企業庁、岡山県や瀬戸内市など自治体、大学生や高校生、NPOや市民団体、農業経営者、地域の皆さんなどが参加しました。「岡山大学まちづくり研究会」の活動が認められ、メンバー4名が参加し、2名が活動報告を行いました。報告テーマは「地域が学生を育て、学生が地域を元気にする」と題した活動の紹介です。

移住定住者の裳掛地区への誘致活動支援、地域の皆さんとの交流イベントの企画運営、情報誌発行などの社会連携活動を展開していることを報告しました。

西日本豪雨災害ボランティア　岡山市東区　平島団地にて

長島愛生園でのシンポジウム

まち研創設10周年記念　岡山大学にて

■２０１７年９月　さつまいも畑の草むしりと夏祭りイベントの支援

恒例の「夏祭りイベント」では、工学部の学生が製作した「手作りＵＦＯキャッチャー」を出店、子供たちの長い行列ができました。学生による地域の高齢者向けスマホ教室も人気であり、現在もこの教室を継続しています。

⑥２０１８年度の活動（第５期）

■２０１８年４月　新入生歓迎企画

新入生を上級生と地域の皆さんで歓迎する会で、上級生が、長い時間をかけて新入生に地域の課題を認識、自ら一市民として参加する意識を育みます。そこでは、ジイジも顧問の立場で、学生たちにアドバイスをしています。こうして、学生たちは社会の成員である自覚を持つ、第一歩を踏み出すために、様々に工夫した企画を練って実施しています。

裳掛地域での６年目に入る学生活動は、毎週２回実施する放課後の小学生の見守り、耕作放棄地でのサツマイモづくりと販売、地域の祭礼・イベントへの参加、移住定住支援活動などです。そして、学生同士の自己紹介を兼ねたワークショップ、恒例の牡蠣とジビエのバーベキューで地域の皆さんや移住定住者の皆さんと交流しました。その後、瀬戸内の自然や歴史を楽しむまち歩きを楽しみました。

２０１８年度は、岡山シーガルズ（女子バレーボール界で、黒鷲旗全日本選抜大会優勝１回、Ｖリーグ準優勝２回、五輪メダリストも生んだ岡山を本拠地とする数少ないバレーボール市民クラブチーム。）にご協力を頂き中型バスで送迎を頂き、スタッフの皆さんにも参加いただき盛り上がりました。こうしたいろいろな主体が集い、結ぶ、地域活動が大切です。社会は多様な組織や集団、そして個人で構成されています。その多様な主体が、互いに理解を深め、共に助けないながら、地域社会を維持、育てることが大切なのです。

■２０１９年３月　卒業生「追いコン」

卒業生「追いコン」を開催、地域の皆さん、移住定住者、学生たちが、古民家をみんなで再生した拠点「あけぼのの家」に集結し、卒業生を祝いました。地域の顔役の皆さんからの特産食材や手作り総菜の提供に加え、学生たちが手作りで作った窯で焼かれた「裳掛牡蠣入り特製ピザ」がふるまわれました。このピザ窯が、ここ小さな拠点の名物になっています。

⑦2019年度の活動（第6期）

■2019年12月　3団体合同活動報告会

岡山大学には、地域活動で活躍する学生たちのサークル「岡山大学まちづくり研究会」（瀬戸内市裳掛地区）、「おかやまプロスポーツ文化まちづくりサークルSCoP」（岡山市奉還町＆スポーツをつなぐ）、「新見市環境保全型森林ボランティア活動」（新見市神郷地区）があり、広い意味で地方創生をゴールに掲げ、さらに最近ではSDGsを意識した活動を展開しています。

この3つのまちづくり系学生サークルが、岡山大学と岡山市が共同運営する、まちづくり拠点「西川アゴラ」（2014年10月20日に岡山市中心市街地の西川緑道公園沿いに岡山市と連携してオープン、学生と市民が協働を推進する活動拠点として展開したが、新型コロナ禍の感染拡大により閉鎖）にて3団体合同活動報告会を開催しました。そこでは、各団体から、現在の活動の様子、実績や気づき、そして今後に向けた課題が報告されました。

続いて、3つのグループに分かれて、今後の活動をより良いものにしてゆくために何が必要か、各人の思いを「自分事として表明しあい、その思いを持ち寄り、それらを一つにして組織力を高め合う」ことを目的としたワークショップを開催しました。学生や卒業生たちは、相互に交流しながら互いの活動を理解・共有し、互いが助け合いながら活動を強化する道筋を探り合いながら連携することを決めてくれました。

異なる立場で、違うテーマを持つ組織が、お互いの立場を認知、理解しながら、共感を覚えることにより、互いの得意分野や経験知を融合させ、総合力を発揮して新たなコミュニティパワーを共創できれば、既存の壁（課題）を乗り越えられることができるかもしれません。ぜひ、その発想を心に秘めておいてください。

■2020年1月　西川アゴラ勉強会

岡山大学図書館で、「学生チャレンジ企画」（学生による実践的な地方創生活動）報告会が開催されました。まちづくりに貢献する4つの学生団体がプレゼンテーションを行いました。スポーツと商店街のコラボレーションでまちを元気にすることを目的に活動する学生サークルSCoP岡山百年構想が、奉還町商店街の皆さんやまちづくり研究会の学生の協力を得ながら、商店街を利用・通行する方や商店街の経営者のかたを対象に聞き取り調査を実施いたしました。先月の3団体合同活動報告会の成果がすぐに現れました。さらに、西川アゴラにおいて次の新展開を考える勉強会を開催しました。15名の学生が参加、地方創生と学生の関りについて熱心に話題提供とディスカッションを行いました。その際の広報や長期目標の重要性について、他の地域で学生活動の事例なども紹介しました。こうした会には、岡山県や岡山市、また地元企業へ就職した卒業生も話題提供者として参加してくれます。また、地域で活動するNPO（NPOまちづくり推進機構岡山（徳田恭子代表理事）やNPOタブラ・ラサ（河上直美理事長））、そして岡山市庭園都市推進課の職員さんなど、地域に関わるプロが熱心に指導をしていただくなど、現役生を応援してくださいました。

⑧2020年度の活動（第7期）

■2020年6月　裳掛地区住民とのオンライン会議と山陽新聞の「コロナにゃ負けん」取材

新型コロナ禍により、キャンパスでの授業が中止される事態となり、学生たちの地域活動は大きな制約を受けました。学生たちは、裳掛地区コミュニティ協議会や保護者代表者と、コロナ禍の影響など今般の環境を踏まえつつ、「小学生の見守りや耕作放棄地対策の手法」など、新たなまちづくり活動再開にむけた企画ミーティングを行いました。当日は、

コロナ禍での活動

西川アゴラ　3団体合同活動報告会

3団体合同活動報告会

一貫して指導を頂いてきた服部靖会長

裳掛での卒業式

岡山市京山公民館での卒業式

裳掛地区の皆さんは、拠点「あけぼのの家」に集るなかで、学生は自宅からWebでミーティングに参加しました（学生課外活動は禁止）。

学生代表が山陽新聞の取材を受け、山陽新聞東備版「コロナにゃ負けん」のコーナーで、現地と自宅学生たちをつなぐWeb会議の様子が紹介されました。ウィズコロナ時代と向き合う、新たなスタイルでの地域活動再開の検討が余儀なくされた時代です。例えば、小学生たちは、原則、タブレットを持っている環境を活かして、学生たちがジブリ映画の映像を活かしながら、オンラインで小学生に英語で学習するメニューを提供、「もかけてらこや」活動を継続するなど、創意工夫で乗り切りました。

ジイジが伝えたいことは、新型コロナ禍のようなパンデミックは、人類がかつて経験したことが無いような想定外の災禍です。また、東日本大震災や熊本地震、西日本豪雨災害や能登半島地震などの自然災害も、われわれの予想を超えて、突然、発生します。こうした時にも、慌てずに冷静さを保ちながら、その対応策をみんなで考えながら、実践する、真の意味での「生きる力」を持って欲しいと思います。

■２０２１年２月　『ディスカバー農山漁村の宝』に選ばれる

10年近くにわたり瀬戸内市裳掛地区コミュニティ協議会（会長：服部靖氏）と共に歩んできたまちづくり研究会の地方創生活動が、国（内閣官房・農林水産省）から『ディスカバー農山漁村の宝』に選ばれました。このニュースは、2月20日の山陽新聞東備版に大きく取り上げられました。

地方創生には金の魔法の杖はありません。コツコツと先輩から後輩へ、たすきリレーを確実に行ってきた一歩、一歩の積み重ねの成果です。ジイジは、喜びを伝えたくて、この日の山陽新聞を、コンビニなどを廻って学生の人数分を買い求め、みんなにプレゼントしました。

■２０２１年３月　まちづくり研究会卒業式

京山公民館（岡山市北区）をお借りして、まちづくり研究会の卒業式が開催されました。

例年は活動拠点の裳掛「あけぼのの家」で開催されるのですが、コロナ禍の影響で、地域の皆さんとはオンラインで結び、寄せられたビデオメッセージの紹介や祝辞、卒業生ひとり一人から活動の思い出や感謝の言葉など、映像やオンラインを活用した時勢を反映する会となりました。

⑨2021年度の活動（第8期）

■2021年4月　コロナ禍に負けず「もかけ通信」発行

コロナ禍の拡大が続き、地域での活動は著しく影響を受けました。その中でも、地区活動の広報誌として「もかけ通信」の発行やオンラインによる小学生の見守り活動など、休日を利用して岡山市北区の京山公民館に定期的に集まり、主な活動をオンラインに切り替えながら、まちづくり活動を継続しました。

■2021年10月　地域フェスタ支援の出し物制作

コロナ禍の影響でオンライン中心に苦労しながら活動を続けるなかで、久しぶりに京山公民館に集合して、活動企画会議と地域フェスタ支援の出し物制作を行いました。このまま、感染拡大に歯止めがかかれば、いよいよ裳掛地区での学生活動の再開が見込めるところまできたと、みんなで喜びをわかちあいました。

■2021年10月　学生企画再開「大収穫祭」

いよいよ、裳掛コミュニティを会場として、コロナ禍で中止を余儀なくされてきた地域での学生活動を再開しました。企画名は「大収穫祭」、学生たちがダンボールや新聞紙などで作ったサツマイモやマスカット、牡蠣など地域特産品を裳掛小学校の子供たちが収穫し、それに付いている様々なクイズに答えるというゲームを実施しました。学生たちは感染症対策を施した受付から3つのゲームコーナーを準備し、多くの子供たちが参加することができました。今回のイベントも、多くの地域の皆さんの理解と協力を得て実現することができた学生企画でした。地域を支える皆さんに感謝です。

■２０２２年３月　まちづくり研究会卒業式

まちづくり研究会卒業式が、感染症対策に万全を期して、午前中は岡山市京山公民館、午後からは裳掛地域活動拠点「あけぼのの家」にて開催されました。コロナ禍により、活動が極端に制限される中での、学生たちの頑張りと、卒業生への地域の皆さんからの感謝の言葉が感動的でした。

⑩２０２２年度の活動（第９期）

■２０２２年５月
まちづくり研究会にうれしい新入生

コロナ禍の影響が心配されるなか、２０２２年度、新入生の入会があり、新入生歓迎会を岡山市京山公民館で行いました。感染症対策を施しての会の運営となりましたが、久しぶりの対面での時間に会も盛り上がりを見せ、コロナ禍でもできる活動として、過去の先輩たちが活動してきた軌跡のまとめや、自分の出身県のお国自慢などを各人が紹介する作業がスタートしました。

⑪２０２３年度の活動（第10期）

■２０２３年９月
裳掛地区「あけぼのの家」での活動再開

本当に久しぶりです。２０２３年9月、学生と卒業生たちが裳掛地区「あけぼのの家」において、バーベキューの会が、地域の皆さんのご厚意で開催され、学生たちは地域の皆さんと交流をすることができました。コロナ禍の影響で、屋外でのイベントも開催が制限されてきましたので、この日は、大きな歓声に包まれ、明るい笑顔の開催となりました。

■２０２３年９月　10周年記念祝賀会

岡山大学自然科学研究科棟2階の大教室を利用して、学生主催により「瀬戸内市裳掛地区活動10周年記念祝賀会」が開催されました。学生たちは、10年間の活動成果をパネルにして展示、ここまでの振り返りを行いました。

瀬戸内市から武久顕也市長、小野田光市議会議員、服部靖裳掛地区コミュニティ協議会会長はじめ多くの参加がありました。また、同サークルの卒業生も全国から集まり、第1部は、来賓挨拶に加え、卒業生を代表して第1期生の川下勝也さん（同会同窓会長）が挨拶、現役生代表（小泉想さん法学部2年）が謝辞を述べ、三村由香里理事が結びました。そして、学生たちが、第1期から第10期まで、10年間の活動を期ごとに紹介しました。

第2部では、地域の皆さん、卒業生、現役生の混成チームで、10年間の足跡、失敗談、経験知、実績を頼りに、次の10年に向けた新たな実践企画を検討しました。これまでの成果を基礎に更なる深堀りをして、課題解決に向けたアイデアとシナリオが議論されたのです。

■2024年3月　まちづくり研究会卒業式

「あけぼのの家」にて卒業式が開催されました。地元で採れた新鮮野菜や特産の牡蠣、そしてジビエでバーベキュー、さらに、お祝いの赤飯や伝統の総菜などでが、所せましと並べられ、多くの地元の皆さんや関係者、学生が参加する大食事会となりました。

この期の学生は、コロナ禍の多大な影響を受けた中での活動でしたが、諦めずに創意工夫をしながら、見事に活動をつないでくれたのです。心から感謝いたしました。現在、第12期生が仲間入りして、活動を継続してくれています。

3．活動を振り返って

(1) 活動の総括と今後の課題

まず、サークル活動は学生たちの自主的な活動であり、ゼミや研究室の教員の直接指導による専門性を重視した活動と異なり、教員は学生から依頼があった場合にアドバイスや学内事務手続き上の指導を顧問という立場で行い、必要に応じて活動現場へ出かけてきました。

サークル活動の良さは、学部を横断して自由闊達、伸び伸び動ける点です。一方、地方創生に向けた地域の期待は高く、政策的な課題まで踏み込んだ領域で学生たちに期待が寄せられます。また、学生たちは、年間計画を立てて行動していますが、事業継続の観点から考察すると、大学は1年ごとに学生が卒業と入学を繰り返すため、核になるメンバー（執行部）も毎年変わります。そのため、まちづくり活動では事業の継続性が重要視されますが、ともすると単年度限りのイベント活動に陥りやすいリスクがあります。また、3年生になると、専門分野の学びが本格化すると同時に就職活動が課題となるため、活動現場へ赴く時間が制約されます。こうした理由から、本サークル活動の主体は、1年生と2年生が中心となっています。つまり4年間フルに活動できるわけでは無い点をご理解いただきたいと思います。

次に、地域の課題を解決するためには、目標に定めた活動を継続し、地域課題と対峙しながらまちづくり活動を展開する必要があります。その活動の継続性を確保するためには、こうした活動にはアミューズメント性が重要なポイントとして求められる点を強調しておきます。ワクワクドキドキ、楽しくなければ活動は続きません。現代の学生たちが意味する「コミュニティ」は、SNS上に集う「バーチャルコミュニティ」を指す場合が通常となっています。ところが、裳掛地区でのまちづくり活動は、伝統的な自治会、町内会を基礎としたコミュニティ協議会を母体とする「リアルコミュニティ」です。つまり、本サークルに集う学生たちは、いままでに経験したことが無い「リアルコミュニティ」に興味・関心を持ち、そこでの活動にアミューズメント性を感じながら、同時に使命感を持ち、そして「自分自身の居場所」も確保しているのです。

同時に、地域の皆様方は学生が来るのを楽しみにしてくださっており、学生たちは、地域のお役に立ちながら、世話役や地域おこし協力隊をはじめ地域を構成する皆様から、教室で学べない多くの実践知（社会で生きる力）を学び、社会へ巣立っていくのです。つまり、訪れる側にも迎える側にも期待感やアミューズメント性が共存するため、この活動が10年以上継続されてきたのだと思料します。

さて、ここで学生活動の課題を省察しますと、学生たちは、部活動やサークル団体の組織数が多いため、大学内に部室を確保することができません。そのため、毎週、日曜日の午前中を活動日として、岡山市北区にある、京山公民館をお借りして、日常活動を展開しています。自由に活用できる拠点が大学内にあれば、更なる活動の展開が可能になると確信します。

ただし、こうした活動が一助となり、京山公民館は、文部科学省が、今後の公民館活動の充実・振興に資する特に優秀な成果を上げ、他の模範と認められる公民館を優良公民館として表彰する最優秀館（第75回）に選ばれました。

一方で、頭が痛いのが交通費の問題です。原則、サークル活動には大学の交通費の補助は出ません。ここ裳掛地区を例にとると、毎週、裳掛小学校の放課後に開催される「もかけてらこや」に交代で欠かさず学生たちが出かけ、子供たちの学習支援や話し相手になってきました。こうした活動が結実して、夏祭りでは、子供たちがお気に入りの学生の所へ寄ってきて、追いかけっこをする光景をしばしば目にすることができました。ある法学部の男子は子供からの人気が高く、その訳を聞いてみると、彼は休みの日にも自費（アルバイトをして交通費を稼いでいる）でしばしば現地に出かけていると言います。岡山市内からですと往復運賃は2，000円を超えるため、こうした学生の献身的な行動の是非はともかくとして、交通費の問題は活動を継続するためには、とても重要なのです。つまり、単位化された正規授業での地域への訪問であれば、例えば1回限りの現地での学びの体験やワークショップの実施で完結するため、交通費も一度限りで済むのです。

さて、２０２４年度、サークルメンバーは約40名を超え、この交通費の問題が課題として重くのしかかっています。具体的なまちづくり活動で中山間地域への支援活動を続けようとすると、継続的な「交通費」の壁が立ちはだかるのです（ここ裳掛地区は合併前の旧邑久町の時代に中山間地域の指定を受けていないため過疎対策関係の資金が使いにくい事情があります）。現在、裳掛地区の場合では、地元のご好意や補助金で支援を頂きながら学生たちの部費の徴収により賄っているのが実情です。

ところで、地域自治体は、地域創生で、ＫＰＩ（Key Performance Indicator＝重要業績評価指標）の達成をめざさねばなりません。そのため、こうした活動に予算を活用できる仕組みづくりを希求したいのです。大学として、自治体からの依頼による審議会や協議会で、こうしたケースに遭遇した場合、今まで以上に、活動費としての交通費に配慮いただけるよう、具体的な事例を紹介することが必要であると考えます。また、人口減少、高齢・過疎対応、財政の逼迫など、地域社会が崖っぷちである点を踏まえ、議会においても議員の先生方もこの単純そうにみえる交通費を工面する手立てや妙案についてもご論議頂き、地域社会の持続可能性確保に向けた地域公共交通計画への予算付けについて、もう一段の具体策を見据えた議論を進めて頂きたいと願います。

（2）結果報告

ジイジは、ジイジが顧問をつとめる、岡山大学学生サークル「まちづくり研究会」が、この10年間、学生サークルとして、先輩たちから後輩たちに実践活動をリレーしながら展開してきた具体的な活動内容を振り返りました。その主眼は、裳掛小学校の子供たちの支援活動を続けることで、生徒数の減少に歯止めをかけることであり、統廃合により、裳掛小学校が廃校になることを避けることをめざしてきました。

活動の成果として、２０２４年5月1日現在、裳掛小学校は生徒数34人と少人数ではありますが、存続していることを、声を大にして伝えたいのです。瀬戸内市全体では、２００5年から20年の経過の間に、10校あった小学校のうち、裳掛小学校と同じ邑久地域の玉津小学校が２０１3年3月31日をもって統廃合され、２０２4年現在、9校となっています。

10年間のまちづくり研究会の活動を振り返ると、学生たちの強い問題意識と自主的に活動する力、積極

単位：人

	牛窓地域小学校区			（邑久地域）邑久小学校			（邑久地域）今城小学校			（邑久地域）裳掛小学校			長船地域小学校区		
	2005年	2024年	2005年-2024年	2005年	2024年	2005年-2024年	2005年	2024年	2005年-2024年	2005年	2024年	2005年-2024年	2005年	2024年	2005年-2024年
0～14歳	693	408	**-285**	1,795	1,784	**-11**	386	299	**-87**	144	57	**-87**	1,948	1,565	**-383**
15～64歳	4,020	2,539	**-1,481**	8,469	7,786	**-683**	1,616	1,424	**-192**	1,203	716	**-487**	8,387	7,313	**-1,074**
65歳以上	2,496	2,619	**123**	3,599	4,489	**890**	734	833	**99**	1,341	851	**-490**	2,784	3,627	**843**
合計	7,209	5,566	**-1,643**	13,863	14,059	**196**	2,736	2,556	**-180**	2,688	1,624	**-1,064**	13,119	12,505	**-614**

データ出所：町字別・小学校区別人口データ、瀬戸内市市民課提供

表　瀬戸内市小学校区別2009年から2024年の年齢別人口増減数

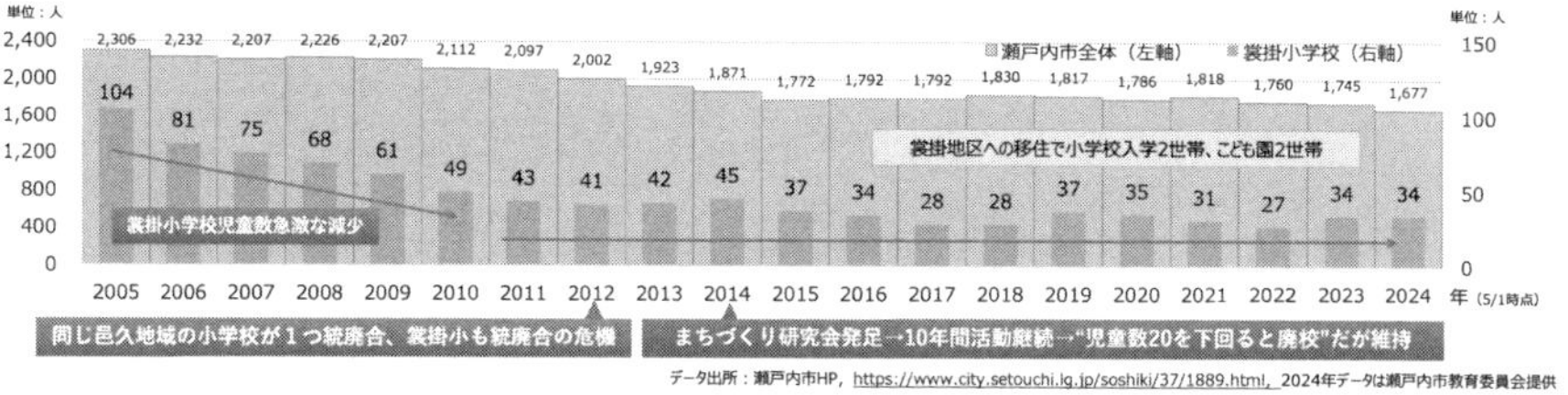

図　瀬戸内市小学校児童数

的な情報発信などを基礎として、地域の皆さんとの関係も時間をかけて構築してきたことが、活動を継続化し成果を出せる仕組みづくりに成功した要因であると確信します。

大学内においてもサークル活動として一定の認知度もあり会員数も維持できていることも、活動を継続できている要因です。こうして、表「瀬戸内市小学校区別２００９年から２０２４年の年齢別人口増減数」のとおり、裳掛地域の高齢化と人口減少は進みつつありますが、図「瀬戸内市小学校児童数」にある通り、裳掛小学校の生徒数は、学生活動の開始以降は、一定の水準を維持してきたのです。

一方で、交通費をはじめとする活動費の捻出や、メンバーが増えることを活動の拡大や深化につなげることも難しさにも直面しています。地域への貢献を重要な取り組み課題として掲げる地方国立大学として、こうした活動を支援し、他の地域・他の組織へと拡大することは、重要な使命であると考えます。

大幅な人口減少が地域の活力を失わせ、地域住

民の力だけでは課題解決が難しい状況が広がる中で、本取組を実践事例として紹介しました。本取組の実践経験を日本各地の地域創生活動に展開するために、大学生が組織的に活動する意義について、大学退官後も、引き続き研究を継続していくつもりです。

最後に、瀬戸内市の創生総合戦略の政策テーマと学生活動の因果関係を図にしたものと、学生たちの10年間のあゆみをまとめた資料を参考に掲げます。

ジイジは、継続こそが地方創生の力になることを、学生たちの地域の皆さんと共に歩んできた実践活動から学びました。

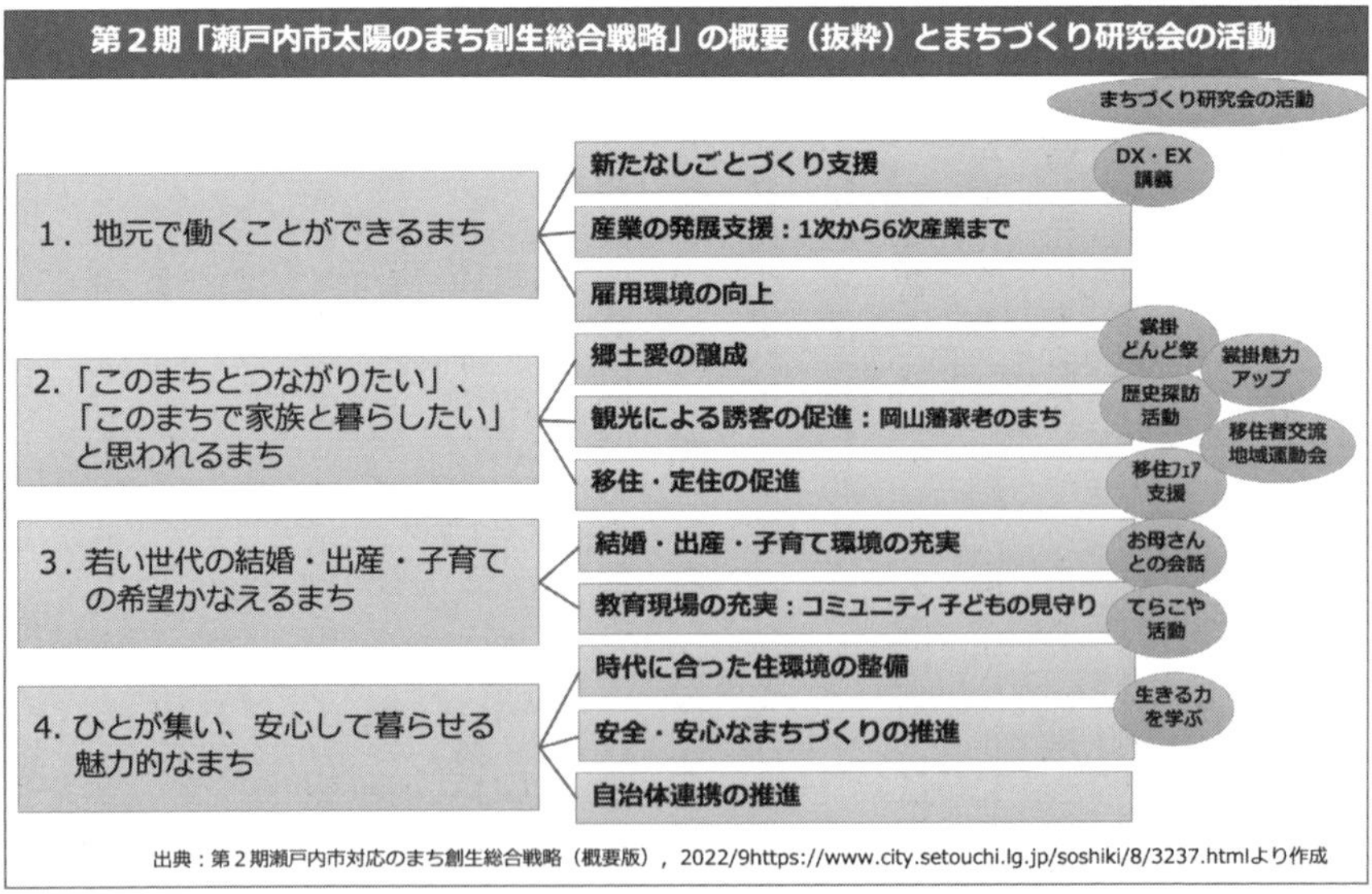

図　まちづくり研究会の活動と瀬戸内市の創生総合戦略との関係

年度 （期）	活動 テーマ	主な活動： 学生にとって印象に残った取組	実施月	本文で紹介した取組事例
2013年度 （発足前）	「岡山大学の総合力を生かし、岡山の地域課題を解決するような活動がしたい。地域に入って活動するからには、きちんと責任ある行動をしたい。」という思いから、大学生有志による活動団体を12月に立ち上げ〜岡山大学学部構想に連動した活動となるよう動機付け指導			
			2014年 1月	じゃがいも、さつまいも 栽培開始
2014年度 第1期	岡山大学公認サークルとして「岡山大学まちづくり研究会」が誕生			
	耕作放棄地 対策	裳掛の地図作成 （移住者を増やす） サツマイモ栽培	9月	夏祭り参加
			10月	・地域包括医療ケア ・地域マップ作り ワークショップ
			11月	拠点作りスタート
			12月	瀬戸内市長訪問
			1月	学都研究・学都チャレンジ企画報告会
2015年度 第2期	空き家の再生と　地域拠点づくり	・拠点（あけぼのの家）の活用 ・空き家の清掃 ・てらこや　2014年4月に「地域交流プロジェクト」をまち研が活動を引き継いで継続的に実施中	4月	古民家再生活動
			8月	地域移住・定住フェア
			11月	栽培したさつまいも収穫
				津島キャンパス学生祭で さつまいもの加工食品販売
				交流茶会
2016年度 第3期	移住定住の促進	・あけもの交流会in裳掛 ・プロジェクト裳掛 「まちけんプレゼンコンペ」 →まちけん通信発行開始	4月	新入生歓迎交流 バーベキュー会
			8月	裳掛地区地域おこし合宿
			11月	ローカルサミット in倉敷おかやま
2017年度 第4期	地域拠点の魅力づくりとアイディア出し	・ピザ窯づくり ・裳掛自由研究	6月	ローカルアソシエイト （通称OLa）
			9月	夏祭りイベント支援
2018年度 第5期	耕作~収穫〜加工〜販売〜活動循環	・裳掛課題発見 ・料理教室 ・もかぺでぃあ ・芋販売	4月	新入生歓迎企画
			3月	卒業生「追いコン」
2019年度 第6期	他地域や先輩から学ぶ	・裳掛王決定戦 ・夏合宿（長嶋愛生園見学、地域のイベントに参加） ・井原市での勉強会 ※中心となる2回生人数が　少なく苦労した時期	12月	岡山大学まちづくりサークル 3団体合同活動報告会
			1月	西川AGORA勉強会
2020年度 第7期	コロナ災禍にまけない活動	・オンライン動画企画と交流 ・他地域研究 ・まちけんサンタからの おくりもの ・岡山遠足	6月	山陽新聞取材 ：山陽新聞東備版「コロナにゃ負けん」のコーナー
			2月	「ディスカバー農山漁村の宝」
			3月	まちづくり研究会卒業式
2021年度 第8期	コロナ禍での創意工夫	・まちけんの歩みをまとめよう ・「裳掛を知り、地域の方とのつながりを深める」	4月	コロナ禍に負けず「もかけ通信」発行 オンラインによる活動継続
			10月	地域フェスタ支援の出し物制作
				学生企画再開「大収穫祭」
			3月	まちづくり研究会卒業式
2022年度 第9期	SDGsを考えながら活動再開	・裳掛×ＳＤＧｓ 目指せSDGｓマスター ・中学生てらこやスタート	5月	新入生歓迎企画
2023年度 第10期	10年間の活動総括と次代へつなぐ活動	・春企画（ピザづくり） ・夏合宿 4年ぶり夏祭りの準備 ・10周年イベント	9月	交流イベント
				10周年記念祝賀会
			3月	まちづくり研究会卒業式

（参考資料）まちづくり研究会10年のあゆみ

3——環境保全型森林ボランティア活動

1．全国の学生たちが「里山資本主義」を実践

現代社会において、コミュニティと地域経済は密接に連関しながら変化してきました。岡山県を例にとると、わが国有数の巨大コンビナートを有する倉敷市水島地区は、重化学工業を中心に進められた高度成長の象徴と言えます。この水島が生み出す生産物を原動力として地域経済は急速に発展を遂げました。そして、今もなお、わが国の経済成長の牽引役としての機能を担い続けています。

その一方で、この水島コンビナートを支えているのは、高梁川が絶え間なく湛える豊富な水資源であり、その水源の涵養は森林の保全により確保されていることを、私たちは知らねばなりません。

古くから林業、漁業、農業を中心に営まれてきた自然との共生を基盤とした地域社会は、産業構造の転換に伴う企業組織優先のライフスタイルへと変貌し、伝統的なコミュニティは衰退を余儀なくされることとなりました。さらに生活の場は、企業労働者として新たに流入した人たちと古くからの住民との生活習慣の差異、さらには交通網の発達とモータリゼーションの進展による生活圏の拡大、グローバル化や情報化社会がもたらす生活スタイルの変化により大きく影響を受けることとなりました。

こうした中で、豊かな暮らしを形成してきた里山の生活は、人口減少と少子高齢社会の進行により衰退を余儀なくされ、空き家と耕作放棄地が増える閑散とした姿へと変わりつつあります。その結果、住民同士の結びつきは徐々に薄らぎ、地域コミュニティへの参加も後退しつつあります。一方で、藻谷《もたに》浩介《こうすけ》さんが説く「里山資本主義」に代表されるように、現代コミュニティは新たな地域社会や地域経済の持続的な発展を求めて動き始めています。それは

伝統的なコミュニティの復活や回帰を求めるものではなく、住民の自立と共生によって成立しようとする新たなコミュニティ創生への歩みです。

■新たな地域創生ムーブメント

さて、岡山県では、林業、林産業を起点とした新たな地域創生のムーブメントが力を得つつあります。古来より紡いできた自然と共生できる社会をいかにして再び創造するか、その課題解決策として、新見市では、地域で根を張り、林業、林産業で確実に生計を立てる若い人々のパワーが湧き起こりつつあり、そして国の地方創生施策の一形態として導入された「地域おこし協力隊」として、外部から新たな仲間として加入した若い力を得て、さらに自治体職員の意識にも新しい風が吹こうとしています。こうしたムーブメントが、伝統的な林業、林産業をベースとしながら、新しいライフスタイルの生成として映し出されて見えはじめているのです。

すなわち、地域コミュニティでは、住民の思考やライフスタイル、生計の立て方は多様化し、明治から戦後まで続いた古典的な慣習、さらには高度成長の頃にみられた一元的な価値観だけでは、物事は解決しない現実に気づきはじめています。そこでは、現代コミュニティに活力を取り戻すために、新世代の住民の多様化した価値観やライフスタイルを所与のものとして甘受した上で、同一のコミュニティエリア（たとえば小学校区）で共に生活を営むという共通性を基盤として、生活環境の中から発生する社会的課題を、住民組織、地域企業、自治体、幼保園・学校、医療・ケア、それに連なる団体が共に課題を解決していくとした行動を惹起させる、新たな発想が生み出されているのです。

つまり、現代コミュニティの形成とは、住民の主体性から湧き起こる参加意識と行動により、その意思を、地域経済の成長を支える企業や公共政策の担い手である国や自治体に伝え、かつ反映させてゆく能動的で常態的な仕組みを形成することに他ならないのです。また、それをサポートするために、自治会や町内会を基礎に持つまちづくり協議会、NPO

や地域組織・団体、そして学校など地域コミュニティを構成するステークホルダーが一堂に会して、こうした活動に共感・共鳴してコミュニティの形成に参画して行動を起こすことが大切になっています。

■森林ボランティア活動とは

森林ボランティアは、人工林の保育作業（間伐等）に従事すると共に、木材利用等の体験活動を通じて森林の持つ公益的機能等の森林・林業の重要性について学び、林業産業全体の循環型サイクルを学ぶことで、一般社会でも必要とされる課題発見能力・課題解決能力を身に付けることを目的とする活動です。

主催は一般社団法人の人杜守《ひとともり》、代表理事は、多賀紀征さんです。共催は新見市森林組合、後援は新見市産業部農林課です。この活動は、大学が夏休みと春休みの期間、1年に2回開催される事業です。その内容は、複数の活動班に分かれ、フォレスターの指導のもと人工林の保育作業を行います。参加者は岡山大学はじめ全国の大学生で、活動場所は新見市の森林の各所です。岡山大学は、２０１４年から参加を続けてきました（現在は、新型コロナ禍の影響で休止中）。

さて、この活動は、チェーンソーを使い樹齢40年を超える杉やヒノキを伐木しますので、安全対策が最も重要となります。安全教育では、安全面には特段に考慮し、活動初日のオリエンテーションでは、講師の指導のもとチェーンソーの使い方や伐倒の基本などを、座学と実践を交えて学習する機会を設けます。連日の作業となるため、健康面の配慮も細かく行い、フォレスターの判断で活動時間の短縮や、休日に変更するなど臨機応変に対応します。また、雨天時は足場不良など安全を妨げる可能性を考慮して、屋内で活動できるよう配慮されています。

具体的な指導方法ですが、現場では3～4人を1班とした班別作業を行い、フォレスターが全員に目の行き届く体制を取ります。また、事故発生時の対応方法として、事故発生を未然に防ぐことを一番に考え活動を行いますが、万が一の場合にはフォレスターが当事者の応急処置を行い、その他の班員が救急車の手配を行うなど、迅速な措置を行います。山

左　松田礼平さん（元地域おこし協力隊）、
中　仲田有志理事

事前説明会（岡山大学）

参加者事前研修

林での作業となるため、近隣の消防署には前もって活動場所の共有を行い、万が一に備えたルートの共有なども事前に行っておきます。

実習の舞台である岡山県新見市の森林状況は、森林面積７万９３２７ha（林野率約87%）で、そのうち民有林は５万９２９２ha、その大部分はスギ・ヒノキです。近年、木材価格の低迷、林業従事者の減少・高齢化等により、森林事業は年々困難となりつつあり、間伐等の保育作業を緊急に必要とする人工林が増加しています。この現状を打開する手段として、大学生等の若者と共に新見市の健全な人工林を造成する「環境保全森林ボランティア活動」が、年２回、10年以上の長きにわたり実施されてきたのです。

学生たちがお世話になったこの活動は、２週間の合宿生活を通じて、新たなコミュニティを創造しようと活動する地元の担い手の皆さん（一般社団法人 人杜守）が主体となり、林業フォレスター（地域おこし協力隊）、林野庁、岡山県、新見市、新見市森林組合、そして地域住民の皆さんたちのご指導の下で、学生たちは人工林の保育・保全作業に従事しました。そこでは、間伐作業や木材利用の活動体験を通じて、森林の持つ公益的機能等の森林・林業の重要性について学ぶことにより、森林の保全や水源の涵養について理解することができました。

さらに、異なる大学で学ぶ学生が寝食を共にしながら、作業ミーティング、チーム作業や炊事、洗濯、チェーンソーの手入れ、そして地元小学生や住民の皆さんとの地域交流など、共同生活を通してチームワークの大切さを体験することができました。また、地域コミュニティとの触れ合いやさまざまな実践的な体験を通して、生きる力(実践知)を身につけることができるのです。山を降りてきた学生の顔つきは逞しく、その変貌ぶりは教室での座学では身につけることができない得がたい経験と気づきとなっています。

参加学生には、この体験と気づきを人生の貴重な糧として、新たな地域創生のムーブメントを起こす

作業準備

作業開始

原動力となる人材として社会に羽ばたいてほしいと願っています。その気持ちはあなた達孫に対しても共通の思いであり、このように同じ年齢層の大学生でも、違う大学の学生との交流や話し合いの場を経験してほしいと願っています。

さまざまな意見や生き方に対する考え方が違う者同士が、同じ屋根の下で生活を共にする中で、互いを理解し合う経験は重要です。最後まで気が合わなくても危険が伴う森林の作業現場では、心を一つにしてチームで動かねばケガをしてしまいます。それが社会そのものと言えるのです。

2. 実践活動を知ってもらい活動の輪を広げる

大学内での「環境保全型森林ボランティア活動」の説明会から始めます。

新見市から人杜守の多賀紀征代表理事、仲田有志理事、地域おこし協力隊出身の松田礼平さんと佐伯佳和さんが活動紹介に来てくれました。佐伯さんは岡山大学法学部の卒業生で地域総合研究センター開

搬出　佐伯佳和さん（元地域おこし協力隊）

広報　林業女子募集

休憩

設当時の実質的な第1期生です。

学生たちは、合宿地である神郷地区の方、新見市、岡山県備中県民局、森林組合、フォレスターさん、地域おこし協力隊の皆さんにご指導いただきながら、森林の保全と水源の涵養の必要性はじめ、生きる力を現地で学びます。

人は何かにチャレンジしようと参加を検討する際には、実際の経験者から、その内容をヒアリングして、自分の疑問点や不安な点を尋ねたいと思うものです。それも、なるべく歳の近い、何らかのつながりがある人から聴けると安心できると思います。今ではネット上の書き込みで多くの情報を得ることができますが、直接に聞けた方がより安心できることは明白です。このケースでは、数歳違いの参加経験者で、現在は指導に回っている、信頼のおける先輩から体験談と学びのポイントを聴けることにより、参加希望者が多くなると、主催者と協議の上プラス効果を想定して実施しています。

3. 環境保全型森林ボランティア活動の実際

さて、2週間の合宿活動です。その合宿所での生活と作業現場での活動を紹介します。

活動初日の朝は早くから食事係の学生たちが、朝食と昼食をつくり、皆を待ちます。朝食はご飯と味噌汁です。これは、既に参加経験があるリピーターが担当します。

朝食を終えると身支度を整え、研修を受ける新見森林組合へ出発です。

一般社団法人人杜守《ひとともり》の多賀代表理事や仲田理事達の進行により、新見市森林組合、新見市役所、岡山県備中県民局のみなさんから挨拶をいただき、続いて学生たちが自己紹介を行いました。そして、岡山県の担当者の方を講師に、さっそくチェーンソー研修に入ります。実際の機能や留意事項、山での活動における気配りや注意点について、丁寧に説明をいただき、ビデオ映像による解説も加わります。さらに、森林の保全や水源の涵養、そして循環型社会の必要性、そしてＳＤＧｓの趣旨から、間伐の必要性について国や県、主催者からの講義を受けます。ジイジからは活動の意義と安全第一での活動をお願いします。

その後で、岡山森林管理局や岡山県県民局の専門家による安全講習が行われます。チェーンソーの基本的な構造や山の危険、その危険を防ぎ安全に作業を行うために必要な事項を確認しました。

そして、さっそく森林組合から間伐作業の現地へ移動します。山での現地作業に関する諸注意を受けて、念入りに柔軟体操をしてから、チェーンソー実習に入ります。

まず手本として、巨木が地響きをたてて倒されました。歓声があがりました。岡山県や主催の人杜守の専門家による指導の下で、3人の学生に1人のインストラクターがついてチェーンソー実習に入ります。作業現場にて実際にチェーンソーの始動や基本的な使い方の確認を行い、実習を行いました。実際の作業は、経験の有無や体力などに応じて分かれ、参加者2～4名と指導者（フォレスター）1名以上を

合宿所での食事

報告会 神郷北小学校長挨拶

成果報告会の準備

左 多賀紀征代表理事　右 吉川賢教授

1班として林内で行われます。行う作業は「間伐」で、林内の木の本数を減らし、木と木の間隔を作ることで、残した木の生育を促します。

参加学生たちは、交代で、チェーンソーを使い木に「受け口」と「追い口」を入れ、くさびを打ち込んで木を倒します。次の作業を考え、狙った方向に木を倒せるかどうかがが作業の効率に大きく関わります。この際手元の数センチのズレが、木が倒れる方向の大きなズレにつながります。時には、リピーターの学生が初参加の人に教えるといった学生同士が助け合う姿も見られました。

木をただ伐倒していくだけではなく、伐倒、枝払い、玉切り、集材、運搬といった自分たちの切った木が、トラックに積まれるまでの一連の流れを体験しました。木材の集材及び運搬は、主に林内作業車を用いて行いました。玉切りされた木のほとんどは人間一人の力では集材できるものではないため、林内作業車のウィンチを工夫して使い、皆で声や身振り手振りで合図を出しながら協力して行いました。

初めは全くの初心者だった参加者も、男女問わず皆、期間を追うごとに上達し、正確に効率よく、また自分たちで考えながら作業を行うようになっていました。これまで大きな事故や怪我はありません。

4．木材市場見学と地元小学校に作品寄付

津山綜合木材市場新見支所にご協力いただき、木材市場に運ばれてきた木材がどのように仕分けされているのかを見学させていただきました。市場においてどのように木材価格が決められているのかも教えていただきました。

また、雨天時や夜の空いた時間を利用して、期により異なりますが、プランター台や竹馬を製作して、神郷北小学校の生徒に寄贈しました。

5．活動紹介と報告会

本活動の基本的な一日の流れは、日中は山の現場で作業を行い、作業終了後は神郷温泉敷地内の宿舎にて過ごします。宿舎生活では掃除、炊事、洗濯、

道具のメンテナンスを参加者が分担し協力しあって行います。普段とは違う環境で初対面の人も多い中、同じ空間で過ごすという生活に最初は慣れませんが、次第に打ち解け、時にはぶつかることもあるものの、気の置けない間柄になっていきます。

岡山大学から林学の権威、吉川賢名誉教授に参加を仰ぎ、わが国の林業の歴史、現状、課題、未来像について夕食後にレクチャーをいただきました。学生たちはもとより、学生たちを指導・サポートしてくださる林業のプロのみなさんも興味深く耳を傾けていただき、その後で専門的な観点から意見交換がなされました。ジイジと吉川幸、実践型教育コーディネーター（現在は教育推進機構准教授）からは、寒さに負けず、怪我に気をつけ、教室では得られない実践知を学んでもらいたいと伝えました。

活動最終日、関係各位の皆様の前で、それぞれが活動期間を通して感じたこと、学んだことなどを発表します。参加した学生たちは全員で協力して資料を準備し、プレゼンのリハーサルを重ねて、ご指導いただいた方、ご協力いただいた皆さんにお集まりいただき、活動報告の発表を行い、反省会を兼ねた意見交換会を開催します。

あなた達に伝えたいことは、ここで2週間のボランティア活動を終えた学生たちの顔つきは、見違えるほど精悍になります。そして再会を誓い、山を下ります。また、参加学生の何人かはリピーターとして、次回以降も参加するのです。こうした活動経験を将来の自分探しに活かしてほしいと思います。

岡山大学出身の佐伯佳和さんは、地域おこし協力隊として参加したことを契機に、林業男子として就業、修業を積んで、今までは新見市で木工所を営んでいます。また、真庭市の銘建工業（林産業業）へ就職した岡山大学出身の瀬﨑景巳さん（女性）もいます。この森林ボランティア活動への参加がきっかけで、林業・林産業関係に就職した大学生を次にイニシャルで紹介します。なお、地域に定住して、家族を呼び寄せた人や、結婚した方もいます。

岡山大学からの参加者で、人杜守が新見市から指定管理を受けている新見市移住定住センター関連業務を担当するＨさん（女性）、住友林業に就職したＨさん、岡山市で中山間地域の道路や山林管理を担当しているＴさんなど、森林ボランティア活動への参加を良き実践知として社会で活躍しています。

あなた達に、将来の進路を考える際に何が大切か、話しておきます。知名度の高い大学に入り、知名度の高い大企業へ就職することが、将来への道であると考えている学生が多いことは事実です。そうした考え方も一面では正しいかもしれません。しかし、将来の進路をもう一度、あなた自身の人生に照らし合わせて見つめ直してみてください。一旦、就職できたら、できれば長く勤務したいと思うものです。日本企業は、まだまだ終身雇用制度が前提の企業が多いなかで、雇用延長制度の普及もあり、定年退職の65歳まで勤務することができます。つまり、あなた達は、40年間は勤務できることになります。

ところが、これまでの産業構造の変化を見てみますと、敗戦後、すぐには、経済再生を目指して石炭業や鉄鋼業、造船業、そして繊維業が人気企業でした。しかし、エネルギー代替政策で石炭業は衰退産業となり、鉄冷えで鉄鋼業や造船業は不況業種となった時代もあります。また、日本が得意としていた繊維業も人件費の安い中国やＡＳＥＡＮの伸長と共に構造不況業種となり倒産や整理が続きました。次に大学生の人気業種になったのが、家電製造業やコンピューター産業でした。それもバブル期を境にして三洋電機、ＳＨＡＲＰ、東芝はじめ大手企業も経営破綻や厳しい経営に陥りました。さらに、安定業種と言われた金融業も異次元緩和政策やＡＩの普及により厳しい経営を余儀なくされ、オーバーバンキングと言われ経営統合が続いています。自動車産業は健闘していますが、それでもガソリン車から電気自動車をはじめクリーンエネルギー車への転換を余儀なくされ、ホンダと日産の経営統合をはじめ、世界的な再編が加速されると予想されています。

つまり、今現在、人気業種である企業であっても、一番好調であってほしい退職時、40年先には厳しい状況になっているケースの方が多いと言えるかもしれないのです。この事実から言えることは、世間の人気を重要指標にして就職先を決めても、その企業がずっと人気企業であり続けることは難しいということです。であれば、何を基準に進路を考えるべきか、もう一度、冷静に考え直してみますと、その結論は「自分のやりたい道に迷わずに進むこと」だと気が付くはずです。世間体やネームバリューに左右される進路決定には、あまり価値がないのではと考えてみてほしいのです。

それに気が付いてもらいたいとの思いを込めて、この森林ボランティア活動を進めてきたのです。あなた達は、自分の好きな道を歩む力を身につけるために大学で学ぶのです。大学生活は限られた時間ですが、生涯で一番好きなことができる時間です。精いっぱい自分を磨いて、自らの道を目指して歩みを進めてください。

Episode 6

社会と関わった活動

はじめに

この章は、ジイジが社会人として経験した中で、国や経済界との関係など、対外的に活動し大切であると感じたエピソードを備忘録として残します。

まず、国の仕事で最も汗をかいてきたのが、地方創生に関する活動です。２０１２年12月26日、第２次安倍内閣の成立により、内閣府に「地方創生人材支援制度」が発足、この制度は、地方創生に積極的に取り組む市町村に対し、意欲と能力のある国家公務員や大学研究者、民間人材を、首長の補佐役として派遣し、地域に応じた「処方せんづくり」を支援する事業です。ジイジは岡山大学の命により岡山県井原市へ派遣され、２０１５年４月から２年間、地方創生のアドバイスを行う職員（市長顧問、参与等非常勤特別職）として活動、創生総合戦略と人口ビジョンの策定を支援しました。２０２５年の今もなお、井原市の創生活動を継続支援しています。

次が、総務省に関係が深い「ふるさと財団」のお手伝いです。同財団は、地方自治の充実強化のため、地方公共団体と連携しながら民間能力を活用して地域振興業務を行い、活力と魅力ある地域づくりの推進に寄与することを目的とした法人です。その事業に地域再生マネージャー事業があり、市町村等が地域再生に取り組もうとする際の課題解決に必要な知識、ノウハウ等を有する地域再生マネージャーなど外部専門家を派遣する必要経費の一部を支援する事業であり、同事業のアドバイザーを拝命しています。具体事例として岡山県、広島県、北海道、鹿児島県、東京都の自治体での活動事例を紹介します。

そして、次からは過去の振り返りの記録です。

２００１年度から企業年金制度の再編を目指す確定給付企業年金法と確定拠出年金法（日本版４０１（K））がスタートしました。法律制定から20年が経過して、２０２４年３月末現在で、確定拠出年金（企業型）の加入者数は約８３０万人となっています。この法制度の成立に合わせ、併せて社会環境の変化に対応すべく、２００１年９月12日、日本商工会議所が中核となり、社団法人金融財政事情研究会と連携して、全国の中小企業や従業員、個人事業主向けに、中立的かつ公平な立場で年金・退職金制度などに関する普及・教育セミナーや金融商品や投資に関する基礎教育情報提供などの事業を支援することを主たる活動目的として「商工会議所年金センター」を設立しました。ジイジは、社団法人金融財政事情研究会から出向、本センターの設立準備から運営までを担当しました。その活動を記録として留めました。

次が、金融財政総合研究所を設立、金融機関のバンキングシステムのうちで、主に情報系におけるマーケティング戦略領域の開発をコンサルティングした時の経験を、そして、トヨタ自動車の研究所である現代文化研究所時代のEpisodeを書き留めました。時代や年次が前後しますことをお許し下さい。

1――内閣府地方創生人材支援制度

1.「地方創生人材支援制度」発足

第2次安倍内閣の成立により、内閣官房まち・ひと・しごと創生本部及び内閣府地方創生推進室「地方創生人材支援制度」が発足、岡山大学の命により井原市へ派遣されることとなり、2015年3月20日、25日、26日の3日間、内閣府と首相官邸で開催された研修会と激励会へ出席しました。この制度は、地方創生に積極的に取り組む市町村に対し、意欲と能力のある国家公務員や大学研究者、民間人材を、首長の補佐役として派遣し、地域に応じた「処方せんづくり」を支援する事業です。2015年4月から2年間、地方創生のアドバイスを行う職員（市長顧問、参与等非常勤特別職）として活動を開始しました。

2015年3月20日、内閣府で開催された研修会は、石破茂地方創生担当国務大臣（当時）の講話で幕を開けました。大学教員としての立ち位置は、中立・公正・公平を旨とし、学生のため&地域のために尽くすことです（なお、政治・政党的な視座は、大学教員には無関係です。国政を担われる大臣といえども、ジイジ達大学教員は、政治家の先生方とは異なる視点を維持しなくては、研究者は務まりません）。その上で、得がたい経験を頂いたことも事実です。人口5万人以下という小規模な地方自治体の地域活性化の取り組みを後押しするため、ジイジが派遣された岡山県井原市など69市町村へ、国の職員、大学の研究者、シンクタンク研究員が活動する「地方創生人材支援制度」の趣旨が説明されました。石破茂大臣は、「地方創生に失敗すると国家が持続できないという強い危機感を持っている。主役は市町村であり、皆さんは、２０１５年4月から順次着任し、国が来年3月末までにすべての自治体に求めている「地方版総合戦略」の作成支援などに当たり、地域の一員となって共に汗をかいてほしい」と熱く語られました。

ジイジたち第1期生の内訳は、国家公務員42人、大学の研究者15人、民間シンクタンクの研究者12人

内閣府

首相官邸での集合写真

安倍晋三内閣総理大臣（当時）の挨拶

です。国家公務員は副市長など常勤の幹部職に、大学や民間からの派遣者は大半が非常勤で顧問や参与などを務めます。石破大臣の講話に続き、地方創生大臣はじめ消滅都市に警鐘を鳴らす東京大学増田寛也先生（元総務大臣）、小泉進次郎内閣府大臣政務官兼復興大臣政務官の講話を直接お聴きする機会は貴重な体験となりました。研修会後に首相官邸で開催された激励会では、安倍晋三内閣総理大臣が地方創生にかける思いを語りました。地元岡山県選出の加藤勝信内閣官房副長官から挨拶をいただきました。

また、懇親会では、地方創生と日本国の未来像について、岡山という地方都市を起点にお話を交わせる機会に感謝いたすと共に、「産官学金労言」の全方位で、地元の最前線で汗をかかせていただきたいとの言葉に、意を新たにいたしました。

こうして、わが国の将来を切り開くための最大の課題である「地方創生」を具体展開するために「地方創生人材支援制度」が4月1日から始まりました。目的は、自治体（井原市）が自らの知恵を絞り、地域

国主催の激励会

石破茂地方創生大臣（当時）

小泉進次郎内閣府大臣官房政務官（当時）

の活力を発揮するための「地域の独自性を活かした地方版総合戦略」策定のサポートです。わが国はもちろん、同じく井原市が直面する人口減少と高齢化進行への対応策、雇用創出に向けた産業の活性化など幅広な施策立案への支援を目指しました。井原市が持つ地域の強みを伸ばし、自立型の地域再生を呼び起こすことが派遣されるジイジたち第1期生に求められました。安倍晋三内閣総理大臣の「平成27年度地方創生人材支援制度激励式」での訓示を総理大臣官邸のホームページから引用します。

「本日は、地方創生人材支援制度第1期生の皆さんとお会いできることを大変うれしく思います。第1期生というのは、なりたくても、なかなかなれない訳でありまして、正に皆さんしかなれなかったと、このように思います。今回は、北は北海道の鷹栖町から南は沖縄県の石垣市まで、総勢69名が全国各地の市町村に派遣されることとなりました。派遣される市町村のうちで最も小規模な自治体は、人口が345人の新潟県の粟島浦村と聞いています。皆さんは、様々な志を持って自ら地域で働くことを志願され、選択された、というふうに伺っています。恐らく不安もあるとは思いますが、地方創生に大いに力を発揮していただくことを期待しています。『落下傘のように地域に入るのではなく、地域で何かをやりたいと思っている人と組み、東京のネットワークがあるからこそできることがある。』、東京から四国に移住してITを活用した仕事づくりに携わっている方の言葉であります。皆さんの目線で多くの魅力を発見し、市町村長の良き補佐役として、地域で新たな風を巻き起こしていただきたいと思います。正に皆さんは、安倍政権がこれから進めていく地方創生の中核になっていただく皆さんだと思います。正に、皆さんの成功が地方創生の成功につながっていく訳であります。第1期生というのは、正にフロンティアだと思います。そして、皆さんの仕事もフロンティアであり、地域の皆さんと共に何か新しい事をやりたい。こう思っているんだろうなと思います。しかし、もちろん各地方には、それぞれの様々な事情もあります。地域に行ってですね、いろんな人たちと会って、話を聞きながら、何をすればいいのか、ということを日々考えながら、頑張っていただきたいと思いますし、皆さんの能力を大いに生かしてもらいたいとも思います。この中には、私の地元の長門市に行っていただく、木村さんがいると思います。どんな問題があるか、どんな課題があるかは、よく私が人間関係も含めてですね、教えてあげたいと思います。地方には様々な濃密な人間関係があります。まず、その事をよく理解しながら、どのようなネットワークを構築していき、みんながどんな思いを持っているのか、何を悩んでいるのか、どんな夢を描いているのか、そういうことを皆さん、その地域に住んでいる皆さんと一緒になって、感じていただきたいと思います。そして正に、各地域がこれから活力を持って伸びていく、そういう地域になっていくために、皆さんが、2年間と聞いていますが、この2年間で大きな実績を残していただくことを期待したいと思います。皆さんが志を果たされることを大いに期待して、私の激励の挨拶としたいと思います。頑張ってください。」

2. 岡山県井原市へ着任

2015年4月1日、井原市役所で瀧本豊文市長より「元気いばら創生戦略本部」（本部長は瀧本市長）の創設宣言がなされ「元気いばら まち・ひと・しごと創生総合戦略」と「井原市人口ビジョン」の策定に着手しました。現在、井原市が直面している課題解決に向けた創生戦略構築の方向性について訓話があり、続いて、辞令交付と上棟式があり、微力ながら精一杯、公務に精進させていただく旨をお伝え申し上げました。

その後、2025年を迎えても井原市との関係は継続されています。現在の市長は大舌勲市長で、2022年秋から2期目を迎えました。大舌市長のご依頼により、第2期「元気いばら まち・ひと・しごと創生 総合戦略」の策定や総合計画の見直し作業、市民協働推進、企業誘致、指定管理者選定、公共施設マネジメント、市議会議員報酬検討、観光振興策、スポーツによるまちづくり協定の締結など、幅広い分野でお手伝いを続けています。

また、２０２３年5月27日、井原市制施行70周年記念式典に出席いたしました。内閣府の「地方創生人材支援制度」は、現在も継続されていますが、第1期から現在まで、継続して派遣された自治体の支援を続けているのは、もしかすると、ジイジだけかもしれません。

3. 岡山県市長会にて

２０１６年月1日、岡山県市長会にて「地方創生と大学の果たすべき役割」のテーマで講演いたしました。会場はサンピーチ岡山、これまでの活動で気づいた自治体の直面する課題について、市長の皆さまに率直な意見を述べさせていただき、岡山大学の県内全域にわたる地域活動の実態を、具体事例を用いてご紹介しながら、大学改革も地方創生と同じく、崖っぷちである点を強調させていただきました。意

岡山県市長会にて報告

「地方創生人材支援制度」により井原市へ着任

井原市＆岡山シーガルズが包括連携協定

大舌 勲市長　井原市市政70周年記念式典にて

見交換会では、出席された全市長（岡山市長、倉敷市長、総社市長は副市長など代理出席）から、岡山大学に対する忌憚無いご意見や数々の叱咤激励を賜りました。総じて、厳しいご意見の中にも温かさにあふれたご指導・ご示唆があり、大学へ持ち帰り、執行部へ伝えることをお約束申し上げました。地方創生に関して、岡山大学はじめ県内大学への期待の大きさと大学の地域資源としての重要性を、改めて痛感いたしました。

4．高梁川流域連携中枢都市圏ビジョン懇談会

２０１７年1月12日、「平成28年度高梁川流域連携中枢都市圏ビジョン懇談会」が倉敷市消防局を会場に開催されました。高梁川流域の産業界、大学、金融機関、医療・福祉機関、地域公共交通機関、地域コミュニティの代表者がずらりと並ばれ、積極的な意見交換がなされました。座長を拝命いたしました。平成28年度の実績を踏まえながら29年度に向けた活動指針が示され、高梁川流域連携による地方創

平成29年度高梁川流域連携
中枢都市圏ビジョン懇談会（ジイジが会長）

内閣府報告会で報告
山本幸三地方創生大臣（当時）からコメント

令和５年高梁川流域連携
中枢都市圏ビジョン懇談会（ジイジが会長）

加藤勝信厚生労働大臣（当時）と面談

生が一気に加速する流れが整いました。自治体頼りではなく、参加された皆様方全員が当事者となり、力を結集して活動を展開することが大切である点を強調させていただきました。同懇談会座長を2025年1月現在も継続して拝命しています。

5.「地方創生人材支援制度」仕上げと最終報告会

2017年2月1日は、霞ヶ関の合同庁舎4号館にて、地方創生人材支援制度第6回報告会でした。8名が選ばれ、ジイジは、井原市での活動報告と倉敷市を中枢都市として取組みが本格化する「高梁川流域中枢都市圏構想」をテーマに、8番目、最後の報告者として話題提供をさせていただきました。地方創生人材支援制度第1期生として、今回の報告を仕上げと位置づけ、岡山大学を挙げて支援への取組みを進めてきた実績と、今後の課題について、本音を腹蔵なく述べさせていただきました。

山本幸三内閣府特命担当大臣（地方創生、規制改革）や内閣官房まち・ひと・しごと創生本部・内閣府地方創生推進室の担当官から貴重なアドバイスをいただきました。

さらに、2017年3月24日、ジイジたち第1期生にとっては最後の報告会が内閣府で開催されました。夜は首相官邸で締めくくり会があり、菅義偉官房長官や山本幸三地方創生担当大臣はじめ国の関係する皆様方が列席する中、派遣者を代表して、総務省から秋田県湯沢市へ派遣されている藤井延之さんと三重大学から南伊勢町へ派遣されている松田裕子副学長の二名が派遣者を代表して、2年間の活動報告をいたしました。菅官房長官から、ねぎらいと激励の言葉をいただきました。

来春からは第3期生が、新たに地域へ派遣されました。岡山大学から岡山県井原市へ地域創生戦略顧問として派遣されて、2015年4月1日から2017年3月末日で2年間の任期満了を迎えました。地域の課題と、現場の最前線で向き合う貴重な2年間の経験でした。

6. 三重大学松田裕子副学長との思い出

その後、２０１９年2月8日、地域と大学の連携を日々全力で考える三重大学地域創生部門をお訪ねして、同推進チームの若手職員を交え、松田裕子副学長を中心に意見交換会を実施いたしました。松田副学長とは、内閣官房まち・ひと・しごと創生本部が実施している、地方創生人材支援制度の第1期生として、彼女は三重県南伊勢町、私は岡山県井原市へ派遣されました。共に地方創生に取り組んだ活動実績の振り返りと今後の方向性について議論しました。

実は松田副学長とは、かつて国土交通省が実施した、日本風景街道（日本版シーニック・バイウェイ）調査で、北海道へご一緒した経験があります。その折、ジイジはトヨタ自動車の研究所である現代文化研究所から参加、環境保全と国土の有効な開発を目指す国土交通省と環境保護を進めながらまちづくりを目指す団体の合意形成を図ることがミッションでした。松田副学長はご専門の農学分野をベースとした自然

三重大学にて

総理官邸　菅義偉官房長官（当時）と
松田裕子三重大学副学長

首相官邸にて

内閣府報告会

環境に配慮した地域の創生や観光振興の専門家として参加されました。そこでは、日本野鳥の会の柳生博会長や学識経験者として参加された、本書でジイジが師事させていただいた記録を綴った、東京大学の家田仁先生らと積極的に意見交換をされていたことが鮮明に記憶に残っています。

さて、三重大学での意見交換会では、地域で活躍する大学として定評のある三重大学の方針と実績に、大いに感銘を受けました。互いの地域連携における課題や対応策について開示、共通理解を深めることができました。特に、教員と職員が両輪となって地域連携を進めることが、最も重要である点で意気投合いたしました。

2──一般財団法人地域総合整備財団

1．地域総合整備財団「地域再生マネージャー事業」

一般財団法人地域総合整備財団（ふるさと財団・理事長は末宗徹郎元復興庁事務次官）は、1988年12月21日、自治大臣（現：総務大臣）及び大蔵大臣（現：財務大臣）の許可を得て、地方自治の充実強化のため、地方公共団体との緊密な連携の下に、民間能力を活用した地域の総合的な振興及び整備に資する業務を行い、地域における民間事業活動等の積極的展開を図り、もって活力と魅力ある地域づくりの推進に寄与することを目的として活動しています。

その事業の中で、地域再生マネージャー事業は、市町村等が地域再生に取り組もうとする際の課題への対応について、その課題解決に必要な知識、ノウハウ等を有する地域再生マネージャー等の外部の専門的人材を活用できるよう必要な経費の一部を支援しています。また、地域再生に向けた地域の課題が明確になっており、その課題解決に市町村等が戦略・ビジョンの策定を行っている段階において、住民主体の持続可能な体制に整備するとともに、ビジネスを創出して雇用に結び付け、地域が自立的に行動できる仕組みを構築するために、市町村等が外部専門家を活用する費用の一部を助成しています。ジイジはこの事業アドバイザーを担当してきました。

2. 岡山県真庭市

同事業に岡山県真庭市が選ばれ、2019年5月に現地を訪問しました。テーマは、「歴史を生かした里山資本主義による持続可能な未来集落形成事業」でした。真庭市湯原温泉は、温泉として知名度は高いものの温泉オンリーではリピーターの確保が難しく、プラスアルファの魅力を創出するために「地域再生マネージャー事業」を活用して、湯原温泉と程よい距離で隣接する社《やしろ》地区が持つ中世延喜式に登場する式内八社をはじめ、大御堂や石造物などの遺産と連携して、新たな魅力を発信する流れを醸成しようとしています。

オオサンショウウオ（はんざき）

「やしろもち」

1社地区／2社地区

ふるさと財団「地域再生マネージャー事業」
真庭ミーティング

熊野筆

ふるさと財団ハーブ園視察

広島県熊野町「筆まつり」

ハーブ製品

派遣された外部専門家を中心に、①地域の担い手発掘、組織形成、②地域の結・地域資産を活用した大御堂茅葺き替えによる地域のつながり（誇り）継承と再生、③放置竹林の活用や地域循環農業等による商品化および販売方法の検討、④地域の歴史ガイド等と特産品開発による交流促進と小さな経済創出、⑤観光客と地域の高齢者の移動手段に電動自動車を利用するビジネス・仕組みづくり、⑥現代のニーズにマッチした手法による演出・情報発信を、地域外の若者を巻き込みながら実施しました。

3. 広島県熊野町

2019年9月23日から一泊二日の予定で地域総合整備財団（ふるさと財団）地域再生マネージャー事業のアドバイザーとして、日本の筆の80%を生産する『熊野筆』で有名な広島県熊野町で開催された「筆まつり」を視察、24日は派遣された外部専門家、役場の地方創生のご担当、ふるさと財団の担当者、ジイジで、地域再生マネージャー事業「事業名：熊野町観光コンテンツ創造事業」の進捗状況についてミーティングを実施しました。

事業の目的、ねらいは、熊野町は、広島市、東広島市、呉市のベッドタウンとなっており、人口は約24,000人ながら、徐々に減少しており、観光振興上の課題は、観光資源が筆に特化されているため、新たな観光コンテンツを生み出していく必要がある点です。観光コンテンツとしては、「食」が重要であること、筆による外面の美との関係性から、内面の美を追求することが重要であると考え、町職員からの発案によりハーブ栽培と加工品の開発に取り組むことになったと説明を受けました。

町役場のご担当2名からは、地域再生マネージャー派遣による熊野町観光コンテンツ創造事業の進捗状況について、計画書とのすり合わせを実施、予定通りに進捗している点と苦労している点に分けながら、事業の効果や評価をさせていただきました。

そのあとで、ハーブ栽培をしている現地の畑を見学させていただきました。

加工や流通販売も重要なわけですが、まずは原材料となるハーブ栽培が、夏場は雑草の伸びが早いことや猛暑対策としての水やりの苦労など、現地を視察しなければ理解できない苦労話をヒアリングさせていただくことができました。熊野町の「世界一の筆」が、ますます世界に向けて美を創る「道具と技」の発信に向け、また、ハーブ事業との組み合わせで、身体の中から美を奏でるハーブ事業と融合することにより更なる飛躍を遂げられることを祈念して、熊野を後にいたしました。

4. 広島県府中市

広島県府中市の地域再生マネージャー事業の状況把握のために、2021年10月21日から22日、現地ヒアリングに参りました。府中市は2021年10月1日現在の人口は37,454人、世帯数は17,117世帯、広島県の東南部内陸地帯に位置します。

最初に、同年7月21日にオープンしたばかりの府中市子育てステーション「i-coreFUCHU（いこーれふちゅう）」へご案内いただきました。ここは天満屋百貨店の2階の半分を市が譲り受け、ギャラリースペースやコミュニティスペースを実現、市民が自由時間を過ごせる空間であると共に、会議やセミナーで使える多目的室の整備、さらにマルシェやフリーマーケットの開催などビジネスにも活用できる仕組みを実現しています。

そして肝が、保健士と保育士の配置による母子保健業務と子育て支援業務の窓口を一本化した「子育てステーションちゅちゅ」の整備です。これから出産期を迎える層から子育て世代まで、幅広く一貫してケアできる体制が完備されていました。デザインも素敵で若い女性やイクメンにも人気であろうと想像いたしました。市長室へ小野申人市長を訪問させていただきました。冒頭、先ほど見学させていただいた「i-coreFUCHU」の話題となり、市長から「学び」「チャレンジ」をコンセプトとし、「ヒトがヒトを、ビジネスがビジネスを呼び込む」、そして安心して出産から子育てができる拠点の整備と併せて〝府中ならでは〟〝府中らしさ〟を発揮した地方創生を実現する拠点」を実現されたとのご説明を受けました。

市長室をあとにして市の担当者と外部専門家の案内で訪れた旧上下町は、現在でも美しい町並みが残っていることで知られ、江戸時代、世界の銀の3分の1を産出していたという石見銀山から瀬戸内海へ続く銀山街道の宿場町で、石見銀山からの銀の集積中継地です。幕府直轄の天領となり、代官所も置かれていました。最盛期には町には33軒もの金融業者が軒を連ね、のちに酒、醤油などの醸造業をはじめとするさまざまな商人も集まり、町は大いに栄えた、と言われています。上下のメインストリートには現在でも白壁やなまこ壁、格子戸といった格式のある懐かしい町並みが続きます。

まず、大正時代に建てられ、芝居や映画などの上演が行われていた劇場「翁座」、末広酒造資料館、国の登録有形文化財に指定されている洋館づくりの旧片野製パン、屋根の上に火の見やぐらが明治時代

恋しき

広島県府中市 小野申人（しんじ）市長（中央）

府中市子育てステーション「いこーれふちゅう」

上下町「翁座」

の姿のまま残る旧警察署、鉄格子が入った幕府の公金を扱う「掛屋」であった「旧田辺邸」、明治時代に財閥の蔵として建築された建物で独特の趣を持つ高い塔があり戦後キリスト教会に転用された「上下キリスト教会」、田山花袋の小説「蒲団」のヒロインとされる女流文学者・岡田美知代の生家で、現在は歴史文化資料館となっている旧岡田邸など、さまざまなスポットへご案内いただきました。

理屈抜きに石見銀山の繁栄を肌で感じ、偲ぶことができました。旧家を改造して「泊まれる町屋 天領上下」をオープンさせています。こうした中、ここ上下町を国から重要伝統的建造物群保存地区にするための試みがスタートしています。広島県では、福山市の鞆の浦や広島市の宮島など、岡山県では倉敷市の美観地区や津山市の旧出雲街道のまちなみ保存を目指す城東まちなみなどが有名です。

地域再生マネージャー事業では、一般社団法人九州のムラの養父信夫代表理事と観光・地域づくり事業担当の泰永幸枝さんが外部専門家として、事業の推進役を務められます。すでに養父さん達は、地元上下町と人間関係を作られており、具体的なアドバイスを始めていました。ふるさと財団としても、上下町の「重要伝統的建造物群保存地区を目指す」活動のお手伝いを約束いたしました。

二日目は、府中市内の観光拠点として再活用を目指す老舗旅館「恋しき」視察です。府中市のホームページから抜粋させていただきますと「恋しき」は、「明治5年、土井利助が恋しきの原型である「旅館土生屋」を開業。数多くの政治家、文化人が訪れ、犬養毅や岸信介、福田赳夫といった歴代の総理経験者や鳩山威一郎などの大物政治家も宿泊した記録が残っています。文化人では井伏鱒二、吉川英治、田山花袋などの作家、人間国宝の狂言師・茂山千作や備前焼の重鎮で人間国宝の金重陶陽の名前が宿泊者名簿にあります。」とあります。

この文化財の維持・運営には相当の費用が必要であると容易に想像できます。館内を隅々までご案内いただきながら、丁寧な説明をいただきました。そして、2階の広間でミーティングを開始、市の担当者と観光協会から現状と課題、そして将来に向けたビジョンをお聞かせいただき、さらに地域再生マネージャー養父信夫代表理事から、今後の「恋しき」の有効活用による府中市の観光振興、地方創生に向けたプランの説明と提案を受けました。

市や観光協会の皆様に御礼と再会をお約束申し上げ、失礼いたしました。地域の皆様方の地方創生への「覚悟」をひしひしと感じた視察でありました。

5. 北海道利尻町

2022年7月11日、12日、一泊二日の日程で、地域再生マネージャー事業のアドバイザーとして北海道利尻町へ現地調査、ヒアリングに参りました。事業名は、「利尻町漁業の担い手獲得・育成のための支援組織運営事業」、事業概要は①漁業の担い手獲得・育成の支援組織「利尻町定住・移住支援センター」の運営、②人材獲得・育成のための支援メニューの実施、③新規事業創出（収益向上）、④漁業の六次産業化推進のための加工場整備に向けた調査、⑤新事業創出（六次化）、⑥担い手獲得に向けた情報発信、です。

専門家として、NPO法人離島経済新聞社代表理事の大久保昌宏さんが派遣されています。大久保さんは、全国の離島地域を対象に地域経営支援や各種プロモーション、移住定住促進業務等に従事してきた豊富な経験と実績を持たれており、本事業では、産業振興や過疎地域・限界集落の振興を得意分野とする事業ディレクターとして、主に教育・人材育成、人と人、組織と組織をつなぐ中間支援的なコミュニケーションサポートを担当されています。

北海道利尻町は、北海道の北端の都市である稚内市の西方約53㎞に位置する利尻島の西南端に位置しています。島の中心には、銘菓「白い恋人」で一躍有名になった日本百名山のひとつ標高1721mの利尻富士がそびえます。今回の調査の主目的の一つが、全国屈指と言われる「利尻昆布」と、その昆布を食べて育つ最高級の「ウニ」を資源として、人口減少で担い手が不足する課題をいかに克服するか、その取り組みを現地で学ぶことです。

さて、利尻町定住移住支援センター「ツギノバ」では、定住移住に関する一次窓口として、ワンストップで相談等を受け付け、住宅や仕事といった定住移住相談はもちろん、利尻町での暮らしにまつわる情報発信などを行っています。ツギノバの由来は、ご想像通り、「次」の未来を創る「場」を意味しています。コンセプトは、「この場所を起点に、島に暮らす人たちと、ご縁があって島を訪れた人たちが出会い、つながり、地域に彩り豊かな未来を生み出していくこと」であると謳われている通り、皆さんが気さくに声をかけてくださいました。そして丁寧に煎れていただいた珈琲の味は最高でした。ドリンクメニューは、紅茶やハーブティーはじめ多彩です。くつろげるソファやハンモックがあり、長居ができるくつろぎのお洒落な空間が演出されています。

現在、利尻町では漁業者の高齢化が進み、後継者不足が深刻な状況にあります。その現状を打破するために、利尻島で漁師を志す方には、２週間の漁業体験（研修）を通し、仕事内容や漁業の楽しさ、やりがい、利尻島の生活を体験、まず漁業に興味を持ってもらう、実地体験の期間を設けています。そして次のステップとして「新規漁業就業者確保・育成対策事業」支援制度が準備されていて、最長３年まで研修を受け経験を積むことができる仕組みになっています。この期間、面倒を見てくれる親方的な漁師さんが指導に当たってくれる充実したプログラムが用意されています。加えて、利尻町では、漁業後継者へ報奨金を贈呈する支援を行っており、報奨金制度を活用して、小船や漁具を揃え自立でき、先輩たちが面倒みよく相談に乗ってくれる仕組みが整備されています。ツギノバは、役場や漁業関係者と連携しながら、こうした就業相談にのる拠点としての機能を果たしているのです。

７月12日朝、収獲したウニから殻をむいて中身を取り出す作業現場へご案内いただきました。ご説明いただいたのは、渡邉《わたなべ》大樹《だいき》さんで、利尻漁業協同組

ウニ種苗生産センター

利尻町定住移住支援センターツギノバ

利尻富士

ウニ殻むき作業場

合青年部の部長（沓形支所青年部長兼務）、26歳の時に漁師道の第一期生として千歳市から移住された38歳、若手後継者のリーダーです。その作業は、渡邉さんが、見事な鉈《ナタ》裁きで、ウニを的確に割り、身を取り出す前段の作業を行います。その割られたウニを3人の女性が、手際よくオスとメスに分けて、ウニの身を壊れないように上手に掬って取り出し、塩水のお椀に入れてゆきます。利尻のウニが最上級なのは、その餌である利尻昆布のおかげであると教えていただきました。

次は、利尻町の「ウニ種苗生産センター」を見学させていただきました。案内は、一般社団法人ツギノバ理事の八木橋舞子《やぎはしまいこ》さんが担当してくださいました。ホームページによれば「雑食性であるウニの味は何を食べて育つかが重要！良質で豊富な利尻昆布を食べて育つ利尻のウニは味の評価が高く人気です。反面、ウニは採りやすく資源量の変動が出やすい生き物。島では様々な制限を取り決め、安定した水揚げを得る努力をしています。養殖にも力を入れており、その拠点となるのがウニ種苗生産センター。親ウニを採り、採卵・受精した後、チビウニを海に放流できる大きさまで育て、島の沿岸へ放流しています。昆布を餌にするので昆布が枯渇しないようにウニと昆布のバランスを考えた放流、放流後の育成状況の確認、ウニの天敵ヒトデの駆除なども行っています。」とあり、貴重な水産資源を守り育てる漁業が定着していると説明を受けました。

6. 鹿児島県知名町

ふるさと財団の調査で、２０２１年8月15日から17日までの日程で鹿児島県沖永良部島を訪問いたしました。

沖永良部島は鹿児島県のほぼ最南端に位置する美しい島です。おきのえらぶ島観光協会ホームページによれば「沖永良部島は、鹿児島市から南へ５５２㎞、北緯27度線の上に浮かぶ周囲55・8㎞、面積93・8㎢の隆起サンゴ礁の島です。和泊、知名両町合わせて人口1万4千人あまり。年間平均気温22度という温暖な気候に恵まれ四季を通じて熱帯、亜熱帯の花々が咲き、エラブユリ、スプレーキクなどの栽培も盛んです。東洋一の鍾乳洞・昇竜洞をはじめ200〜300の大鍾乳洞群が見られ「花と鍾乳洞の島」の異名をとっています。また、NHKの大河ドラマ「西郷《せご》どん」で西郷隆盛が流罪になった島として紹介された島が、ここ沖永良部島です。」

知名町役場では、今井力夫町長と赤地邦男副町長の出迎えを受けました。視察の地域再生マネージャー事業の主目的である、知名町と北海道利尻島の利尻町との連携プロジェクトについて意見交換をいたしました。両島の仲を取り持つのは、NPO法人離島経済新聞社の大久保昌宏代表理事です。ふるさと財団から本事業により派遣者となっています。今井町長からは、今後、知名町が目指すまちづくりへの抱負と地方創生に向けた熱い思いをお伝えいただきました。ふるさと財団の支援を受けて知名町が進める事業名は「関係人口と地域の担い手獲得のための広域連携事業」です。そこで、繁忙期の異なる北海道利尻町との広域連携を形成し、両町に訪れるそれぞれの関係人口やリゾートバイトなどの働き手を共有し、人材不足の解消と関係人口拡大に伴う新しい観光施策の創出、それらの人材による地域経済への波及効果を図ることを事業目的としています。

また、本事業の特徴は、北海道利尻町という日本最北端の町との広域連携により、農業と漁業という異なる産業領域で、それぞれの産業を担う地域外人材を受け入れ、共有し合うための受け皿となる中間支援組織体の構築を、互いの特徴を活かしながら持続性を高めようとする点がユニークです。ビジネス創出の観点からは、全国的にも自治体主導で特定地域間の広域連携による人材バンク構築と運営等は事例がなく、競合もいないため、本事業を通じて構築する仕組みそのものが新たなビジネスモデルとなる可能性を秘めている点です。

まず、葉タバコの出荷工場を訪問いたしました。出荷先はJTです。タバコは専売品ではなくなりましたが、国内産業保護の観点を含め買取価格が決

サトウキビ畑

知名町 今井力夫町長（中央）

田皆岬

たばこ工場

まっていると説明いただきました。次に、サトウキビ畑が続く道を田皆岬へ向かいました。奄美群島国立公園に指定されている岬からの水平線が一望できる景観に息をのみました。また眼下の海の色は澄んだマリンブルーです。しばしばウミガメが遊んでいますと説明いただきました。

7. 東京都あきる野市

ふるさと財団の調査で、2022年8月9日、東京都あきる野市を訪問いたしました。あきる野市は東京都の西部に位置して、北に日の出町、青梅市、南に八王子市、最西は桧原村を通して山梨県につながっています。人口は8万人を少し割っています。圏央道の開通で東西南北と自在に結ばれたことにより、広域で動くには誠に至便な立地となりました。また、秋川渓谷を有しているため、豊かな自然がそのまま残された数少ない東京のオアシスです。あきる野市の新総合計画や各種公開データを拝見しますと、下記のテーマが地域再生の課題となっています。

五日市エリアの活性化がメインテーマであり、ふるさと財団事業では、地域再生の専門家として、タウンマネージャーの國廣純子さんが派遣されています。彼女はかつて青梅市で地方創生の活動に10年間ほど関わっておられた経験を活かしながら、五日市の市民性や気風、地域性を読み解かれ、この地域に合わせた五日市の事情に適合した活動を続けていることが大切であると自己紹介されました。駅前からまち歩きをしながら、再生した店舗のかつての店主と商い、そして新たに店舗を有効活用した店主とビジネス内容の紹介、そこまでたどり着くまでの出会いから苦労話、合意形成、エピソードを丁寧にお聞かせいただきました。家主が病気や諸々の事情で店舗が空き家になった際には、了解を得られた物件については見学会を実施して、新たなビジネスとして新しい人を呼び込み、事業継続を促すためのマッチングを精力的にこなしています。大切な点は、市民参加のきっかけづくりと呼びかけ、増えた仲間と連携した広報誌の発行とインスタグラムをはじめとし

JR武蔵五日市駅

五日市まち歩き　左から2人目　國廣純子さん

廃校活用好事例

秋川渓谷

たSNSでの情報発信が功を奏しているとの説明を受けました。

まず、迎える側の移住定収者を含む地元の皆さんの情報を共有しながら、やる気を喚起、引き出すことだと感じました。秋川渓谷にある旧戸倉小学校は廃校活用の好事例でした。自然体験学習、川遊び、会議、宿泊、体育館、運動場、そして揚げパン&牛乳の給食メニューもあるレストランは元職員室、隣の校長室も食事が個室で楽しめるしつらえです。また、お風呂は広くトイレも綺麗で気持ちが良い印象です。そして何と言っても指定管理者がしっかりしておられ、適切なご説明をいただきました。

3——日本商工会議所「商工会議所年金教育センター」

1．出向による業務提携の経験で得たもの

少子高齢化、人口減少が進み、また年金運用の利回りの低下についても課題が残る中で、公的年金問題は深刻さを増しています。この問題の解決のために、日本商工会議所が中核となり2001年当時設立した「商工会議所年金教育センター」があります。ジイジは、自ら企画、志願して、国民の老後のライフプラン作りに貢献することを目的として、この組織の設立に向けて出向しました。当時作成した文書を振り返りながら、それに一部加筆して、得難い経験をした昔を振り返ります。

わが国経済は戦後かつて経験したことのない長期デフレが続き、国民生活に深刻な影響を及ぼしています。また、少子高齢社会の急速な進行や終身雇用制の崩壊など、わが国の戦後経済を支えてきた社会システム全体が大きく変貌しています。こうした厳しい環境の中、国の年金財政は言うに及ばず、2000年当時は、厚生年金基金では国の代行部分の負担軽減が喫緊の問題となり、基金の解約・解散・代行返上が相次いでいました。また、一方、適格退職

年金では積立金不足により多くの企業年金運営が悪化傾向の一途を辿り、企業の年金問題は、年金・退職金制度に抜本的な見直しを迫る深刻な経営問題そのものとなっていました。

これらの状況を打開するために、２００１年度から企業年金制度の再編を目指す確定給付企業年金法と確定拠出年金法（日本版４０１（Ｋ））がスタートしました。現在では、法律制定から20年以上が経過して、２０２４年３月末現在で、確定拠出年金（企業型）の加入者数は、対前年比25万人増加（対前年比３．１%増）して８３０万人となっています。また、確定拠出年金法の法改正により、私的年金として、ｉＤｅＣｏ（イデコ・個人型確定拠出年金）が新設され、２０２４年10月時点で、８３４，１４７事業所、３，４６０，８７５人が加入、順調に普及拡大を続けています。

さて、２００１年度改革により、年金制度は三つの確定給付制度（厚生年金基金、基金型企業年金、規約型企業年金）と一つの確定拠出制度（企業型）に再編されました。ｉＤｅＣｏの新設を加え、企業や勤労者にとって選択肢は増えたと言えます。厚生年金基金を例に取れば、長引くバブル経済崩壊の後遺症からゼロ金利政策が続き、各厚生年金基金で十分な運用益をあげることが困難な状態に陥り、かつて５・５%運用が規程で定められていた利回りは低下を続け、運用利回りが低い基金では運用利回りに差損が生まれ、「隠れ年金債務」が発生、将来的には支払えない企業が多く出る危険性が指摘されました。とりわけ、中小企業では負債を抱えて経営を続けると、本来本業に傾注すべき経営資源が散逸する危険性が指摘されたのです。

一方、企業内においては、終身雇用制の維持が確保されない状況で、労働条件の良い企業、業種へと転職する勤労者が増加し、優秀な人材の確保が旧来に増して厳しい環境が訪れようとしています（人材の偏在化）。同時に、雇用の流動化や核家族化の進行は、「日本的（家族的）経営」、「年功序列」を基本とした企業従属型の企業内福祉の考え方、取組み方にも影響を与えつつあり、企業としては、熟練した労働力が安定的に確保できる新しい企業内福祉制度を確立してゆく必要が求められたのです。

こうした社会環境の変化に対応すべく、２００１年9月12日に日本商工会議所が中核となり、社団法人金融財政事情研究会と連携して、年金、金融、消費者関連等の公共・公益団体の協力を得て、商工会議所１６４万会員（当時）はもとより、全国の中小企業や従業員、個人事業主向けに、中立的かつ公平な立場で商工会議所や商工会、中央会といった中小企業団体や各種の企業・団体が実施する年金・退職金制度などに関する普及・教育セミナーや、金融商品や投資に関する基礎教育情報提供などの事業を支援することを主たる活動目的として「商工会議所年金センター」を設立しました。

設立当時は、ジイジが金融財政事情研究会の立場から、本センターの設立準備から運営までを担当しました。そこでは、各界からの専門知識をもつ学識経験者や実務家・企業等に協力を仰ぎながら、年金制度の研究、年金・投資教育セミナー講師の養成、関連書籍・冊子の作成、インターネットによる情報提供など、年金分野における幅広い活動を展開して、日本に導入された確定拠出年金制度の普及に貢献いたしました。

時期としては、２０００年の準備段階から２００1年6月22日の法律成立を受け、以降、約4年半の間、日本商工会議所が所管した「商工会議所年金センター」に事務局次長として出向したのです。

そこでは「ＤＣプランナー」資格制度の企画から導入までを担当、各地の商工会議所では中小企業の経営者や従業員、中小企業団体の経営者や福利厚生担当者、金融機関の職員、一般企業の社会保険労務士、税理士、中小企業診断士、ファイナンシャル・プランナー等を対象として、新しい年金制度についての最新情報と正確な知識を修得いただき、さらに確定拠出年金の知識だけではなく、各種年金制度全般にわたる知識、退職給付制度の知識、金融商品や投資の知識、そしてライフプランニング・リタイアメントプランニングの知識まで幅広い知識を持つ「企業年金総合プランナー」としての位置づけを持つ資格まで押し上げるために汗をかきました。ここで養成された資格者が、今もなお活躍を続けています。

ここで得た経験とは、「お前は、どちらの味方なのか」と何度も怒鳴られましたが、まず「出向先である相手方（日本商工会議所）の立場に立ち、自分（親元）の組織と交渉すること」が、成功のカギであると確信したことです。互いが利他の心を必ず忘れずに交渉に臨めば、こうしたアライアンスはうまくいくと思うのです。世の中、自我（自社の利益）を通すことも大切ですが、自我ばかり通すと、必ず角がたつと思います。

２００１年10月には『確定拠出年金』と『確定給付企業年金』商工会議所年金教育センター刊として、2冊の単行本を同時刊行、その編集と執筆を担当いたしました。また、国民向けにはカラーの小冊子「確定拠出年金の知識」商工会議所年金教育センター発行、社団法人金融財政事情研究会制作の企画編集を担当いたしました。一日も早く、全国の商工会議所や社会保険労務士、金融機関や専門家、そして国民のみなさまに届けようと昼夜兼行、徹夜続きの過酷な作業でした。

2. 組織と組織のアライアンスは信頼関係にあり

センター設立当時の資料から組織構成を振り返ります。理事長には、日本商工会議所・東京商工会議所の専務理事、副理事長には、ジイジが所属していた金融財政事情研究会の専務理事が就き、事務局長は日本商工会議所、そして事務局次長にジイジが就くという布陣でスタートしました。また、理事に国民年金基金連合会の常務理事、さらに大阪商工会議所と名古屋商工会議所の専務理事、日本商工会議所の常務理事、監事に萩原新太郎弁護士という体制の中で事務局を担当させていただきました。この運営に際しては想像以上の苦労の繰り返しでありましたが、わが国の中小企業を代表する経済団体の雄である商工会議所の方と苦労を共に分かち合う経験に恵まれ、苦労をはるかに超えた、得難い経験知を商工会議所の皆様方から与えていただきました。

大きな業務が山を越えると、当時、ジイジの上司であった青山伸悦（日本商工会議所で当時は業務部長で、のちに日本商工会議所理事・事務局長）氏にお誘いいただき、近場ですが、一泊で気分転換に何度か温泉にご一緒させていただきました。また、ジイジが退職の折には、わざわざ虎ノ門パストラルにて、日本商工会議所主催で送別会を開いていただいた御恩は生涯忘れられません。その後も、ご縁を続けさせていただいてきました。当時の担当だった丸山範久さんが、今では事業部長になられ、日商簿記検定制度はじめ検定試験の責任者になっておられます。東京へ出かけた折り、そして岡山へお越しの際もご一緒させていただき、旧交を温め合っています。

ジイジが伝えたいことは、「組織と組織のアライアンスは互いに信頼関係が築けるか否か」にかかっているということです。「出向先である相手方の立

丸山範久日商事業部長 備中高松城址にて

青山伸悦日商理事・事務局長　事務局長室にて

商工会議所年金教育センター書籍

商工会議所年金
教育センター冊子

萩原新太郎弁護士
（芝綜合法律事務所）

場に立ち、自分（親元）の組織と交渉すること」が、成功のカギであることを、互いが認識して助け合ったからこそ、足し算が掛け算になり、20年以上続く制度の礎を創ることができたと確信しています。スタートアップ時に、互いがゴールを同じくして、新組織の「根石となる覚悟」を持ったからこそ、「米国生まれの年金制度を日本版として根付かせる」という大きな石を動かせたのだと、振り返るたびに、昔を懐かしく思います。

4——金融財政総合研究所の時代

1. シンクタンク機能発揮の契機

金融機関のオンラインシステムは、経済活動の拡大や情報通信技術の発達とあいまって、昭和40年代初頭からほぼ10年サイクルで段階的な発展を遂げてきました。昭和40年代の第1次オンラインでは、預金をはじめとして単科目単位の事務処理の機械化、省力化が図られ、昭和50年代の第2次オンラインでは事務処理の機械化に加え、システム化による商品・サービス機能の強化を狙いとして、総合口座にみられる科目間連動処理や顧客情報ファイル（CIF）の構築がなさました。昭和60年代に入ると、現在も多くの金融機関で稼働している第3次オンラインの構築が開始され、金融自由化・国際化に伴う新しいニーズや経営環境に対応するシステム基盤整備の必要性が高まったこと、また従来の第2次オンラインが相次ぐ機能追加によって構造的に複雑化しました。このため、第3次オンラインでは、勘定系の全面的な再構築を図るとともに、勘定系、情報系、対外系、国際系、資金証券系、営業店システムといった業務機能単位に体系化されたサブシステム構成とし、業務の急速な変化にも対応できるよう柔軟性、拡張性を確保したシステム基盤の整備に主眼が置かれました。

こうした環境と、時あたかも日本電電公社が民営化、NTTグループが誕生したことから、社団法人金融財政事情研究会とNTTデータが共同出資で、「金融システム総合研究所」を設立しました。当時は、金融自由化が予想以上に急進展したことやそれに伴う設計変更などによって、第3次オンラインの開発規模は当初計画を上回る膨大なものになり、システム開発投資の増大という新たな経営課題を生む結果となりました。

一方、大蔵省が我が国における金融自由化のマスタースケジュールを明示したことにより、金融自由化とこれに伴う新商品・新サービスへの対応が第3次オンラインの基本的な命題となり、相次ぐ機能追加などで複雑化した第2次オンラインの勘定系基本アーキテクチャを全面的に見直し、業務機能単位に体系化されたシステム構造にするとともに、それまで自行開発してきた制御系部分（ミドルウェア）に共通ソフトを採用することで、開発資源を適用業務開発に集中する流れが加速化しました。また、業務量の増大への対応として、ホストマシンのレベルアップをはじめ、対外接続系やネットワークの拡充、さらには24時間稼働を視野に入れたオンライン稼働時間の延長が進みました。

さらに第3次オンラインにおいては、戦略的な経営インフラとして情報系システムの整備が行われ、リレーショナルデータベースの採用やLAN、ワークステーション等の導入を図り、非定型的な情報の検索・加工などエンドユーザーコンピューティング環境が求められ、本部では各種経営管理情報の充実を図るとともに、ALM、収益管理システム等の高度なリスク管理や意思決定支援などのシステム構築が進みました。また、営業店情報系では顧客管理や渉外支援などのシステムが構築され、営業推進機能の強化に力が入れられたのです。

そこで、ジイジは、「金融システム総合研究所」の活動に併せながら、戦略性を発揮する情報系システム構築のアドバイスをする組織を組成して、シンクタンク機能を発揮する業務を展開したい旨の「金融財政総合研究所（金財総研）」設立企画書を役員会議に提言しました。時代の要請はリテール戦略強化への対応です。主な施策としては、顧客情報データベースの整備やデータマイニングなど高度な分析手法を用いたマーケティング体制の確立、顧客接点としてのデリバリーチャネルの拡充、店頭セールス機能の強化です。しかし、従来の顧客データベースは、年齢や住所など基本的な属性の不備も多く、マーケティングへの活用が困難でした。データベースマーケティングを行うためには、個人や家庭の詳細な情報の入手は大きな課題となっており、都市銀行（現在のメガバンク）では家計診断サービスなどを通じて顧客情報の入手を行い、さらに顧客との取引振りを見るために、取引履歴を時系列で持つようなデータベースの構築を検討していました。

また、テレホンバンキングやインターネットバンキングなどリモートバンキングへの取り組みも積極的に行われ、口座開設や資金移動などを含むサービスが実現された時期でした。さらに企業とのネットワーク化が進み、企業のLANなどを通じて職域個人向けのサービスを展開する動きが本格化しました。一方、リモートバンキングの拡大やコスト削減の要請などから、都市銀行における営業店のあり方は大きく変化、営業店から事務処理を排除し、セールス拠点としての機能を強化する方向に進み、営業店システムについても顧客情報検索や相談機能などを重視した対応が求められました。

ジイジは、そうしたニーズに応えるべく金融財政総合研究所を設立、総合企画部長の立場でシンクタンク業務を開始、短期の相談業務は半年から1年、一番長い銀行では、6年間、コンサルティングとして通い続けました。北は岩手県から南は宮崎県まで担当、さまざまな経験を積ませていただきました。新システムを共同開発して、プログラム著作権ビジネスにも乗り出しました。まさに、企業内ベンチャー企業を設立したのです。一方で、新幹線はもとより、飛行機で東京と福岡を日帰りなど、「職業は旅人」と呼ばれるほど移動距離が伸びました。そして、ある日突然、腰痛に襲われ立てなくなりました。整形外科から、お灸、ハリ治療と苦労しました。

2. シンクタンク業務の開始

このような環境を踏まえ、①日本版金融ビッグバンなど金融環境の変化が極めて予測困難な時期にある、②経営環境が厳しさを増す中、第3次オンライン構築時のような大規模な機械化投資を行うだけの体力が金融機関側にない、③システム開発を巡る技術環境が大きな端境期にあり並列処理や分散処理といった今後有効と思われるアーキテクチャについての確証が現時点で得られていない、④これら新技術に対応できる要員が相対的に不足していること等が考えられたのです。

また、今後は各金融機関の業務戦略が多様化していくのに加え、経営体力にも一層の格差が出てくることが予想され、恒常的に増大するシステム投資コストは、各金融機関共通の課題となり、戦略的分野については、開発資源を集中させてより差別化が図れるようなシステム対応が行われるも、非戦略的分野については共同化や外部委託の活用が拡大していく流れが本格化しました。

そこで、シンクタンク業務の核をリテール戦略の重要施策となるマーケティングの強化に置き、商品からの収益の最大化を目指していた従来のマス・マーケティングではなく、既存顧客との取引関係を長期的に維持・拡大していくことで、一人の顧客から得る収益を最大化させることに主眼を置いたリテンション・マーケティングやワン・トゥ・ワン・マーケティングシステムの開発をアドバイスするコンセプトで業務を展開しました。システム面の対応としては、詳細な顧客属性や取引履歴など時系列情報をもった顧客データベースの整備をはじめとして、セグメンテーションを精緻化し有効なモデルの開発・検証を行うためのデータマイニングなどの分析ツール、インターネットバンキングやテレホンバンキングなどの新たなデリバリーチャネルの拡充や相談・提案機能などを重視した営業店システムの開発を支援する事業がスタートしたのです。

シンクタンク業務の基本的な方針は、金融の自由化、日本版金融ビッグバンによる環境変化により、各種規制が緩和され、業務の自由化、商品の自由化がいっそう進展することは明らかであり、今後の勘定系システムはシンプルかつスリムなシステムで環境変化に伴う商品の追加・削除に迅速に対応可能なシステムを目指しました。一方情報系システムにおいては、多様な切口でデータを抽出できるデータベース構造で、顧客ニーズに合わせた様々な切口でデータを抽出できる条件を備えた構造をもつシステムの構築を希求しました。コンサル体制は、菅恭二《かんやすつぐ》氏（元住友銀行・故人）をヘッドに、本田伸孝氏（元北海道拓殖銀行・現ＨＦＭコンサルティング代表）、田村隆行氏㈱バース代表）などのメンバーで展開しました。

本書は当時の業務を紹介することが目的ではないため、相棒の本田伸孝氏と共著の『金融マーケティング戦略～銀行経営を変えるＣＲＭ』（１９９９年11月

HFMコンサルティング
本田伸孝代表

『金融マーケティング
戦略』

『実践
金融マーケティング』
マニュアル

『金融マーケティング
戦略』（ハングル語版）

金融財政事情研究会刊）と同書の韓国語版（２０００年７月Soft Strategic Management Research Institute 刊）を掲載させていただきます。本書は増刷を重ねて、当時８，０００部を売り上げ、専門書としてはベストセラーになりました。また、その実践マニュアル編としての位置づけで『実践金融マーケティング』（２００２年７月日本統計センター刊）も紹介させていただきます。

3．シンクタンク業務の実績

こうして、金融財政総合研究所は、中立性を業務推進の原則としたため、各金融機関のシステム開発・保守を担当している日本ＩＢＭ、富士通、日立製作所、ＮＥＣ、オムロンなどハードメーカーであるシステムベンダー、そしてハードは生産しませんがネットワークインフラをベースに金融システムを提供するＳＩ（システムインテグレート）事業者であるＮＴＴデータと共に、厳格な守秘義務契約を結び、金融機関に対してコンサルティング業務を実施しました。また、講演業務は全国規模で金融機関やシステム企業からお招きいただき勉強会の講師を担当しました。この頃は、地方銀行協会、第二地方銀行協会、全国信用金庫協会、全国労働金庫協会など業界団体主催の講師から、ＮＴＴデータの新人研修（金融システム事業本部採用者）の講師まで、ともかく少しでもお役に立てればと頑張りました。

エピソードを紹介しますと、２０００年に富士通さんの依頼で、伊勢志摩のホテルを会場に、全国銀行のシステム部長を招いて開催した研修会は、私が「21世紀のバンキングシステム像」、伊勢神宮の教学部長さんが「２０００年前の大和の国」をテーマにした講演でした。また、同じ時期に滋賀県草津で開催されたオムロンの研修会には、外資系の金融機関の担当者が来ましたので、ジイジの日本語のパワーポイント資料を英語、中国語にも翻訳してもらい、通訳を入れて３ヵ国語での勉強会となった思い出があります。こうしたご縁からつながりが生まれ、さらにトヨタ自動車の研究所時代の人脈もあり、２０２３年６月29日、オムロングループのヒューマンルネッサンス研究所が主催された「比叡山未来会議２０２３～人、社会、技術を照らす想像と創造～」に参加させていただき、ウェルビーイングをテーマに深い議論を拝聴させていただく機会にも恵まれました。

基調講演は、総合地球環境学研究所所長の山極壽一先生（前京都大学総長）がされました。地球の創造と進化、そして哺乳類の登場とサルとゴリラと人の違い、さらに人間社会の特徴、デジタル社会の進展による人間性への不安、そして未来に向かい私たちは何を大切に生きるべきか、誠に目から鱗の箴言の花束を頂戴することができました。また、ジイジ自身が、京都大学で博士号の学位記を壇上にて山極総長から直接いただいた栄誉を糧として励んでまいりましたので、山極先生と休憩時間にお話の機会をいただけたことは望外の喜びでありました。そして、同研究所の立石郁雄研究所社長とも意見交換をさせていただき、オムロングループは岡山大学とも医学部を中心に関係性があること、岡山にR&D機能を有する研究拠点をお持ちである点、さらに具体的な地方都市を舞台に、未来志向で地方創生に取り組んでおられる点などを勘案いただき、機会を改めて岡山大学と意見交換の機会を持つべくお約束をいただきました。

5——現代文化研究所の時代

1. 多方面の調査研究等の業務を担当

現代文化研究所は、トヨタ自動車のシンクタンクであり、東京九段、靖国神社の正面、旧トヨタ自工の東京本社ビルの最上階にあります。ヒューマンの視点から、自動車と自動車産業から、私たちの「現代《いま》」と「明日《みらい》」の社会・世界を望見するシンクタンクです。同研究所のホームページを引用させていただきます。

「20世紀を象徴する自動車と自動車産業は、先進国の人々の暮らし方、ライフスタイルを一変させ、産業の在り方を変え、世界の中での日本という国の位置付けや、地球自体と日本の関わりに大きな影響を与えるまでになりました。日本におけるモータリゼーションの本格化と時を同じくして生まれた現代文化研究所。クルマが夢と希望、自由をもたらし、「自動車とその世界」が豊かな可能性に満ちた明日を拓いていく中で、私たち現代文化研究所は、常に「現代《いま》」の意味を明らかにし、「明日《みらい》」を照射してきました。そして50余年。21世紀のいま、これまでにない変化が、途上国と先進国の自動車と自動車産業を取り囲んでいます。(中略)一方、形の見えてきた「自動運転技術」、「自動衝突回避装置」や「パーソナルモビリティ」は、これまで想像の世界でしかなかった未来世界のロボットに重なるようにも思われます。現代文化研究所は、このように変化する自動車と自動車産業に50年にわたって携わり、調査・研究を行ってきたシンクタンクとして「現文研」という通称で親しまれてきました。これからも「知」と「ニーズ」を融合し、未来へまなざしを向けながら自動車に関わる「現代《いま》」の意味を探求していきます。」とあります。

ジイジが所属した時代に担当した業務で、開示可能な業務を紹介します。

部署は交通研究室の首席研究員、途中から第一研究本部の首席研究員と業務開発室長を兼任しました。まず、トヨタ自動車と関係の深い研究者の方の活動をサポートする業務がありました。その時にご縁をいただいた関係で、当時、東京大学に在籍されていた家田仁先生や鎌田実先生、筑波大学の石田東生先生はじめ、日本を代表する研究者の皆様と国土交通省をトヨタ自動車とつなぐ担当をいたしました。また、欧州がメインでしたが、カーボンニュートラルやゼロエミッションを視座に置いた海外の公共交通政策やコミュニティサイクルの調査を実施、日本の都市への応用展開の研究を担当しました。

さらに国土交通省が推進実施する環境モデル都市

の政策はじめ各種の社会実験の支援や道の駅を拠点とした日本風景街道（シーニックバイウェイ構想）の実態調査（下記写真をご参照）を担当するなど、幅広くトヨタ自動車の各部門をサポートする業務を担当しました。また後述の日本橋の広報戦略の事業を受託するなど、誠にやりがいのある業務を担当させていただきました。研究所を退職した後も、豊田市にある愛知学泉大学に採用いただいたため、トヨタ自動車グループとの関係や研究者の先生方との関係も継続させていただき、さらに、今の岡山大学にまで関係を続けさせていただいています。

開示可能な（守秘義務に抵触しない）範囲で、当時の業務の一端を紹介します。

2. 日本橋再生広報戦略の展開

ジイジが在籍した当時の一番思い出に残る業務を振り返ります。歌舞伎俳優の四代目「坂田藤十郎」（人間国宝）さんが、２０２０年11月12日、逝去されました。国土交通大臣が扇千景さんであり、その旦

流氷ウォーク（知床）

床尾あかね主任研究員（富良野）

日本風景街道調査
日本野鳥の会 柳生博会長（中央）

日本風景街道調査　牧場ヒアリング

那様が中村雁治郎（当時）さんであったときの思い出です。その中村雁治郎さんが、２００５年11月、上方歌舞伎（西）最高位の名跡で、それまで空席だった「坂田藤十郎」を四代目として襲名することとなりました。ちなみに江戸歌舞伎（東）の最高位は「市川團十郎」だそうです。その襲名披露企画をお手伝いいたしました。

そのお手伝いとは、前の東京五輪で急いで工事をした首都高速道路は重要文化財「日本橋」の上に作られており、日本の道路のゼロ地点である日本橋は首都高のために日があたりませんし、空を見上げることができません（首都高速の裏側しか見えない）。その首都高を日本橋川の下へ移設（地下へ）して、日本橋に光をあて、周辺の再開発によって水辺の親水空間を作ろうというのが政策課題でした（大阪の道頓堀川は一応成功していると思います）。この工事を成功させる後押しをするために、坂田藤十郎さんの襲名披露を活用しようとの企画が進行しました。それが国土交通省業務で担当した坂田藤十郎襲名披露企画「道でつなぐ　東西歌舞伎交流江戸お練り」です。

シナリオは、上方歌舞伎の襲名披露を、まずは京都の南座で行い、藤十郎が東海道五十三次を江戸へ下るとのストーリーです。途中、名古屋の御園座での公演などを経て東京歌舞伎座での公演となるのですが、歌舞伎座の公演に先立ち、２００５年12月28日、藤十郎は「船乗《ふなの》り込《こ》み」として、東京湾から日本橋川を船で江戸へ入るという趣向で、船で日本橋に登場します。そして、日本橋傍の日本銀行旧館で陸にあがり、この日本銀行旧館の庭で襲名披露をいたす運びです。これまで、日本銀行は、この庭先を誰にも使わせたことが無いというタブーを破りました。というか、誰もイベントで使おうとの発想がなかったので、使われなかったのかもしれません。それから銀座通りを練り歩く襲名披露最大の見せ場「江戸お練り」をしていただき、日本橋の上でイベントは最高潮となりました。そのあと、歌舞伎座まで「お練り」（歩いていただく）のは、遠すぎるということで、トヨタのオープンカーを準備、この特別車両に乗車いただき、銀座4丁目の交差点を左折して歌舞伎座までお連れしました。

ジイジはこの企画の広報戦略を国土交通省東京国道事務所の予算を得て担当しました。例えば、「案内チラシ」と「公式広報冊子」の企画・編集は、インバウンドを意識していましたので、外国人にも興味を持っていただけるよう英文併記となっています。この仕事は、国をはじめ関係方面から秀逸であると高い評価をいただきました。合意形成に苦労しましたが、懐かしい思い出です。

この話に関しては、ようやく今回のオリンピックを契機に「首都高速道路」が改良され、日本橋付近は地下へ埋設される予定です。ジイジの手持ちの記録資料（日本橋から歌舞伎座）をアップさせていただき偲びます。

日本橋地域におけるまちづくりを推進・実践していくためには、地元が中心となり、まちづくりに機運の醸成を図る必要がありました。現状、日本橋地域には、既に数多くの団体が存在し大小さまざまなイベント・地域活動を行っていますが、こうした活動を活かした日本橋のアピールを進めるには、各組織が個別に実施するのではなく、組織間で連携を図り、地域一体となって効果的な活動を実施することが望ましいとのコンセプトで広報戦略を進めました。

都市再生広報戦略検討では、各組織が自らの活動状況やイベント・地域活動状況を報告し、その情報を共有しながら、全体ミッションを共通認識すると同時に、各活動の実現に向けた効果的な連携を行うことにより、広報戦略の検討、調整、進捗管理、及びその効果把握を実施することを目的としました。当時、遡ること231年の時を超えて蘇る「時代絵巻」の感動を、世界の人々が共有し、日本橋・銀座・八重洲の世界に誇る日本の代表都市にわが国伝統芸能が見事に調和・融合する様を、海外からの来訪者を含む観光客に体感してもらうことを目的としたのです。

また、海外からより多くの人々に来訪いただき、観光・ショッピング・グルメを楽しんでもらうため、伝統芸能・歴史文化にキーワードを加えることで、新たな街づくりに活かす。「東西歌舞伎交流江戸お練り」の実施日2005年12月28日に向け、広報ツールとしてパンフ・チラシの作成（デザインは現edition NOUS）に加え、海外メディア等への案内周知に係るプレスリリースの発信作業等を併せて実施しました。

今まで経験した中で、最も大がかりな広報戦略の展開を経験させていただきました。こうした経験を踏まえながら、トヨタ自動車の本社がある、愛知県豊田市の大学「愛知学泉大学」へ転職することができました。専門は、こうした地域の課題を発見してその解決策を考えるコミュニティ政策学部への採用でした。豊田市の中心市街地の課題解決から、平成の合併で編入した、岐阜県や長野県と隣接する中山間地域の活性化と賑わい創出について、学生と共に進めてゆく人生の一歩を踏み出すことになりました。そして、トヨタ自動車との関係は引き続き、業務や人脈の双方で継続されることとなりました。

坂田藤十郎 江戸おねりパンフとチラシ
by edition NOUS

人間国宝坂田藤十郎氏

日本橋にある日本国道路原標　扇千景国土交通大臣

四代目坂田藤十郎さんと扇千景さんご夫婦のご冥福を心よりお祈り申し上げます（合掌）。

6——アリストテレスと現代研究会

荒木 勝先生（１９４９年愛知県生まれ。ポーランド留学などを経て、岡山大学法学部教授。理事・副学長を経て、現在は、名誉教授。専門分野は西洋政治史。ヨーロッパの中世年代記研究、アリストテレス『政治学』などを主たる研究領域とする。）を座長、運営委員長を伊藤直人氏、事務局を秋山和平、石井泉（edition NOUS代表）、両氏がつとめる、アリストテレスと現代研究会について、少しだけご紹介します。

本会の趣旨は、

個人および社会全体から、感じる力、考える力が奪われつつある現代において、人が「善く生きる」ための哲学を探り、人の「幸福」へ向けた希望の再生を試みる。それは、個人がアイデンティティを求めてさまよい、家族が崩壊し、国家がその新しい再編の方向を模索する現代、感性、知性の現在と未来のあるべき形態（機能）を描きながら、各自がその生き方において、幸福を実践することでもある。

しかし、幸福のあり方は多様であり、また、個と集団、現在と過去の関連ぬきに、幸福を論じることはできない。「古典」作品をはじめとする人類の知的・美的遺産のなかに範を求め、同時にいま現在の日本、そして国際社会の諸問題を視野に置きながら、多様性・多元性のなかに「人類」に共通・普遍の価値観を探ること。それは国家とは何か、家族とは何か、企業とは何かを問いつつ、真にフェアで豊かな社会づくりのための生きた知恵を、グローバルとローカル、全体と部分、情と智をつなぐ調和のかたちとして探ることでもある。

と説き、誰でも参加できる研究会が開催されています。

ジイジは、現在は、休会中です。

かつて参加していた頃の写真を掲載します。

また、この荒木勝先生の朋友である大久保憲作氏（クラモクホールディングス会長）をリーダーとする実践活動として、高梁川流域における「水と命」をテーマとした幾多の企画やシンポジウムに、大学として本格的に参加しました。さらに、倉敷市水島をベースとした社会連携教育プログラムを実施しました。

この実践知教育を基礎として環境問題を複眼的に学び、世界から多くの人に訪れてもらえる環境学習プログラムを提供する「みずしま滞在型環境学習コンソーシアム」が「みずしま財団」を事務局として、2018年4月に設立されました。そして、2025年1月現在も多様な組織、人財がつながりながら積極的な活動を展開しています（現在は古川明氏が会長）。

みずしま滞在型環境学習コンソーシアム設立式

アリストテレスと現代研究会　三河合宿

右 古川明会長
左 みずしま財団藤原園子事務局長

アリストテレスと現代研究会　諏訪合宿

Episode 7

海外との交流による活動

1――アメリカ

1．ボストン

■海外から学ぶときの要諦

社団法人金融財政事情研究会に在籍していた頃、日本経済はバブル期にさしかかり、世界のビジネスを牽引できるビジネススクールやロースクールを日本にも創設する必要性が国や経済界から要請され、英国のロンドンビジネススクール調査を皮切りに、英国、ドイツ、フランス、アメリカを1991年10月19日出発～11月3日着の日程で訪問しました。既にEpisode〈2〉「5．海外調査の思い出」（P56～57）で紹介した通り、10月29日、ボストンのハーバード大学を訪ねました。目的は、本格的なビジネススクールを日本に創るための情報収集とノウハウ吸収でした。

ハーバード大学のキャンパスは、日本のそれとは比較にならぬほど広大で、緑に覆われた敷地内を学バスが次々と巡回しています。あちらこちらにリスが遊んでいる光景がジイジには新鮮に映りました。そして図書館の凄さに息をのんだことを覚えています。まるでハリーポッターの世界でした。大学生協もお洒落で、受験を控えた甥っ子にトレーナーを土産に買い求めました。

さて、ここでは日本人で初めてハーバード大学ビジネススクールで教授になられた吉野洋太郎先生を訪ねました。当然と言えば当然ですが、吉野先生から は「成否のカギは学生の質と魅力ある実践的なカリキュラム、そして教授陣です。」とご説明いただいたことが心に残っています。そして小中高大のシステムの違い、公立（米では州立）と私立の違い、加えて「ハーバード、イエール、コロンビア、プリンストンなどは全部私立であり、MBAの元祖はペンシルベニアのウォートンスクールです」と補足がありました。

入試も日本とは違い、偏差値、得点主義とは違いますが、入学できても懸命に学ばねば卒業できない仕組みについてもご説明いただきました。また、1991年9月入学の823人は、全員、最低3～4年の実務経験者であり、社会経験のない学卒は入学できない仕組みである点を、日本の大学院制度との違いとして伺いました。

まだ20代のジイジにとって、現地で日本人を代表するMBA学者から直接お話を聴けたことは大きな人生の財産となりました。孫たちに伝えます。若い時の海外への旅は、何事にも替えられない得難い財産となります。恐れずチャンスを作り、活かしてください。

■勇気を持って飛び込むこと

さらに、この時はハーバード大学日米関係研究所にジョン・ミルズ所長（奥様は長野県人）を訪ねました。彼が来日していた時に、当時、WAVE出版の玉越直人社長が、紹介くださったご縁でしたが、せっかくの機会ですので、公式な訪問日程にはありませんでしたが、独りホテルからタクシーで訪ねました。勇気を持って出かけました。親切な黒人運転手が、研究所を探し当ててくれ、無事に訪問できました。日本語が堪能なミルズ所長は温かく迎えてくださり、「よく来れましたね」と気さくにご対応いただいた思い出が深く胸に刻まれています。帰りはボストン美術館経由、バスでホテルに戻りましたが、初めての見知らぬ土地で、果敢にチャレンジして見聞を深めることが、若い時にはとても重要であると自信をつけたエピソードです。

最近は便利な世の中となり、2022年1月22日、財務省からハーバード大学に行かれている、古谷雅彦内閣官房付（前関東財務局長）とオンラインで時間を気にせずに新春の会話を楽しみました。日米のコロナ対応の違いから、米中関係の行方、その中の日本のポジション、日本の少子化や財政問題、沖縄の基地問題、そして地域金融機関の経営の在り方など、話は尽きませんでした。

孫たちへ、世の中はデジタル時代へと変わりましたが、バーチャルではなく、海を越えて現地で現物に触れることが最も大切な心の栄養になると確信しています。

2．ワシントン&ニューヨーク

■現地で現物に触れ肌で感じる

ボストンの隣りのワシントンDCがわかりやすい事例だと思います。

世界のニュースやハリウッド映画で、しばしばお目にかかる、ホワイトハウスや米国議会、そしてFBI本部ですが、一度、自分の目で見ておくと実感がわきます。ジイジの経験では、確定拠出年金制度の調査で米国議会を訪れ意見交換をしました。この経験は貴重です。日本の国会議員の議員会館（衆議院2棟、参議院1棟）との比較で、いかに米国の国会議員の部屋が広いか驚きました。議員（政治家）の専門性を支えるブレイン、情報収集や政策分析を行う担当官が大勢います。確定拠出年金の法律を提案した

ハーバード大学キャンパス

ハーバード大学日米関係研究所J・ミルズ所長

ボストン市内

トマス・ジェファーソン像

議員を訪問しましたところ、専門家がずらっと並んで、どのような質問にも丁寧かつ正確に対応してくれました。米国は議員立法が多いことを肌で理解できました。

孫のあなた達に覚えておいてほしいのは、政治や行政、法律制度や経済システムなど、所変われば品変わるではありませんが、同じ言葉とは思えないほど、日本とアメリカでは、大きく違いがあるケースが多いのです。このことを覚えておいてほしいのです。

そして、ジイジが勤務した金融財政事情研究会は、当時、ニューヨーク事務所を持っていましたので、渡米のたびに現地スタッフにお世話になりました。同期の谷川治生さんや先輩の河野晃史さんです。特に谷川さんには、ニューヨークではウオール街やエンパイヤーステートビル、そして自由の女神など、公務の合間をぬって奥様ともども案内していただきました。その後も、彼が出版部長の時代にジイジの著書出版への理解を示してくれ、また、九州大学博

ウォール街にて

金融財政事情研究会NYオフィス
河野晃史所長（右）

ワシントン米国議会訪問

FBI本部

士課程へのコーディネートなど、本当にお世話になりました。

3. ポートランド

■アメリカ人が「一番住みたいまち」に学ぶ

２０１３年6月27日、アメリカではUrban Serving Universityと呼ばれる、都市および公共問題を研究する活動が盛んで、地域と連携した実践型教育プログラムで名高い、オレゴン州にあるポートランド州立大学から西芝雅美博士をお招きして、岡山大学で学習会を開催しました。

Urban Serving Universityとは、地域コミュニティに対する支援が大学の使命であるとし、地域コミュニティと協働でさまざまな地域課題を解決するプログラムを大学カリキュラムに体系的に組み込み、地域コミュニティに対する専門分野での教育機会提供と、都市研究の奨励している大学をさします。当時、岡山大学も大学改革の目標に、このUrban Serving Universityを目指すべく、多面的な研究を行っていました。地域総合研究センターなど、複数の部署から教員が参加して、西芝博士からポートランド州立大学が実施しているさまざまな社会連携教育プログラムと国際交流プログラムについて、お話を聴かせていただき、夜も情報交換会を開催して、活発な質疑応答をさせていただきました。大いに参考になる驚きの内容であり、とりわけ発想やシステムが日本の大学と全く異なることが理解できました。本当に眼からウロコでありました。

また、岡山大学は岡山市と、２０１４年10月8日、まちなかにおける市民協働のまちづくりの推進を目的とした地域連携協定を締結し、その活動の拠点として10月20日に西川緑道公園沿いに「西川アゴラ」を開設いたしました。ここを拠点として、産官学が集まり、まちづくりのための意見交換や勉強会を展開いたしました。その活動の一環として、ポートランド州立大学からスティーブン・ジョンソン博士をお迎えして、ポートランドのまちづくりについて勉強会を開催しました。かつて世界のトップが学ぶ、コロラド州にあるアスペン研究所を訪問、そのカリキュラムに驚きましたが、今回は、「アメリカでもっとも暮らしやすいまち、一番住みたいまち」と呼ばれるポートランドから、市民が主体となった活動を学びました。つまり、アメリカで最も有名な都市はニューヨークですが、最も暮らしやすいまちと呼ばれるのが、環境と暮らしやすさを重視するポートランドです。脱車社会で自転車や路面電車のまち、ローカルフードがこよなく愛されるまち、さまざまなアーティストが活躍するまち、そして大学と地域が密接に連携するまちとして有名です。こうしたポートランドのライフスタイルがどのように生まれてきたのか、その歩みと考え方、方法論を、そして「まちづくりの基盤が市民の力と教育から成り立っている」ことを学びました。

10月15日には公開講座「岡山のまちづくり―ポートランドとの比較から」、16日には「ポートランド州立大学のサービスラーニング」と題して人材育成プログラムについて熱弁をふるっていただき、岡山

コロラド州（アスペン研究所訪問）

ポートランド州立大学 西芝雅美博士

西川アゴラでワークショップ

ポートランド州立大学
スティーブ・ジョンソン博士

のまちづくりにいかに応用してゆくか対話型の講義を通じて、多くのことをお教えいただきました。

全体のコーディネートは、同僚の岩淵泰先生と前田芳男先生が担当しました。

2――フランス　ストラスブール

1．隣国と陸続きの国から学ぶ平和

２０１２年3月18日～23日、当時の岡山大学が掲げる「美しい学都構想」研究のため、ジイジを含む4名の教員は、フランスのストラスブール市を訪れ、ストラスブール大学をはじめ研究機関や教育機関を訪問しました。ストラスブールは人口27万人、アルザス地域圏の首府で、バ＝ラン県の県庁所在地となっています。また、シュトラースブルク（ドイツ語）の語源は「街道の街」という意味です。このまちは、フランスとドイツの国境に位置しており、ストラスブール大学において食事をすすめられた際に「フランス料理、アルザス料理、ドイツ料理のどれにしますか？」と笑顔で訊かれました。戦前はドイツ領、また、この都市には欧州評議会、欧州人権裁判所に加えてＥＵ（欧州）議会本会議場があります。

あくまで推量ですが、ドイツとフランスの国境が相まみえて、ドイツ領になったり、フランス領になったりの歴史を繰り返してきた都市にＥＵ議会を置くことにより、陸続きのヨーロッパの戦火にまみえた歴史にピリオドを打つ象徴にしたのではないでしょうか。ロシア連邦とウクライナ共和国との戦禍が続いています。日本は島国のため、こうした歴史観を持たない国民です。国と国、隣国との関係を考える上で、この陸続きで国境が変化するという感覚がヨーロッパ諸国と異なることを慮って、周辺諸国とお付き合いすることが大切だと、ジイジは改めて感じました。それを越えた組織体制がＥＵの成立であったのだと思います。

2. 日本の政治家に覚悟を問う

ストラスブールでは、当時の市長であったカトリーヌ・トロットマン女史（仏国文化・通信大臣、ストラスブール市長、EU議員、ストラスブール都市圏議会副議長などを歴任：日本から旭日重光章叙勲）が、200回にも及ぶ市民との粘り強い対話を繰り返し、1994年、トラム（LRT「ユーロトラム」）を復活、運行させました。トップが先頭に立って、政策を市民と粘り強く語り

国際学都シンポジウム

カトリーヌ・トロットマン ストラスブール元市長

左からストラスブール大学アラン・ベレッツ前学長
ジイジ　岩淵泰先生　氏原岳人先生

シルヴァン・シルマン ストラスブール大学政治学院長（岡山大学法学部で講演）

ストラスブール大学ミッシェル・デネケン学長
岡山講演

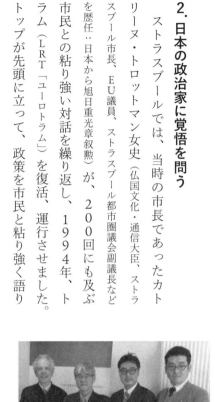

合い、合意形成した交通都市施策が欧州全土に広がりました。この覚悟は見事で、日本の政治家も学んでいただきたいと思料するのはジイジだけでしょうか。

さらにストラスブールでは、歩行者専用ゾーン、ユーロトラムに合わせた景観整備や駅前や中心部への大規模地下駐車場の整備、時速30㎞ゾーン規制、自転車道の整備やレンタサイクルの導入など先進的な交通まちづくりを展開しています。中心部はイル川の中洲の島で、川には水上バスが運航され、ランドマークのカテドラル（ノートルダム大聖堂）やプチット＝フランス地区がユネスコの世界遺産に登録されている大変に美しいまちです。

まちの人口の20％が大学生という学びの都であり、ストラスブール大学は公立大学で、1631年に設置され、一度、三つに分かれ、2009年1月1日に再統合されたヨーロッパの名門大学です。トロットマン女史は語ります。「学生たちは宝石です。このまちは世界からの宝石を包む宝石箱です。この宝石箱は宝石の原石を磨きこむ箱なのです。」つまり、ストラスブールでは大学生は、公共交通はじめ公共施設は原則無料です。学びやアルバイト、美術館や図書館、音楽会やスポーツ観戦、自由にまちを楽しむことができます。また、ストラスブールは全長535キロの自転車専用道路が整備されています。ストラスブールの貸自転車の愛称は、VELHOPです。料金は1時間1ユーロ、1日5ユーロ、そして1年間151ユーロですが、学生は半額の75・5ユーロです。こうした都市の理想の姿が『学都』そのものなのです。政治の判断と政治家の覚悟が重要であることを教えてくれるストラスブールです。

3．繰り返し訪れる中から本質を学び取る

2015年2月15日～22日、第2回目となるストラスブール視察調査に参りました。フランクフルトからバスでストラスブールへ入り、現地では、日仏異文化研修講師のヴァンソン・藤井由実先生にコーディネート兼通訳をお願い致しました。初日は、ス

欧州議会

トロットマン氏招聘交渉

ストラスブール大学正門

ストラスブール中央駅

トラスブール政治経済学院をお訪ねして、シルマン学院長に再会できました。温かくお迎えいただき、一同、感激でした。

翌日は、ストラスブール大都市共同体（ＣＵＳ）のヘルマン議長への表敬訪問をはじめ、地域におけるスポーツ振興をテーマにしたヒアリングでメノー・スタジアムを訪れ、スポーツ局・スポーツライフ課長はじめ関係者の皆さんから詳しい運営の手法についてお聞かせいただき、ＣＵＳが目指す大学改革については経済発展局高等教育課長やスタッフから、そして市民参加のテーマでは、都市活性化局・青年会議課長と近接民主主義局の担当者から具体的な取組みについてお話をお聞きできました。交通政策では、Jansem交通局長から最近のコミュニティサイクルと自転車道の整備、ＬＲＴやＢＲＴ延伸の状況など、とても高度で市民や大学生を意識した理にかなった政策の数々をお聞きすることができました。

4. トラムは仏独恒久平和のシンボル

２０１６年3月12日～17日、3度目となるストラスブール訪問です。目的は10月に予定している岡山大学主催「国際学都シンポジウム」において、フランスを代表する地方都市であるストラスブールより、フランス都市圏交通計画（ＰＤＵ）の生みの親で、欧州全域にトラムを復活させた立役者であるカトリーヌ・トロットマン女史とストラスブール大学アラン・ベレッツ学長をお招きして記念講演をいただくご依頼と詳細な打ち合わせのためです。

アラン・ベレッツ学長訪問を皮切りに、ストラスブール大学のキャンパス散策、ストラスブール大学政治学院の前政治学院長であるシルマン教授研究室訪問、ストラスブール市役所ではドイツまでも巻き込んで広域に地域協議会活動を展開する部署へのヒアリング、移民・貧困対策を現場で支えている県議会議員へのヒアリング、そしてカトリーヌ・トロットマン女史会見と精力的に会見やヒアリングを行いました。また、ヴァンソン先生にご案内いただき、戦後70年を記念して恒久平和のシンボルとして架橋されたトラムの路線を見学しながら、ライン川を渡りドイツのケルン市まで出かけ、まちを視察しました。

こうした政策を国を越えて実現するＥＵの相互扶助力と結束力に脱帽です。

5. 政策キックオフに位置付けたイベント

２０１６年10月5日は、岡山大学創立50周年記念館において「おかやま円卓会議」設立会です。これに先立って岡山大学は、第3期中期目標期間に向けた岡山大学の改革構想と将来ビジョン「岡山大学改革プラン」を策定、大学がプラットフォームとなって、岡山の持続的な発展を支える知恵と駆動力の源となることを目的として２０１６年4月1日に「おかやま地域発展協議体」を設立しました。そして、こうした目標実現に向けた活動をオーソライズする組織として「おかやま円卓会議（ラウンドテーブル）」を設立しました。

「おかやま地域発展協議体」「おかやま円卓会議」創立の背景となる認識・問題意識や「産官学金言」が連携する組織の目的・ビジョン、メンバー等については、すでにEpisode〈3〉「3――学都を目指す岡山大学での校務」（P82〜85）において詳しく述べましたので、ここでは省略させていただきます。

そのおかやま円卓会議の記念すべきシンポジウムの第一弾のために、フランスからカトリーヌ・トロットマン元ストラスブール市長とミッシェル・デネケンストラスブール新大学長をお招きしました。オールおかやまの産官学金言のトップが集まり、具体的な政策シナリオ展開を前提とした「国際学都シンポジウム」の開催に至ることができました。ジイジと岩淵泰先生が全体の企画と運営を担当、準備も含めジイジたちはハッスルいたしました。

6. 理念や計画の具体実践へ大きな山を動かす

こうして岡山大学が目指す『学都』構想という大学ビジョンを描き、『学都』のベンチマークとしたストラスブールのまちづくりを学び、読み解き、岡山版として組織化、デザイン化して、それを勇気と信念を持って実践するステージまで駒を進めてきました。その検証を目的として、オール岡山の皆さんに一堂に介してもらい、記念講演Ⅰ『世界を牽引する国際学術大学の歩みと展望』と題して、ストラスブール大学長ミッシェル デネケン氏、続いて記念講演Ⅱ『ストラスブール市における大学と地域が進める都市創生』と題してストラスブール市議会議員カトリーヌ・トロットマン氏（元ストラスブール市長・元文化通信大臣・元欧州議会議員）の講演を拝聴しました。

大学と都市の関わりは、ストラスブールの先進性に感服です。心に染み入る実践的な講演の内容でした。これまでストラスブールと行き来しながらコンセプトの意識合わせをして実施することができました。その思いを森田潔学長の挨拶から確認します。

「さて、日本は少子高齢化の進展に加え、人口減少時代に突入しています。さらに国の財政難もあり、地方では地域力を結集して活力の持続を図っていくことが大きな課題となっています。そうした中、岡山大学は、わたくしの学長就任以降、大学が地域資源として地域とともに発展していく森田ビジョン「国際学都構想」を掲げ、（中略）知識基盤型社会における大学の役割を最大限に発揮するため、関係方面に「産官学民が共に対話を重ねながら、地域の課題を解決する処方箋を考える拠点」の創設を呼びかけてきました。その甲斐ありまして、4月1日、岡山大学は、「国際学都構想」実現に向けた大きな一歩として、岡山県内の産官学民が連携、協働して地域が抱える種々のニーズや課題に関する検討・研究を行うプラットフォーム、「おかやま地域発展協議体」を創設いたしました。（中略）地域の皆様と連携しながら、岡山大学が有する多様な分野にわたる専門性や、大学機関という公正中立的な立場を地域貢献に積極的に活かして参ります。また、産官学民の情報共有の場として有効活用していくとともに、市民協働による地域活性化に資する活動につなげていくことを目指します。本日は、ここに、その発足に際しまして、岡山地域の、益々の持続的発展を祈念して「おかやま円卓会議」のキックオフを宣言させていただきます。」と記されています。

　こうして国際学部シンポジウムに合わせて開催された、おかやま円卓会議（おかやま地域発展協議体の上部組織）の設立記念挨拶として、座長に就任された山陽新聞社の越宗昌孝会長が挨拶され、約250名の来場者を迎えて開催した会は閉幕しました。産官学民が連携・協働することの意義、そして展開される可能性や期待を先進事例から学び、地域が一体となり、さらなる岡山の発展・活性化を目指す本格始動の日となりました。

3―イギリス　オックスフォード

1.オリンピックで環境政策を推進したロンドン

２０１１年6月21日から30日まで、トヨタ自動車モビリティ研究会主催の調査でイギリスとフランスへ参りました。メンバーは、トヨタ自動車ＩＴ・ＩＴＳ企画部の亘理章部長、佐藤則明担当部長、コーディネーター役である東京海上日動リスクコンサルティング自動車グループの床尾あかね主席研究員、モビリティ研究会事務局の筒井雅之社長、それに団長役を仰せつかったジイジの5名です。今回の主要調査テーマは、都市交通における環境対策として積極的な導入が進められている「自転車道の整備やレンタル自転車システムの導入、さらには電動小型モビリティの普及による都市における低炭素社会の実現にむけた取り組み」で、主な訪問先はオックスフォード市（大学）、ロンドン（議会、交通局）、ナント市（交通局）、パリ市（レンタル自転車システム提供企業、持続可能発展省（略称）、電動モビリティ推進組織）などです。

この折の調査では、２０１２年のロンドンオリンピックを契機にロンドン市とオックスフォード大学

Oxford大学交通研究所デビット・バニスター所長　トヨタ自動車IT・ITS企画部 亘理章部長（右端）　同部 佐藤則明担当部長（左端）

Oxford大学キャンパス

が連携して、ロンドン市のＣＯ２削減に向けた取組みについて深く学ぶことができました。当時のロンドン市長が、先般退陣したボリス・ジョンソン英国首相その人です。まさにＳＤＧｓの原点と言えると確信できます。

２０２１年に会計検査院からご依頼を受けた「第32回公会計監査機関意見交換会議」において、その時の内容を改めてご披露しました。

2. 会計検査院報告

さて、会計検査院は、その戦後の歴史を同院ＨＰから引用すると「昭和22年（１９４７年）、日本国憲法が制定され、憲法第90条の規定を受け、現行の会計検査院法が公布施行されました。会計検査院は、同法において、内閣に対し独立の地位を有するものとされました。（中略）会計検査院では、社会経済情勢の変化や国民の期待に積極的に対応して、検査活動を発展させてきました。そして、これにより数多くの様々な検査成果を上げています。」

そして会計検査院の外部との交流に「公会計監査機関意見交換会議」があり、２０２１年度は、持続可能な開発目標、いわゆるＳＤＧｓの17ある目標のうち、少なくとも13が環境に関連したものとされていることなどを踏まえ、「環境分野に対する検査・監査・評価 ~ＳＤＧｓへの貢献を目指して~」がテーマとなり、以下のプログラムで、２０２１年８月27日と９月３日にオンラインで意見交換会議の様

会計検査院

会計検査院にて
伊東雅子公会計監査連携室長

子が全国へ放映されました。この時ジイジに講演のご依頼があり、その話題が、オックスフォード大学が支援したロンドン市での取り組みのコンセプトをベースとして、岡山県倉敷市でお手伝いした「第七次総合計画」の策定についてであり、テーマが「SDGsを意識した公会計への期待」です。

基調講演:蟹江憲史（慶應義塾大学大学院政策・メディア研究科　教授、国連大学サステイナビリティ高等研究所　非常勤教授）

プレゼンテーション:パネリスト辻 寛起（総務省 行政評価局 政策評価課長）、森　裕（静岡県 代表監査委員）、藤本 貴子（日本公認会計士協会 常務理事）、三村 聡（国立大学法人岡山大学 地域総合研究センター長・大学院社会文化科学研究科教授）、片桐 聡（会計検査院 事務総長官房 総括審議官）、司会 伊東 雅子（会計検査院 事務総局官房 能力開発官付公会計監査連携室長）

本節では、収録いただいた会計検査院議事録を抜粋して備忘録として転載させて頂きました。

SDGsの源流を
オックスフォード大学とロンドン市に学ぶ

岡山大学地域総合研究センター長の三村聡でございます。本日は、公会計監査機関の貴重な意見交換の場をお与えいただきまして、誠にありがとうございます。「SDGsを意識した公会計への期待」と題しまして、お話をさせていただきます。

まず、1ページをご覧ください❶。岡山大学は11学部・8研究科を擁します地方総合国立大学でございます。また、岡山大学は、国のSDGsの推進に併せまして、国立大学としては初めてSDGsのアワードに選ばれました。幅広な視野から地域の課題解決に向けて、地域のよき資源として、また、グローバルな視座から未来を担う若手人材の育成を進めておるところでございます。

地域の未来像でございますが、地域が直面する課題、まさに日本国全体でございますが、少子高齢化、

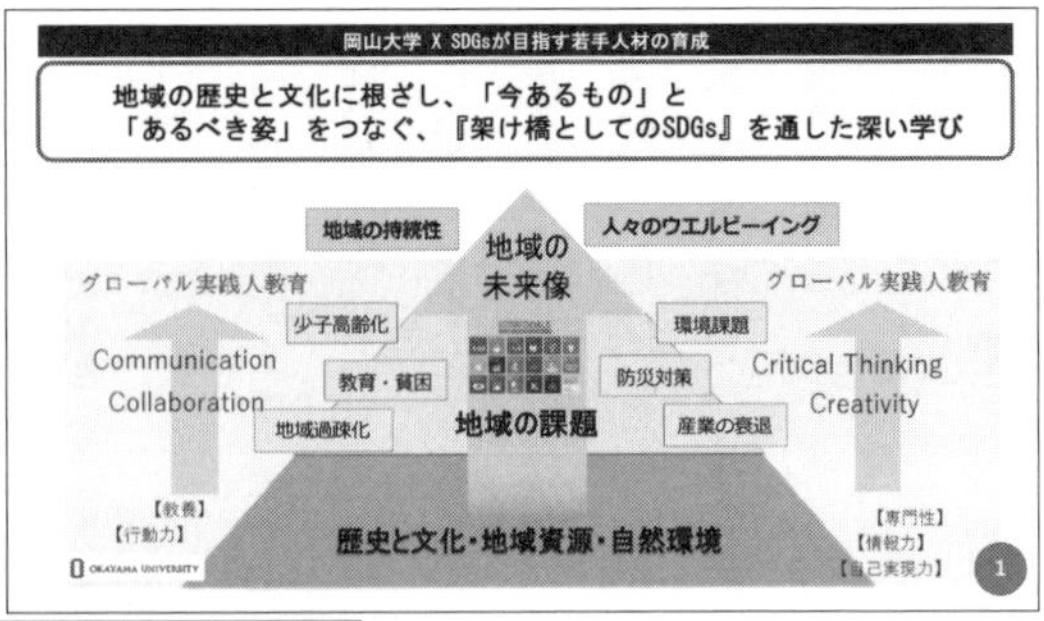

教育・貧困、地域の過疎化、環境問題、防災対策、産業の衰退など、いろいろな課題がございます。こうした課題へ対応できる人材、これを地域の目線とグローバルな視点の双方の視座に立ちまして、本当の意味での人々のウエルビーイング、幸福を目指すべく、地域の持続可能性、そこにSDGsの考え方を用いながら人材育成に努めておるところでございます。

さて、2ページをご覧ください（❷）。2021年は東京オリンピック・パラリンピックの年でございます。そこで、SDGsの発想の源流ともいえる政策で、2012年でございますけれども、ロンドンオリンピックを契機として、環境問題に取り組んだロンドン市の事例を御紹介したいと思います。

この絵が全体の絵でございます。後で詳しく御紹介いたしますが、2010年を起点としまして、まちの絵が左上にありますけれども、車が写っております。それを2030年までに、歩いて楽しく、自転車で過ごせる、公共交通中心のまちに変えようと

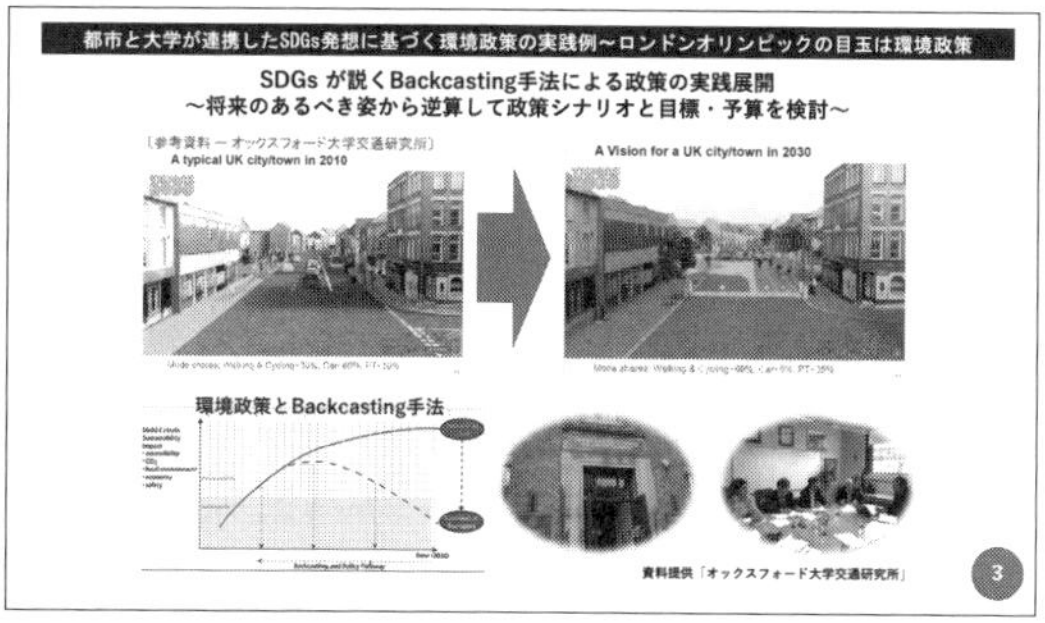

いうことで、ＣＯ２の削減を目指したわけでございます。

その下に様々な色で塗分けられている図がございます。その一つ一つが個別の政策でございます。この個別施策を展開させていきながら、右上に赤で囲んだ項目が列挙されてございますが、例えば自転車に取り組んだ個別施策になります。こうした施策を市民の方に寄り添いながら政策を積み上げていって、将来的にＣＯ２を削減していこうという絵になっております。

また、右下が東京オリンピックが終わった後の未来像の絵でございます。日本橋の上に架かる先の東京オリンピックで建設され首都高を地下に埋設して、あとお台場の絵が出ておりますが、ＳＤＧｓの志向でカーボンニュートラルを目指す都市整備が進んでいくことを期待しておるところでございます。

３ページをご覧ください（❸）。詳細について申し上げますと、今、お話ししましたように、ＳＤＧｓを論ずる際に、よくバックキャスティングという手法が紹介されます。この左下のグラフでございますけれども、ロンドン市、ほっておくと、どんどんCO2が増えてまいります。これを何とかいろいろな政策を駆使しながら、環境に優しい都市をつくっていこうということで、緑の破線でございますが、CO2を減らしていこうと計画しました。ここで連携しましたのが、ロンドン市とオックスフォード大学でございます。オックスフォード大学交通研究所の力を借りながら、将来のあるべき姿をまず明らかにして、そこから逆算して政策シナリオと目標、さらに一つ一つの政策に予算を配分していったという流れでございます。

次に4ページをご覧ください(❹)。ベースラインが1000万トンになっておりますけれども、当初、このときに言われておりますCO2の排出量、これは申し上げたように、ほっておきますと増加の一途をたどっていきます。そこを、政策をパッケージ化して総合的に一つ一つを丁寧に推進していきながら、全体のCO2の削減を目指すということで、ゴールを2050年に置いておりますけれども、ここまで下がるかどうかはともかくとしまして、かなり具体的な政策をオリンピックに合わせて展開したわけでございます。右の絵は、岡山大学です。岡山大学は地方の総合大学であるということをお話し申し上げましたけれども、各関係する学部が協力し合いながら、岡山県全体のCO2を削減をしていくために、バイオマス発電所からソーラーパネルの設置ですとか、県内広く進んでおります政策の推進を専門的な視点で後押しして参るべく、大学としてお手伝いしておるところでございます。

5ページをご覧ください(❺)。先ほどの政策で一つ例を挙げますと、例えば車中心から自転車中心のまちにしようということで、オリンピックを契機に政策が進んでいったわけでございますけれども、自転車がロンドン市内移動のための主たる交通手段であると市が宣言して、この10項目を市民に問いかけながら具体的な政策を立てて推進したわけでございます。

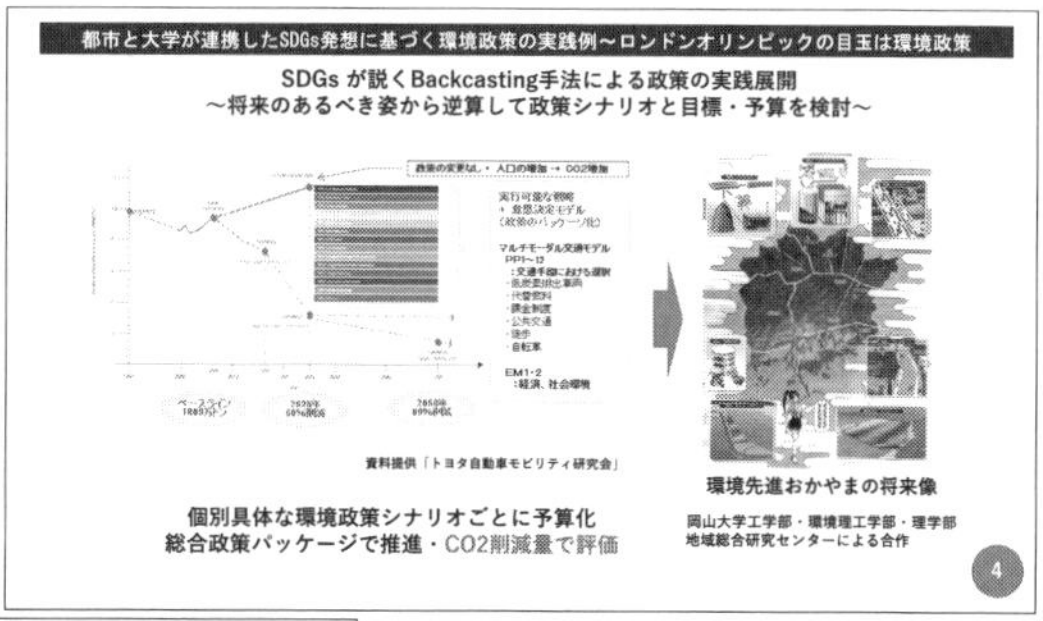

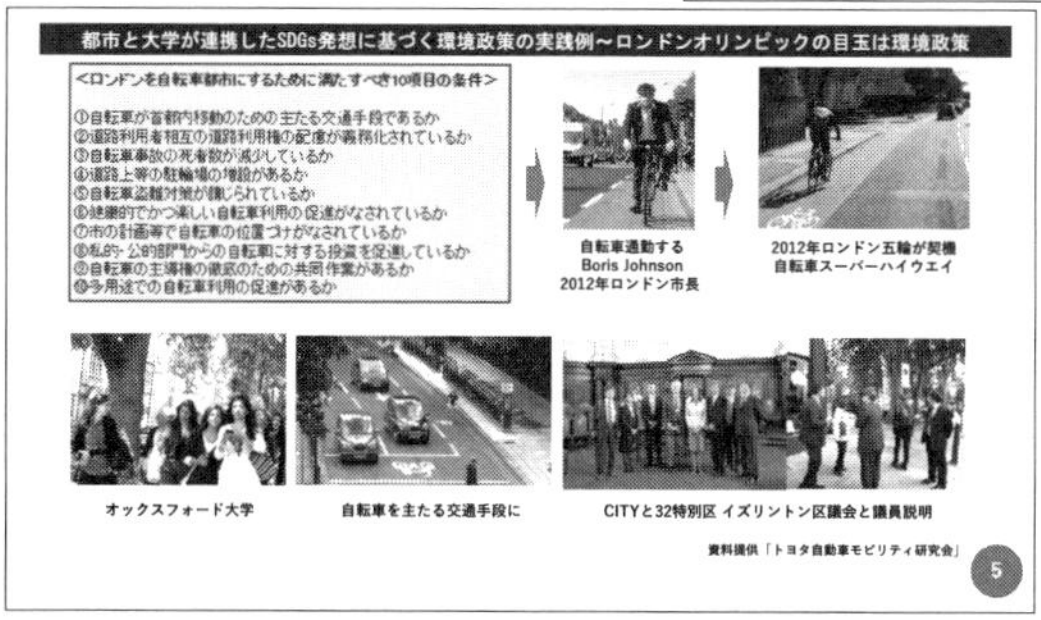

下の真ん中の絵でございますが、これが日本とは違いますけれども、車道より前に自転車の停止位置がございます。自転車主体のまちをつくるといったことを本格的な政策として進めていくと。右側に自転車に乗っている方がいらっしゃいますが、これが当時のロンドン市長のボリス・ジョンソン氏、今の英国首相（2022年7月退任）でございます。彼はやはり毎日、市庁舎へ通勤するのに自転車を使うといったことで、これはトップのやっぱり強力なリーダーシップですね、こういったことも見せていきながら、右側でございますが、このオリンピックに合わせて、ロンドン市のほぼ主要道路全域にこのブルーの自転車専用道のラインを引いたと。これを自転車スーパーハイウエイと名づけてございます。

下の絵でございますが、オックスフォード大学のお勧めもあって、区議会のほうも訪ねさせていただきましたが、区議会の議員の方々が、直接私たち議員が、こういう政策を展開したんだということで、実際の政策を実施した現場に我々を連れていってく

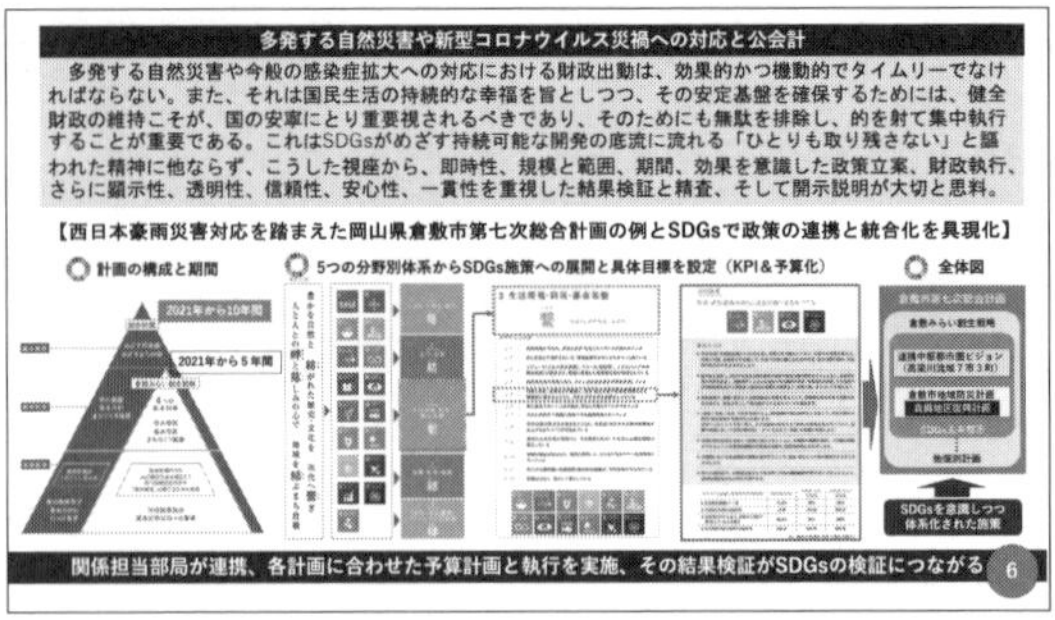

ださって、自慢げに話してくれるわけですね。

こういったような形で、行政、市議会、さらに市民が力を合わせながら、大学が支援するといった形を取って、オリンピックを契機に、SDGsが今目指しておりますような環境に優しい中心核の都市をつくったと。ここの展開の成果を、いわゆるイギリス国全体の都市に横展開していくことを、当然、見越しながらの政策展開をされたということです。

②ロンドン市の政策を参考に SDGsで倉敷市総合計画を実践的に策定

話は変わりますけれども、次に6ページをご覧ください（❻）。多発する自然災害や今の新型コロナウイルスの感染の対策を含めた公会計について、少し話題提供をさせていただきたいと思います。

倉敷市は岡山の2番目の都市で、今48万人ぐらいの都市でございます。総合計画、10年計画を策定したわけでございます。ここも後で詳細は御説明させていただきますが、今、地方創生ということが言われております。第2期目に入りますけれども、5年

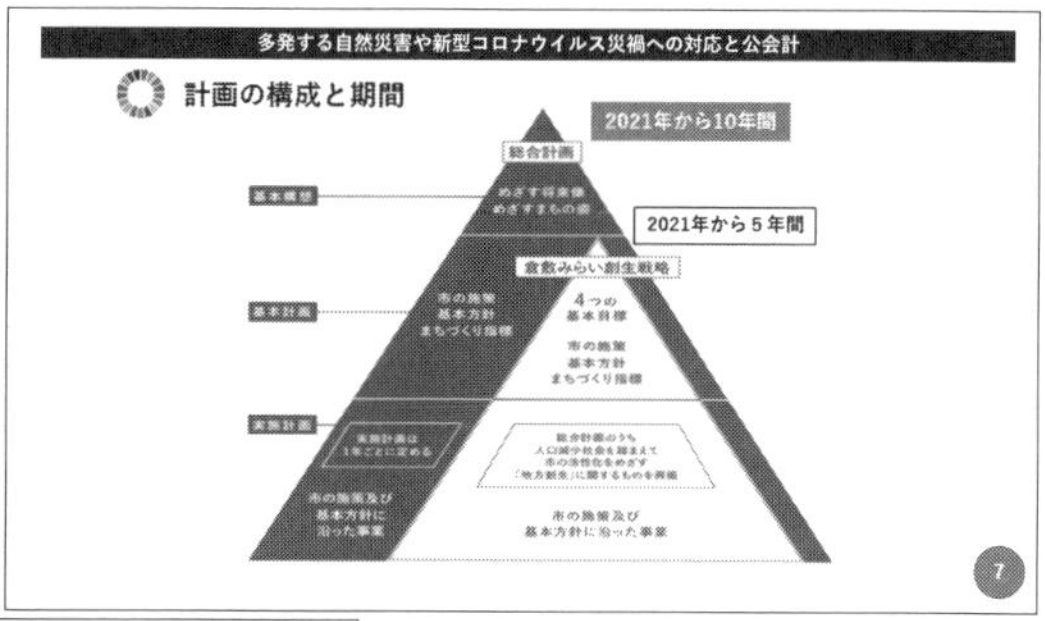

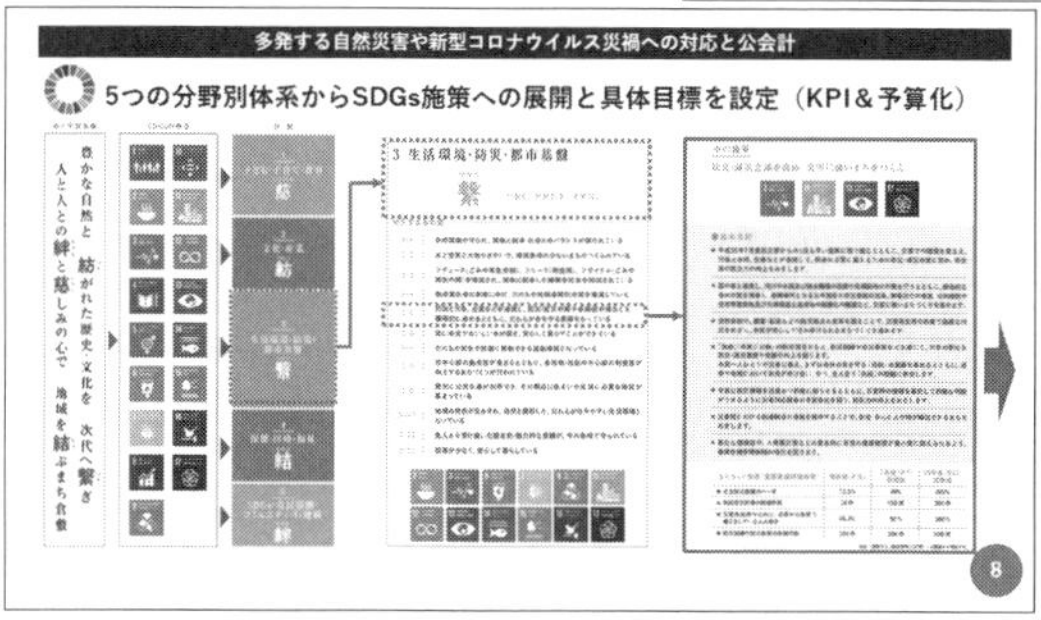

間の地方創生総合戦略――倉敷市の場合は倉敷みらい創生戦略というネーミングでございますが、それを10年計画の総合計画に包摂いたしまして、中身をSDGsで描きました。このSDGsの17の項目を横に置きながら、大きくは五つの柱を立て、その中の一つが、防災でございますけれども、その項目をさらに詳細項目ということで、左から右へ図が流れています。最後、全体図がありますが、ここにつきまして個別に御紹介をさせていただきたいと思います。

7ページをご覧ください（❼）。これが計画の構成と期間でございます。2021年からの5年間、これを倉敷みらい創生戦略と位置づけまして、地方創生に向けた個別の指標を立てて策定し、それを核として総合計画――2021年からの10年間、そのゴールをSDGsのゴール年と合わせて、2030年までの10年間の計画としたわけでございます。

次に8ページをご覧ください（❽）。この基本計画のところです。SDGsの考え方を用いまして1か

ら５の分野で分類いたしました。漢字で分かりやすく表現いたしました。これは市民の方にＳＤＧｓを理解していただくという願いを込めながら、総合的に環境に配慮した、例えば真ん中の３番、「繋《つなぐ》」でございますけれども、生活環境・防災・都市基盤をご覧ください。その中段を赤の点線で囲っておりますが、これが防災でございます。平成30年の７月豪雨災害、西日本豪雨災害で、倉敷市の真備地区は甚大な被害を受けました。今、国や県の支援を受けながら復興に努めております。こうした施策を中長期的な地方創生の中にどう生かしていくのか。財政の投入をいかに効果的に測定していきながら、環境にも配慮した、人々が本当に幸せを感じられるようなまちづくりを目指して、目標を設定したところでございます。

９ページの左図が全体像になりますが、今のところを整理させていただきますと、ＳＤＧｓを意識しつつ、体系化された施策をつくったわけでございます（❾）。

真ん中のところに、今、申し上げた真備地区の復興計画がございます。これを進めながら、今度は倉敷市全体の地域の防災計画を策定し、さらに、今、国が進めております地域の中枢都市圏の構想、この中で、高梁川という流域に、倉敷市も合わせせまして、7市3町ございます。この7市3町、豪雨災害でも全て何らかの被害を受けた地域でございます。その災害に負けず、さらに地方創生を、一つ一つの自治体だけでは限界があるところを連携しながら計画を立て、予算投下をしていく流れの中で、倉敷市はSDGsの未来都市に選定されたわけでございます。それを、先ほど申し上げました倉敷みらい創生戦略という形で、地方創生戦略でくくりまして、その全体像を、SDGsのゴール年にあわせて10年間の第七次総合計画という形につくったわけでございます。

こういった形で、各自治体も国や県の政策とも連携しながら、地域の皆様方、お暮らしになられる市民の方々に分かりやすい政策を心がけながら、議論を重ねたわけでございます。

③DX、オープンデータを活用して効率かつ効果的な国税の投入計画を提言

10ページをご覧ください（⑩）。最後になりますけれども、こういったお話を申し上げたSDGsを念頭に置きまして、今まさに少子高齢社会、インフラの老朽化も進んでおります。その中で地方創生が目指す改革と公会計の将来像について、少しお話をさせていただきたいと思います。

経済再生と財政の健全化の両立が、今の我が国にとっては焦眉の急となっております。解決すべき課題は非常に多うございますけれども、少子高齢社会やインフラ老朽社会の進行、自然災害や、このたびのようなコロナの感染症が拡大する中では、国民生活や地域経済にとって、大きな変化がもたらされることはやむを得ない部分もございます。ニューノーマルな社会といったものを標榜しなければいけない時代になっておりますが、一方で、Society5.0ですとか、いわゆるDXといったようなことを進めていきながら、オープンデータをうまく統合化して、我

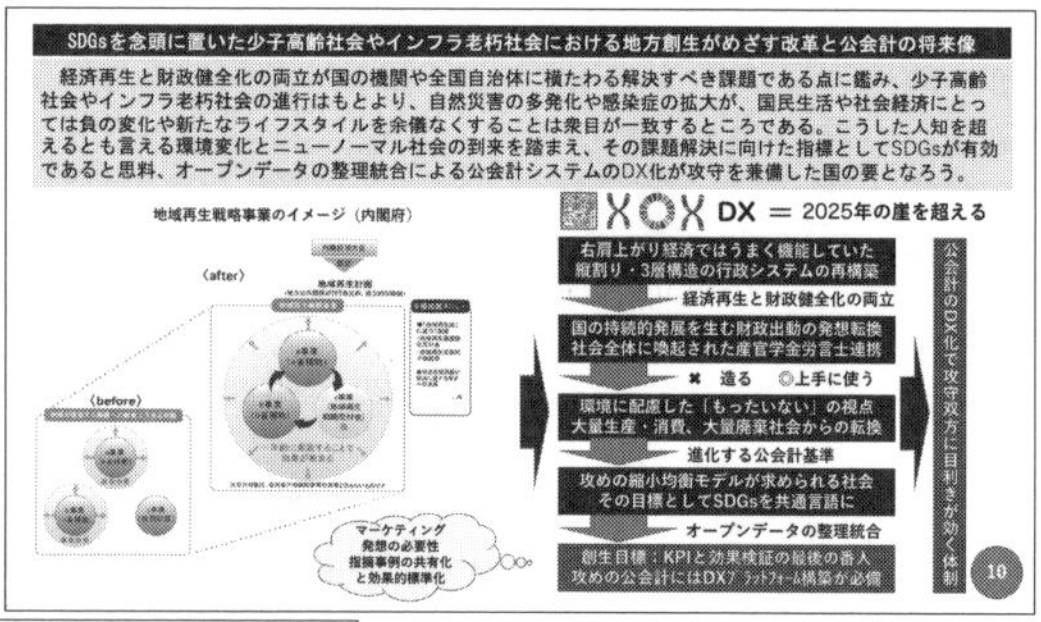

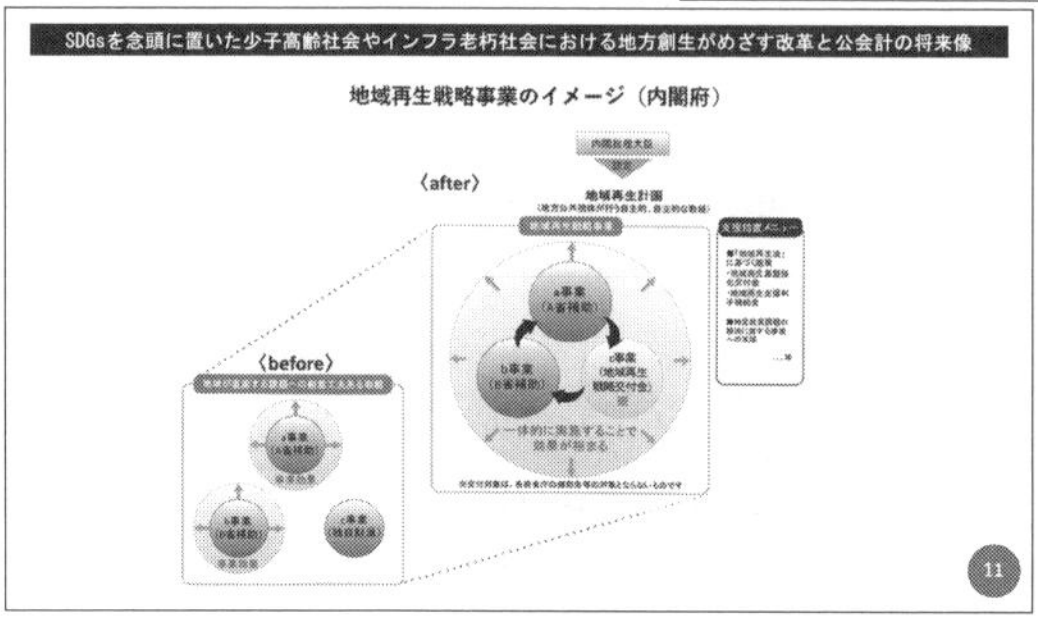

が国を持続可能な社会にしていくためにどのような仕組みづくりをすべきなのか。

　この左の絵ですが、次の11ページにも詳細は記してございますけれども、従来、国の中央官庁、それぞれの官庁が予算を取って、それで最適な政策を進めてきたわけでございます（⑪）。それが、今の時代、右肩上がりの時代ではなくなったと言われて久しゅうございます。成長していくときには、この構造が非常に効果的です。重なりもなく、抜けもないという形で機能してきたわけですけれども、現在の社会になりますと、国、都道府県、基礎自治体という3層構造も含めて、人口減少の中では、それだけではうまく機能し辛いよねということで、まち・ひと・しごと創生本部を中心として、地域の再生計画、各官庁のそれぞれの予算を統合化しながら、集中的かつ効果的に、機動的に投下していくことになりました。この発想がとても重要な時代になってきたわけでございます。

　こうした中で、よく言われます公助、共助、自助という言葉もございますが、この公助と共助、共助と自助、さらには公助と自助、この辺をどうブリッジを架けていくのかが問われる中で、財政を従来型のような投下、いわゆる大量生産、大量消費、大量廃棄という社会ではなくて、まさにＳＤＧｓ、環境に配慮しながら「もったいない」という視点から上手に使うという、こういう社会に変革していくという流れが今まさに進んでおるところでございます。

それを支えるためには、日本国そのものが人口減少社会に入っておりますので、縮小均衡のモデルを書かなければいけない。ただ、マイナスの話だけではなくて、そこに攻めのモデルをつくっていく必要があるわけでございます。

そういった中で、会計検査院様は国の最後の番人という位置づけだと思料いたしますが、ＤＸ、オープンデータをうまく活用しながら、いかに効率かつ効果的に、最適な税の投入をするか。さらには、そこを分析することにより、いろいろな先行的な話、これはまさにマーケティングの発想といったものを織り込みながら、創生の目標でございますＫＰＩ、その効果検証をうまく進めていく。こういった仕組み、公会計のＤＸ化で、攻守双方に目利きが効く体制、この構築こそが、我が国にとって、我が国そのものを持続可能な社会、人口減少が進もうとも一人一人の国民が幸せを実感できる社会、これをつくっていくことにつながると確信します。そのためには、公会計システムのオープンデータ化、攻めの部分も含めた仕組みづくりが、我が国にとっては最も重要な政策の一つになると思料いたします。

結びになります。効果的な税の投入を進めることによりまして、私たちが本当に安心安全に暮らせるということも含めた、一人も取り残さない、ＳＤＧｓが目指すべきところの社会、環境に配慮した社会、これを構築していくことがとても大切な時代になったと思います。

御清聴ありがとうございました。(了)

以上

4——ドイツ　シュトゥットガルト

■人と公共交通を優先するベンツのまちづくり

シュトゥットガルトは、ドイツ連邦共和国バーデン＝ヴュルテンベルク州の州都で、人口630,305人を擁する同州最大の都市です。ベンツ、ポルシェやボッシュなどドイツを代表する世界的な企業の本社があり、ドイツを代表する工業都市、ドイツの中で最も輸出量が多いことが特徴です。また、ぶどうの栽培など農業もさかんで、ワインの生産量は州内で2番目です。一方で、盆地の地形であるため、空気の滞留による大気汚染問題が大きな課題となっています。

こうした中で中央駅の側に森とブドウ畑を残すなど緑化施策を推進しています。さらに、市の半分の面積が緑地化された「緑の大都市」でもあり、大気汚染問題の解決策として重要な位置を占める「交通施策」を、「風の計画」「緑のコリドーネットワーク計画」など大気や水の流れの制御を、都市再開発事業の中で実施しています。

また、都市内の緑化と共に、「歩行者・自転車優先」や「公共交通網の拡充」を大気汚染問題の解決策として実施、そして中央駅の改造と鉄道網の抜本的改革を掲げた〝Stuttgart 21〟プロジェクトを実施するなど、その施策規模がとても大きいことに驚きました。また、自動車産業のまちとして、歩行者・自転車や公共交通を優先する交通施策は、自動車を排除するのではなく、P&R（パーク・アンド・ライド）や地下駐車場の整備など、自動車と他のモビリティの連携を強化する内容となっています。市が「自動車産業」のまちであることは、市民にも来訪者にも明らかに理解されており、自動車を「文化」として位置づけている点が特徴となっています。

2008年9月8日から9日、トヨタ自動車の調査団として、こうした交通と都市の計画調査に参りました。案内役は、シュトゥットガルト大学道路交通工学部交通計画・道路工学研究科のManfred Wacker教授にご担当願いました。ベンツの博物館に代表される自動車企業の本社がある都市ながら、公共交通を優先したモビリティシステムが充実しており、宮殿前の広場や商店街には緑が多く、市役所の前庭では毎日マルシェが開催されるなど、清潔感が漂う街路に都市政策への工夫が感じられました。日本では市役所の庭でマルシェをするケースは少ないと思います。

1.新総合交通計画（2010〜25年）

「総合交通計画」は、交通政策の理念であり、すべてのモビリティ（個別交通・公共交通・貨物交通・航空）を対象として期間は15年（２０１０年から２０２５年まで）とした計画を策定中であると説明を受けました。その計画の中で掲げた課題は四つです。

経済発展（したがって貨物交通は重要）

交通公害（騒音・振動・大気汚染等）の深刻化

人の移動の保障（誰もが移動できる環境の整備、バリアフリー）

地方・都心部をつなぐ大動脈の設計

州の主な産業は、自動車・機械・電機など製造業に次いで、物流（ロジスティクス）を扱う企業が４番目に位置する（１７，０００社ありうち９，０００社は交通関連）など、現在でも重要な位置を占めますが、２０２５年には貨物量が74％増加するといった予測もありました。持続可能な交通を検討するためには、「住民参加」が欠かせないため、そのひとつの法として、Webサイトを開設しフォーラムを設置し、パブリックコメントを収集しています。

2.自転車利用推進計画

２００６年に自転車についての議論をするための委員会を設立、２００９年末に報告書を作成して、２０１０年から実施、自転車の多様な関係者を結ぶ組織の組成と、政策提案してもらうことを目的としています。委員会のテーマは、「自転車利用促進」「交通ネットワーク」「インフラ整備」「観光資源の整備（財源の検討）」「事故対策」「健康効果」「観光利用と日常利用」など多様です。目標の評価については、交通分担率を2倍にすることと、走行距離を伸ばすことを指標としており、そのために「インフラ整備」「自転車の品質管理」「交通安全」を進めています。

3. イベントに関連する通行のマネジメント

シュトゥットガルト市では、総合的な交通マネジメントを実現するため2002年にＩＶＬＺ（モビリティ・マネジメントセンター）を設立しています。これにより、日常的な交通流の管理に加え、「事故」「工事」「イベント」などの特別な状況に対しても、総合的で効果的なアプローチが可能となったそうです。

例えば、サッカーの試合はネッカーパークエリアのスタジアムだけでなく、市中心部に設置されたスクリーンを使った観戦でも多数の観客を動員、市内2ヵ所で同時に大規模イベントが開催されるよう工夫されています。イベント開催時は、交通事故等についても、臨機応変で素早い対応が必要であり、迂回路の指示や信号の制御などについては、想定される事故別にシナリオをあらかじめ用意して対応し、それをもとに、交通標識の電光掲示の切り替えや信号制御などを実施しています。

4. ＩＶＬＺ（モビリティ・マネージメントセンター）の設立と機能

ＩＶＬＺ（モビリティ・マネージメントセンター）は、2000年に起きた火災が交通に与えた影響の大きさ（交通マヒ発生）から、交通に関係する組織の多様さと連携の難しさを学んだことにより、2001年に組織の設立を決定、2002年に業務を開始しています。さらに、2006年のワールドカップ開催に合わせて事業を本格化、併せて現在の施設が完成、消防・救急組織も同じ場所に移転させています。

ベンツミュージアム
左から現代文化研究所床尾あかね主任研究員
慶応義塾大学エルファディング・スザンネ講師
トヨタ自動車IT・ITS企画部亘理章部長

シュトゥットガルト市宮殿広場

IVLZ モビリティマネジメントセンター

現在、警察と公共交通事業者のコントロールセンターは離れていますが、情報回線等でリアルタイムに接続可能となっています。移転を契機に、消防と救急が同じ敷地内に拠点を持ったことで連携が強化されました。

5．ドイツ各地でスタートした「環境ゾーン」施策

ドイツでは、排ガス基準などを満たしていない車のまちの中心部への乗り入れを制限する「環境ゾーン」規制が２００８年からスタートしています。約30都市が導入を予定、その基準は、欧州連合（ＥＵ）の指針に従うもので、有害物質の排出量などに応じて「赤」「黄」「緑」に色分けされたステッカー（５ユーロ、約８００円）を取得した車だけが指定された区域（環境ゾーン）に入れますが、基準を満たさない車は即時乗り入れ禁止とする措置となりました。

順次規制が強化され、２０１０年以降は緑のステッカーだけが乗り入れ可能となり、違反には40ユーロの罰金などが科せられます（罰金は当初１カ月免

除）。２０２４年10月、パリ市でジイジと床尾あかね准教授で継続的な「環境ゾーン」調査を実施しています（略）。

6．Stuttgart21：プロジェクトの概要

シュトゥットガルト21は、国鉄の民営化を契機に計画された都市再開発事業であり、「鉄道路線の拡充」「駅舎の改築」「都市再開発」の三つの要素を併せ持つ総合的な政策です。

　具体的には、①鉄道路線の拡充として、国際鉄道（ＴＧＶ、ＩＣＥ）の乗り入れ駅としての再整備と近郊地域とのアクセス時間の短縮化、②駅舎の建替えにあわせ、駅のホームを回転させ、頭端式から通過式に変更、「風の道」を確保するため（環境対策）、駅舎を（半）地下化する。③路線の変更と駅舎の建替えにより空き地となる約１００haの土地再開発として、再開発面積の約5分の1を緑地化、④鉄道路線の拡充では、近郊地域へのアクセス時間の短縮や空港との連携を目的にトンネルを整備、路線の変更などを計画、⑤駅舎の建替えでは、駅舎を半地下化、ホームの天井に窓を取り付け、自然光の採光を可能にするデザインが特徴的です。こうして、地下化によって、地上は歩行者専用空間として利用、同時に、風の道が確保される予定です。

　シュトゥットガルト21プロジェクトは、２０２５年1月現在も進行中であり、「途中で市民の反対運動などもあったが、最終段階を迎えている」と当局は公表しています。

シュトゥットガルト大学にて

シュトゥットガルト大学
マンフレッド・ウォッカー教授

5――モンゴル　ウランバートル

1. 社会システムの大改革期は、混乱を収める政策手順を慎重に考えることが肝要

ソビエト連邦共和国が崩壊して、中央アジアのキルギスタン、ウズベキスタン、カザフスタン3国とモンゴル国は、市場経済化へ移行する政策がとられました。これらの国はアジア民族に近いこともあり、特にモンゴル国は、蒙古斑とウラルアルタイ語族に代表されるように日本人のルーツであるとも言われる国であり、日本が政府開発援助（ODA）対象国として、支援活動に入りました。

ジイジが在籍していた金融財政事情研究会では、ODA部門である国際協力室を立ち上げて岩下検一郎室長が活動を開始、モンゴルが市場経済化に安定移行、運営できるように徴税制度の導入に入ることになりました。ジイジの役割は、日本が敗戦後に急速に経済回復した、いわゆる「アジアの奇跡」について、その政策についてお伝えすることが任務となりました。

2002年7月に発ち、韓国の金浦空港経由でウランバートルに到着、金融財政事情研究会の現地事務所に挨拶を済ませてから、モンゴル大学（National University of Mongolia）での講演の準備に入りました。当時は、大相撲の朝青龍関の大関昇進が決まり、まちには懸垂幕が出され、街中が活気に溢れていました。

翌日は朝から大学に参り、団長で入った社団の倉田勲専務理事の挨拶で始まり、ジイジの「日本における戦後の経済復興」の講演を踏まえて意見交換を行いました。教員の皆さんは若い方々が多くて、これからの発展に期待が持てました。

市場経済化は資本主義システムへの移行となりますので、私有財産を求める流れとなります。当時は

モンゴル大学の皆さんと

モンゴル大学で話題提供

ウランバートル郊外

ウランバートル 金財モンゴル事務所
中央・倉田勲専務理事
左・岩下検一郎国際協力室長

モンゴルでの休日

倉田勲専務理事と ウランバートル・ガンダン寺

政府によるバウチャー（金銭的価値を持つ金券・証明書）の検討・導入が進む中で、国や自治体などが目的を限定して個人を対象に補助金を支給する制度ですが、社会主義システムから私有財産を求めるシステムへの変更は混乱がつきものです。代表的事例では、ウランバートルの空港から市内に入るまで、空き地のあちらこちらに縄や綱が張ってあり、その中にテントが見えました。自分の土地だと主張しているようでありました。戦後、焼け野原となった東京などで、自分の土地を確保しようとした混乱期に似ている印象でした。寺院は仏教ながら日本とは違いがありました。モンゴル仏教の中心的な寺院・ウランバートルのガンダン寺では、現地駐在員の方から仏教様式の違いについてレクチャーをしてもらいました。

それから郊外調査に出かけました。砂漠エリアだけではなく草原が広がる地域で、ヒアリングを行いました。ゲルに宿泊して、現地の暮らしの模擬体験をしました。ちょうど大流星群のときであり、次々と流れ星を間近に見ることができました。また、ゴルヒ・テレルジ国立公園に参り、高さ15メートルある巨石「亀石」に登りました。草原では馬が元気に走っていましたが、ゲルの暮らしは、発電機がかなり普及したため便利になったと聞きしました。モンゴル馬で草原を走った体験は、生涯の思い出です。

さて、ＪＩＣＡ情報では、２０１８年12月5日、モンゴル国税庁会議室において、ＪＩＣＡとモンゴル国税庁の協力20周年式典が行われ、モンゴル国税庁より岩下検一郎氏に対して、長期にわたる協力の感謝を込めて、ＪＩＣＡ関係者とともに感謝状が授与されています。

6――カンボジア　プノンペン

1. イオンモールを基軸に見る日本とＡＳＥＡＮ

２０１４年12月5日にオープンしたイオンモール

岡山は、西日本最大級の旗艦店として、岡山駅と地下通路でつながった約350店舗を集積する大型商業施設です。岡山放送からの依頼で、同時期に海外でオープンを目指すイオンモールプノンペン等の視察のため、2014年6月29日~7月2日、カンボジアを訪れ、イオンモールプノンペンのグランドオープン式典に参加させていただきました。現地では、フンセン首相主催のオープニングセレモニーは国事であり、イオンのオープンに対するカンボジアの関心の高さが伺えました。記者会見では共同通信や読売新聞などマスコミ各社と共に、岡田元也社長(現在は会長)はじめ幹部によるカンボジア進出の意義と意気込みを拝聴させていただきました。

イオングループは、岡田元也会長が、20年を超える長きにわたり社長として経営を指揮し、その間にM&Aを繰り返しながら日本最大の流通グループに成長してきました。岡山ではライバルのヨーカ堂が岡山市内から撤退いたしました。また、イオングループはイオン(WAON)カード戦略をテコとして、マックスバリュー、ザ・ビッグ、中四国ではマルナカ、フジ、そしてコンビニではミニストップ、まいばすけっと(My Basket)、さらにはイオンネットスーパーや宅配サービスなど、総合的にエリアを包括する立地戦略とネットワーク戦略を展開しながら、イオンバンクでのATM展開や住宅ローン、保険、投資信託の販売など金融業にも参入するなど、わが国最大級の流通小売業です。

その一方で、M&Aを繰り返すことによる財務構造への影響や総合スーパーなど小売部門の低収益やIT・物流戦略への出遅れなども課題として指摘されています。特に日本では、急速な少子高齢化と人口減少が進行するため、消費市場を海外に求める必要性があるため、中国やASEAN諸国に拡大する戦略シナリオを展開しています。

首都プノンペンを中心にさらに3店舗を拡大する計画であるとの記者会見での発表に驚きを隠せませんでした。この時、一帯一路政策から中国系大型商業施設も建設中であり、同時に道路整備や架橋工事も中国の支援で進行するまちの姿を見て、国力の違いを見せつけられるシーンもありました。

なお、イオンモールプノンペンは、約１９０店舗が入り、日本の食品や家電メーカーから１００円ショップまで、さまざまなショップが入り、多くの商品が並べられています。オープニングから大勢の客で賑わい、正面入り口でもイオン（ＷＡＯＮ）カードの勧誘が積極的に進められていました。また、日本と同じくシネマコンプレックスやゲームエリアに加えて、ボーリング場や大型のテレビスタジオ（「ＮＨＫのど自慢」が室内でできる専用のスタジオ）が併設されていました。

お客さんがすごい勢いで来店しています。簡単なシャツにサンダル履きの若者の姿が大勢見られますが、ともかく日本の百貨店や大型商業施設と異なり、若者であふれかえる印象です。カンボジアは平均所得が低いと思料されますが、国民の平均年齢が20歳代の前半と若い国です。２０２４年、日本の平均年齢は49歳に近づき、世界最高の平均年齢を誇る国で

イオンモールプノンペン　オープニングにて

イオンモールプノンペン開業

カンボジアプノンペン市内

イオンモール岡崎双一社長（中央奥）
イオングループの皆様と

す。一方でカンボジアは、ポルポト政権による残虐な処刑政策も影響していると想像しますが、24歳代と若いことが特徴です。つまり、日本は個人金融資産ではカンボジアに比べてはるかに高く、国民は多くのお金を持っています。ところが平均年齢の高さから推測できますが、多くのモノを既に所有していますし、高齢者はどんどんお金を使う行動をとりません。一方で、カンボジアは若い国ですから、所得が低くても若い人は次々と笑顔でお金を使いますので、消費が伸びるため、経済成長率が極めて高い国であるとされています。

これは経済学でいうところの「貨幣の流通速度」(金は天下のまわりもの)が、日本は鈍いがカンボジアはすごく早いと言えるのです。お金は山ほどあっても使われなければ(消費が伸びなければ)、経済効果は乏しいわけです。つまり、国に元気がある、活気があるという表現の背景には、国民が高齢か若いか、お金がどんどん使われるか、タンスや銀行にしまわれたままなのかという、お金の量の問題よりも質の問題が景気を論ずる際にとても重要な要素になることを示しています。

7―カナダ　ブリティッシュ・コロンビア大学

1. 移民受入れ制限の日本と積極策をとるカナダ国の違いから未来の日本を考える

カナダ国の面積は日本の24倍、人口3，400万人、10の州と3の準州からなり、世界から毎年20万人の移民を受け入れ、言語も英語とフランス語が中心ながら、世界からの移民で多くの言語が使われているため英語教育に予算を積極的に使っています。つまり、日本とはいろいろな面で事情や性格の異なる国です。

日本との関係では、日本人は４世といわれる世代が育ち、最近は東日本大震災の関係で、電力供給のための資源として石炭や液化ガスの日本向け輸出が急速に伸びています。環境面では森林国としてのサステナブルな政策として１００年単位で森林の伐採をする仕組みが完成しており、永久に資源が枯渇しない保全手法が確立していて、さらに国内木材の特性を最大限に活かせるよう住宅断熱の研究が国レベルで進み、また電力会社やガス会社がＬＥＤを個人世帯に無償配布するなど、エネルギー節約に関するエコ施策も日本とは異なる発想が、随所になされているようです。

また、教育の基本理念は社会が個人を作るのではなく、個人が社会を作るとした個人主義とそれを支える効率的な発想が根底にあり、個人から社会へ、社会から国へとの考え方に裏付けられた社会責任とナショナリズムを重要視することが特徴といわれています。そこでは、個人の価値を高めるために固定観念や既成概念にとらわれない、社会変革に自分自身の能力を自由に試すことで選択力を育てることにより、より良い社会を築くための自由な発想が涵養されるとした自由主義的合理主義が広く定着しているとのことです。

大学教育はかなり自由に入学できますが、進級、卒業のためには相当な自己努力が求められ、毎年、脱落者が多数出るために、卒業まで到達した学生たちの結束力は強く、社会に出たあとも友情や人脈は引き継がれるそうです。また、30歳を過ぎた世代が数多く大学で学んでおり、そこでは政府が授業料を負担することにより、生涯にわたり学び続けられるシステムを保障している点も、日本とは大きくスタイルが異なります。ただし、そこでも学位を取得するには、自らが相当な努力をしなければならず、社会の方が厳しいのだから、大学生が徹底的に学ぶことは当然であるとの考えが前提となっています。

2. カナダの大学カリキュラムとインターンシップ制度

２０１２年12月12日、社会で活躍できる学生を、いかに育てられるかの教育プログラムを考えるため、カナダのブリティッシュ・コロンビア（ＢＣ）州から伊藤公久K.Ito & Associates代表を講師にお招きして「カナダで学んだ教育方針」との演題で講演いただきました。カナダの大学と企業の間では、森林学部の学生に対して林業関連の企業が、一般の社会人と同レベルの賃金を学生に払って、自社へ受け入れ、職業体験をさせながら、企業も学生から企業にないものを得るというCo-opプログラム制度が普及しているという内容です。このシステムはカナダだけではなく全米や欧州の大学にも普及しており、主に夏休みを使って、国内外の企業に１回数カ月受け入れてもらう実践型教育として普及定着しています。

わが国のインターンシップ制度は、せいぜい２週間程度で、賃金が支払われることはありません。カナダのCo-opプログラムは、大学と受け入れ側をつなぐ役割を果たすコーディネーターがいて、双方向でプログラミングを行い、派遣時はフルタイムで勤

UBCとの橋渡し役 舛井一仁弁護士

グローバル実践型教育シンポ

左から吉川賢教授　サイモン・エリス准教授
伊藤公久AGORAアドバイザー
銘建工業安東真吾取締役　ジイジ

伊藤公久氏と閑谷学校にて

務、また受け入れ先も地元企業はもとより世界の企業に広がっているという点で、日本の大学のグローバル教育の狭さを痛感させられました。このプログラムを修了すれば、公式なキャリアに認定され、本番の就職の際にも有利になることが社会的に広く保証され、就職時の門戸や雇用条件も通常の学生より格段に優遇されます。岡山大学の目指すべき「学都構想」に大きな影響を与えていただきました。

夜は、林業や林産業、森林保全、建築分野の方々にお集まりいただき、伊藤公久K.Ito & Associates代表を囲み、ジイジが幹事役を務め意見交換会を実施いたしました。このご縁を作ってくださったのは、ジイジの兄貴分で、昔、カナダＢＣ州で日本政府代表をされていた芝綜合法律事務所の舛井一仁弁護士です。

3. SDGs世界4位となった大学の実践知教育

ブリティシュ・コロンビア大学（ＵＢＣ）の協力を得て、２０１５年3月19日、世界で活躍できる人材の育成を目指す国際シンポジウム「グローバル実践型教育プログラムの構築に向けて」が岡山大学Ｊホール（鹿田キャンパス内）で開催されました。

ブリティッシュ・コロンビア大学は、ＳＤＧｓ世界ランキングで総合4位を獲得した実績もある世界を代表する大学です。森林学部には、森林資源管理学、森林管理学、自然保護学、森林科学、林産学の5コースがあり、同大学森林学部のサイモン・エリス准教授が、学生が一定期間、企業等で就労する「Co-op（コープ）プログラム」についてご説明下さいました。Co-opプログラムは、従来のインターンシップとは異なり、大学の講義を踏まえた実務体験の中で課題発見と解決策を考えます。エリス教授からは、「われわれはカナダの林産業約１６０社と連携、学生にとっては良い刺激になり、企業にとっては優秀な学生を得るチャンスになる」と肝を語られました。スデー・ジャハン林産学科Co-opプログラムコーディネーターからは、プログラムの課程や手続きを解説、ロバート・コザック教授（同森林学部）

は、カナダの林産業の現状について話題提供され、ジイジからは、これまでの岡山大学の実践型教育の取り組みと、これからのプログラム開発の方向性について問題提起をいたしました。

パネルディスカッションでは、大学院環境生命科学研究科の吉川賢教授を司会として、エリス准教授、UBCプログラムアドバイザーの伊藤公久代表、林産業関係者を代表して銘建工業の安東真吾取締役、そしてジイジの4人が登壇、今後のUBCとの連携による実践型教育について協議いたしました。

4．最高レベルの実践型社会連携教育の実際

2015年6月から3ヵ月間、ブリティッシュ・コロンビア大学（UBC）から2名の学生を受け入れCo-opプログラムがスタートしました。岡山大学が国からスーパーグローバル大学に採択されて初の実践型教育プログラムであり、UBCの学生2名と岡大生3名（女子）が参加しました。服部興業の服部俊也社長のCo-opプログラムへのご理解を得て、真庭市にある「服部興業山林部」の皆様のご指導による伐倒作業では、「3人で合わせて30本切りました」「炭焼き体験もしました」と日加の学生たちの顔がほころびました。

こんな技術を持つ大学生は「日本広し」といえども、あまりいないでしょう。ジイジは、宿舎としてお借りしているゲストハウスで、荒木勝理事・副学長と共に学生から活動内容のヒアリングを行い、そして服部興業さんから数多くの貴重なコメントをいただきました。

【指導頂いた服部興業さんの感想】

正直申し上げると、売上げはダウンすると思っていました。その理由は、学生たちの安全面を考慮すると仕事量は減ると予測していたためです。しかし、効率を落とさないために学生たちも協力してくれたおかげで、集材がスムースに運び、それにより先行伐倒の作業がうまく行き、こうした先を見越した段取りをすることで、能率が落ちることなくチーム力

服部興業の皆様と

服部興業での実習

左・吉川賢教授 ナチン絢野助教授

左・新庄村國六黒田眞路常務と
荒木勝理事・副学長

新庄村で学ぶ学生たち

左から山陽新聞 三木良一氏
岡大 近藤一彦さん　岡大 内藤賢一郎さん

を活かせたために目標の数字が出ました。ただし、この売上げには学生たちの人件費を乗せていないため、その資料も併せて作成してみます。

　また、学生たちは、選木作業、伐倒作業、そして技術面での指導はきちんと守り、安全面にも配慮して、真剣に業務を続けている点は高く評価できました。マットさんは懸命に覚え、岡山大学の彼女たちも負けずに頑張っている、そんな姿を見ていて一緒に学べてよかった、と感じています。

　当社の職員全員が真剣に学ぶ学生たちに業務を教えることで、何の仕事を、だれに、どのように指示することが大切か、こうした頭を回すことは、平素はあまり考えていなかったように思えます。特に山の仕事は、基本的なマニュアルはありますが、現場環境や天候の状況は千差万別ですので、その場その場で、作業の順序や段取りが変わることが、ままあります。そうした際に臨機応変に的確な指導や指示ができる指導者になるためには、このたびの学生受け入れは、貴重な経験とさせていただくことができ

倉敷木材（クラモク）大久保陽平社長が指導

銘建工業　右・中島浩一郎社長
左・安東真吾取締役

創業明治40年のクラモクにて伝統の技を学ぶ

銘建工業CLT工場実習　左・吉川賢教授

ました。そして、彼や彼女たちが、自分たちの仕事に誇りが持てることを再認識させてくれました。企業としても学んだことは大きいです。

5.最先端技術と伝統の匠の技、両方を学ぶ

2015年7月10日、銘建工業の中島浩一郎代表取締役社長と面談させていただきました。現在の林業、林産業の置かれた現状と海外との関係、規制緩和による成長戦略の可能性と課題、グローバルな視点での企業人材育成の方向性など、さまざまなテーマで意見交換をさせていただきました。意見交換の後、UBCの学生と岡山大学生が学んでいる、日本の成長戦略の切り札とされるCLT（直交集成板：Cross-Laminated-Timber）の生産工場へ移動して、彼らの仕事ぶりを見学いたしました。元気に働く学生たちの姿に安堵しました。銘建工業は、CLTの生産技術日本一を誇る企業です。銘建工業のCLTで作られている構造物では、世界で最も美しい駅14選に国内で唯一選ばれた「金沢駅」の鼓門《つづみもん》が有名です。金沢の玄関口にあり最強のおもてなし力を発揮していることは周知の通りです。また、東京五輪でもあちらこちらで使われ、岡山大学も隈研吾氏監修により同社CLTを活用した「岡山大学共育共創コモンズ（OUX：オークス）」を2023年1月に完成させ、「令和5年度木材利用優良施設コンクール」で内閣総理大臣賞に輝いています。

さて、2015年6月からスタートしたカナダブリティシュ・コロンビア大学から2名の留学生を受け入れ、岡山大学生と県内企業へインターンシップに派遣するCo-opプログラムは、最後の企業での学びがスタートしました。8月7日、県内産の材木にこだわり住宅建設を続ける、創業明治40年の倉敷木材（クラモク）を、吉川賢先生と訪問しました。

大久保陽平取締役副社長（現クラモクホールディングス社長）から住宅の4分の1モデル作成の指導を受けていました。昔ながらの木の板に描いた図面には柱の番号に「いろはにほへと」と文字が並びます。伝統的な立体工法で建築を行う日本の匠の技は素晴ら

しいと感心しきりです。また、道具も拝見しましたが、ノミの種類もこんなにあるのかと驚きました。「学生たちは、とても真面目に働いています」と褒められ、学生たちも「日本の伝統工法に驚きました」と新鮮な気付きを日加で共有しました。

8――タイ　タイ国バレーボール協会と岡山シーガルズ

1. 岡山シーガルズをサポートさせていただいた記録

岡山シーガルズは、Vリーグで準優勝2回や国体5連覇（10回優勝）、最近では、２０２４年5月、第72回黒鷲旗全日本男女選抜バレーボール大会において優勝の実績を誇るオリンピックのメダリストを生んだ女子バレーの名門クラブチームです。ジイジは２０１５年から岡山シーガルズの顧問をお引き受けしてお手伝いを続けてきました。地域を元気にするためにスポーツは欠かせません。ジイジのこれまでの使命と目標は、シーガルズが日本一を目指すと共に、岡山の地において、未来永劫、安定して活動を続けられる組織体質の構築を目指すことです。

一方で、日本のバレーボールのトップリーグであるVリーグは、将来の完全プロ化を目指して、V.LEAGUEを再編、２０２４年秋からのシーズンを、SVリーグ（SV. LEAGUE）として世界最高基準のリーグへ成長させることになりました。こうした中で、岡山シーガルズ以外のトップチームは大企業チームがほとんどで、恵まれた資金力を背景に世界のトップ選手を獲得して、彼女たちを中心に得点を稼ぐパワーバレーを展開しています。岡山シーガルズは、

後日、岡山大学において関係者にお集まりいただき Co-op プログラム成果報告会を開催、さらにカナダの学生は無事に帰国、母校での報告会に臨みました（現在はコロナ禍など諸般の事情で休止中）。

多くのファンや地域のスポンサー企業が支える市民チームですので、大企業のような財政力や手元資金が限られる中で、持ち前の「粘りの拾うバレー」でトップリーグに君臨してきました。同時に、子供バレーボール教室や全国からの中高生の合宿受入れをはじめとする社会貢献の実践とバレーボールの普及を第一義に置いて、創業以来、25年以上頑張ってきました。

ところで、アジア企業が急成長する中で、長引く日本企業の低迷や人員不足、新型コロナ禍の影響などにより、岡山シーガルズを応援してくれているスポンサー企業の多くは苦労されています。岡山シーガルズとしては、今まで以上に、組織と運営の安定性を確保しなければ、経営自体が継続できなくなるリスクが生じることが懸念されています。経営安定化のためには、長期的に契約を継続・更新してくれるスポンサー企業との良好な関係づくりや自治体との緊密な連携確保が重要となると考えました。

すなわち、岡山シーガルズが、安定して活動を続けるためには、大企業チームと互角以上に競り合いながら、SVリーグで活動を継続できる、新たなパートナーシップを基盤としたスポンサー企業や自治体と連携した仕組みを創設する必要があると確信しています。その仕組みづくりをサポートする役目がジイジのミッションだと心得ます。その具体策のひとつが、JETRO（日本貿易振興機構）とシーガルズとの関係強化による国際戦略だと考え、日本企業の海外進出が中国に次いで多いタイに注目しました。ありがたいことに、タイには2024年5月の黒鷲旗をもって引退しましたが、宮下遥選手の人気を支えに岡山シーガルズのファンが7万人もいることが背景にあります。また、スポーツ庁がこの取組みに理解を示してくれました。岡山シーガルズの魅力を活かして、スポンサー企業の商品やサービスをタイのマーケットで広報できれば、岡山シーガルズとスポンサー企業がビジネスパートナーの関係にステップアップできると考えました。

その新たなステージを切り開こうと研鑽を重ねて

きた主な活動と交渉の軌跡を振り返り、現在の立ち位置を確認、そして未来への道筋を多くのファンの支援を受けながら、チームの皆さんや地元経済界、自治体と共に考えて参りました。その記録をまとめました。

2．2017年を皮切りに 翌年から具体活動を積極展開

■JETRO理事長がシーガルズ訪問 〈2017年2月23日〉

政府の成長戦略では、日本企業の国際展開への支援や、日本を世界で一番ビジネスのしやすい国にして世界からヒト、カネ、モノ、そして企業を呼び込むことを求めています。地方創生の観点からは、「未来投資戦略2017」（未来投資会議平成29年5月30日）において、地域経済好循環システムの構築をめざして「観光・スポーツ・文化」施策の中でスポーツ産業を通じた地域振興の推進を政策に掲げ、その中で女性や障がい者等のスポーツ実施率の向上を最重点政策として掲げています。こうした状況にあって、民間活力活用による地方創生の取組みとして、2020年東京オリンピック・パラリンピックを契機とするスポーツによる地域産業や観光の活性化が同時に進められ、全国各地でスポーツを活かしたまちの活性化策が展開されてきました。

こうした中、JETRO（日本貿易振興機構）岡山の高宮純一事務所長のコーディネートにより、石毛博行JETRO理事長（現在は一般社団法人2025年日本国際博覧会協会事務総長）が、岡山シーガルズ事務所を訪問くださいました。岡山県においてもファジアーノ岡山、岡山シーガルズなどのプロスポーツをはじめ、岡山マラソンなどのアマチュアスポーツで地域を盛り上げ、国内外から多くの選手や観客が誘致され、宿泊・滞在を伴うスポーツを活かした交流人口の創出や、観光や飲食をはじめアフターコンベンション企画の提供による地域経済の活性化施策が大きな成果をあげつつあります。こうした取組みにJETROの力と知恵をお借りする依頼を石下理事長

に申し上げました。

ジイジからは、ＪＥＴＲＯが掲げる「対日投資の促進に注力」するという目標と、スポーツで海外から来岡する人や企業を増やそうとするオール岡山の目標は一致できるのではと申し上げました。岡山シーガルズのファンは海外にも広がり、とりわけタイには約7万人のシーガルズファンがいる実績を利用して、日本経済の活力を高めるためには、規制改革などの環境整備を通じて世界で最もビジネスのしやすい国、そして観光面でも最も安心安全な国として、積極的に外国人や企業を誘致することが重要であると考えている点を強調して説明させて頂きました。こうした依頼に対して、ＪＥＴＲＯが目指す「Talk to JETRO First」では、ＪＥＴＲＯは外国企業にとって最初のコンタクト先となり、研究開発や雇用創出効果の高い分野で誘致に取り組んでおり、そこでシーガルズが持つ海外ファン組織とのコネクションは非常に強いものがあるため、シーガルズも最初のコンタクト先であるという国際貢献の一翼を担う力を秘めているとの理解を示していただきました。

その成果として、２０１８年3月3日から、ＪＥＴＲＯのコーディネートで岡山シーガルズがインドネシアとタイで活動する契機が生まれたのでした。

■小長啓一岡山大学全学同窓会会長による訪問
〈２０１８年4月1日〉

小長啓一岡山大学全学同窓会会長（岡山大学第1期生）が、岡山商工会議所にある岡山シーガルズ事務所を訪れ、今後のタイとの連携による活動計画と施策展開についてご説明を申し上げとところ、大所高所からご指導をいただくことができました。小長会長は田中角栄内閣の通産省事務次官として「日本列島改造計画」の起草に参加した方であり、先日の石毛博行ＪＥＴＲＯ理事長来岡の話題もご紹介申し上げましたところ、さっそくお礼の一報を入れてくださいました。

また、同じ岡山大学草創期の卒業生である、岡山県バレーボール協会の中島博会長（ナカシマホールディングス株式会社代表取締役会長・故人）も参加くださり、岡山シーガルズの活躍に向けた知恵を授けてくださいました。

■岡山シーガルズ協議会発足
〈2018年3月30日プレス発表〉

ジイジは、自身の使命と目標である、「シーガルズが日本一を目指すと共に、岡山の地において、未来永劫、安定して活動を続けられる組織体質の構築を目指す」ために、「岡山シーガルズの活躍に向けた民間活力活用推進協議会」発足に向けた準備を続けました。

その内容について、岡山市役所「岡山市市政クラブ」にて、ここまで根回しを進めてきた、梶谷俊介岡山トヨタ社長、そしてジイジは岡山シーガルズ顧問の立場で会見に臨みました。アリーナ建設はもとより、経営基盤の強化にシーガルズのグローバル展開を織り込みました。

■〈2018年4月3日　設立式〉

経済界を核とした大学、医療界の熱烈なエネルギーにより、岡山商工会議所において「岡山シーガ

前左から 中島博ナカシマHD会長
小長啓一会長　梶谷俊介岡山トヨタ社長

JETRO（日本貿易振興機構）
石毛博行理事長シーガルズ訪問

岡山大学全学同窓会小長啓一会長

ルズの活躍に向けた民間活力活用推進協議会（略称：岡山シーガルズ協議会）」が発足しました。本会は、スポーツをきっかけとして、さらなる産業振興や観光振興の力を伸ばし、岡山が日本一のスポーツ先進都市（スポーツの聖地）となることを目指ために、経済界が中心となり広く産官学医金言民のトップに呼びかけを行い、岡山大学槇野博史学長はじめ、岡山県医師会、岡山県銀行協会など関係する組織、団体のトップが同様に発起人に名を連ねて船出した協議会です。そして、岡山県伊原木隆太知事、岡山市大森雅夫市長にもご臨席いただきました。ジイジは、岡山商工会議所鶴岡良孝理事・事務局長と共に、この組織運営を担当いたしました。

こうした実績を重ねたことにより、2024年8月、岡山市第1回アリーナ整備検討会議（座長は大森雅夫岡山市長）が開催され、ジイジもメンバーとして参加しています。また、経済界より中長期的な視野で、DXアリーナ（スポーツ健康分野のイノベーション創出機能を持つデータ収集拠点）としての可能性を検討した

「岡山シーガルズの活躍に向けた民間活力活用推進協議会」発足

岡山商工会議所鶴岡良孝理事・事務局長

岡山シーガルズファン感謝会in笠岡2018

いとの意向が示されています。シーガルズはじめ各スポーツ団体の皆さんの努力で、悲願の専用練習場の確保と優先して使えるアリーナ建設が実現の一歩手前まで漕ぎつけました。

■ファン感謝祭でのタイとの連携企画
〈2018年9月2日〉

全国から大勢のシーガルズファンが笠岡スポーツ総合体育館に集合、タイから10名のファンが来岡しました。嗜好を凝らした企画やアトラクションが続き、会の最後に、岡山大学のスポーツまちづくりサークルSCoPが特製のシーガルズ必勝祈願絵馬を作製、タイの皆さんの寄せ書きを添えてタイのファンと岡大生から選手の皆さんに贈呈、大きな拍手が送られました。チームを代表して、山口舞選手（2012年ロンドン五輪銅メダリスト）からタイのファン代表に記念品が返礼されました。

3. 2019年から本格的に タイ国バレーボール協会と交渉、交流開始

■タイ国バレーボール協会初訪問
〈2019年3月3日～6日〉

ジイジは、女子バレー岡山シーガルズに同行して、タイ国を訪問、タイと岡山の具体的な連携提案を行いました。

出張期間は3月3日～6日（現地二泊、機中一泊）、参加者は、高田さゆり氏（岡山シーガルズマネージャー）、三村聡（岡山シーガルズ顧問）、清水裕介氏（中国銀行バンコク駐在員事務所長）、近藤桂司氏（中国銀行バンコク駐在員事務所）、渡辺暁氏（ダイヤ工業海外営業部門）、平聖子氏（スポーツを専門分野とする通訳）。

現地では、タイバレーボール男子の公式試合観戦と体育施設及び周辺調査、そして、タイ王国バレーボール協会を訪問、岡山および岡山シーガルズのスポーツを通じた連携可能性についてSDGsの視点を踏まえながら意見交換を実施しました。面談いただけたのは、タイバレーボール協会のMR. SOMPORN CHAIBANGYANG会長、SHANRIT WONGPRASERT CEO、JAKSUWAN TOCHAROEN主席秘

書官の3名。2020年東京五輪、タイ国バレーボール協会創立60周年、そして岡山シーガルズ創立20周年など、大きな節目を機会とした、とても具体的な「岡泰交流」交渉をまとめることができました。

女子バレーボールの活動を契機として、SDGsが掲げる「質の高い教育をみんなに：すべての人々に包摂的かつ公平で質の高い教育を提供し、生涯学習の機会を促進する」の実現に向けて、大きな一歩を刻めたタイ訪問でした。

■岡山シーガルズがタイ初遠征
〈2019年7月6日〜9日〉

岡山シーガルズの創立20周年記念事業の一環として、SDGsの観点を踏まえ、そして東京五輪のレガシーを具現化するために、タイ国バレーボール協会会長やタイ国商工会議所会頭、加えてトヨタ自動車の現地法人などを訪問しました。

そして、チームもタイ遠征（初の海外遠征）を果たしました。準備いただいた宿泊施設の環境が厳しい中で、シーガルズの皆さんは礼儀正しく対応され、

タイ国バレーボール協会訪問

チュラロンコン大学

タイ国バレーボール協会サンポーン会長

現地タイのシーガルズファンから、岡山シーガルズコールを受けました。この間に、岡山とＡＳＥＡＮの交流を深めるための交渉を、岡山商工会議所副会頭の梶谷俊介岡山トヨタ社長を団長として、山口舞さん（中国学園大学勤務）と共にシーガルズからは、高田さゆり、神田千絵、三村聡の3名が担当しました。東京五輪におけるレガシーの実践が問われる中で、タイ国バレーボール協会とは今回の国際大会参加を通じて、深い信頼関係を構築することができました。そして、オリンピック以降も、世界ランキング14位（当時）を誇るタイとシーガルズとの関係（全日本は世界ランキング6位）を積極的に展開することを確認できました。

タイスポーツ界はもとより、タイ国商工会議所会頭との会見でも山口舞さんは有名で、ＳＤＧｓ活動も視野に入れたさまざまな連携協力への支援を約束いただき、帰国に際しては、シーガルズのファン代表が空港まで見送りに駆けつけてくださいました。

■タイ王国ナショナルチーム来岡
〈2019年11月2日～16日〉

東京五輪カウントダウンそしてＳＤＧｓ活動の一環として、女子バレー岡山シーガルズがタイ国ナショナルチームを岡山へ招聘しました。この企画をＳＤＧｓ活動の一環として位置付け、誘致交渉を補佐しました。その念願が叶い、タイのナショナルチームが岡山へ来日しました。２０２０年東京五輪、タイ国バレーボール協会創立60周年、そして岡山シーガルズ創立20周年など、大きな節目にふさわしい、具体的な「岡泰交流」交渉をまとめることができたのです。

岡山県や経済界のタイへのアプローチ、タイから岡山への観光インバウンドの環境づくりなどについて、情報交換や意見交換を行う流れを醸成しました。

■「スポーツビジネスジャパン2019」
〈2019年11月19日～20日〉

東京五輪のカウントダウンがいよいよはじまり、

タイ国バレーボール女子ナショナルチーム来岡（岡山市訪問）

宮下遥選手と
ヌットサラ・ソムコム選手（キャプテン）

河本昭義監督による指導

左から 日本政策投資銀行桂田隆行氏（故人）
Jリーグ国際部長山下修作氏
岡山シーガルズ顧問 三村聡
Bリーグ国際グループマネージャー斎藤千尋 氏

シーガルズ激励会で顧問挨拶

さいたまスーパーアリーナで「スポーツビジネスジャパン２０１９ together with スタジアム&アリーナ２０１９」が開催され、日本と世界中のスポーツビジネスに関わるプロや関係者が一堂に集まりました。

基本コンセプトはＳＤＧｓでした。地方創生や都市の持続可能性を具現化するために全国的にアリーナやスタジアムを建設する流れが加速しました。プログラムB-14「スポーツで日本とアジアを繋ぐ」（11月20日16：15-17：00）では、日本政策投資銀行地域企画部の桂田隆行氏（故人）の進行により、Ｊリーグパートナー事業部長兼国際部長の山下修作氏、Bリーグ経営企画グループ・国際グループマネージャーの斎藤千尋氏と共に、岡山シーガルズ顧問の立場でジイジが登壇させていただきました。市民主役のクラブチームである岡山シーガルズのタイ王国との関係を紹介いたしました。

4．タイの協会と協定締結、そしてVリーグ準優勝

■タイ国バレーボール協会と協定締結調印式　２０２０年1月10日～14日

タイ国ナショナルチームがオリンピック出場をかけた試合の応援と、岡山シーガルズとタイ国バレーボール協会との協定締結を目的に1月10日～14日、タイへ出張しました。

1月11日、Sima Thani Hotelで調印式に臨みました。先方はSOMPORN会長、SHANRIT CEO、JAKSUWAN主席秘書官の3名、当方は高田さゆり、山口舞、三村聡の3名、そして通訳兼コーディネーターをお願いしている平聖子（Seiko Taira）女史。ここまでのジイジの担当は岡山シーガルズとタイ王国バレーボール協会との協定に際して、岡山シーガルズ河本昭義監督の意向を反映した協定書の文案作り、協定書翻訳、協定締結に至るまでの交渉です。調印式では、ジイジから協定書の内容に従い、その趣旨確認をさせていただき、両国が子供向けバレーボールの指導で連携することを確認、さらに岡山シーガルズのタイ友好関係へかける思いを高田さゆりマ

ネージャーが熱く伝えました。東京五輪を契機とした地域レガシーの創出を果たすという重要な協定を結ぶことができたことで、岡山シーガルズのグローバル戦略が本格的にスタートしたのです。また、岡山大学が地域社会のシンクタンク機能を発揮するために顧問として兼業を認められたミッションの一つを果たすことができた瞬間でもありました。

今後、岡山を構成する産官学が連携しながら、これまで以上に岡山シーガルズを盛り立て応援することで、タイ国ナショナルチームとの交互交流を持続的に発展させ、SDGsが目指す目標・ゴールを念頭に置きながら、東京五輪を契機とした地域岡山のレガシーを構築して参りたいと確信したタイ国訪問でした。

■岡山シーガルズ準優勝の瞬間を観戦
〈2020年1月25日・26日〉

国立代々木競技場第一体育館において2019-20 V.LEAGUE DIVISION1 WOMEN SEMI-FINAL とFINALが連日開催されました。1月25日のセミ

2019-20 V.LEAGUE DIVISION1 WOMEN
準優勝

タイ国バレーボール協会と
岡山シーガルズ連携協定調印

オリンピックアジア代表決勝韓国戦
タイ国ナショナルチームを応援
中央・山口舞さん　左・高田さゆりマネージャー

ファイナルでは、岡山シーガルズがデンソーエアリービーズを3―2（26―24・25―14・19―25・23―25・15―7）のフルセットで下し、決勝戦のファイナル進出を果たしました。そして1月26日のファイナルでは、フルセットの激闘の末に、岡山シーガルズはJTマーヴェラスに2―3（22―25・26―24・25―23・14―25・7―15）で惜敗、準優勝という結果になりました。

また、2020年度バレーボール女子日本代表チーム、火の鳥NIPPONの登録メンバーが決定、岡山シーガルズからは、セッターの宮下遥選手とミドルブロッカーの及川真夢選手が選出されました。準優勝を遂げた岡山シーガルズの健闘を讃えると共に、いよいよ東京五輪に向けて、宮下遥選手と及川真夢選手の二人には頑張っていただきたいと願いました。

■東京五輪聖火リレーin岡山
〈2021年5月27日〉

東京2020オリンピック聖火リレーは、2021年3月25日に福島県のナショナルトレーニングセンターJヴィレッジでグランドスタートを実施し、東日本大震災から10年目となる節目の年に行われる聖火リレーとして、復興の歩みを進める被災地をはじめとする全国各地を隅々まで巡り、日本全国の人々に希望と勇気を与えました。岡山では5月19日、20日、コロナ禍の影響によりランナーが走らずに聖火をつなぐ「トーチキス」が開催されました。

東京五輪聖火　山口舞さんに感謝

山口舞さんとバンコクにて

岡山シーガルズの元キャプテンで、ロンドンオリンピック銅メダリストの山口舞さんらが聖火をつなぎ、鳥取県へ引き継ぎました。山口さんが「スポーツには素晴らしい力があると思う。そういう部分を少しでも、私も何かしらの活動をしながら伝えていけたらいいなと思う」との記念談話を残しました。

5．JETROがリードするタイビジネスモデル構築に向けた活動展開

■岡山シーガルズとの連携による勉強会

岡山シーガルズのタイでの交流をきっかけとした岡山企業のタイ進出を目標としたＪＥＴＲＯ岡山主催の勉強会「スポーツ関連産業の輸出促進プロジェクト（シーガルズプロジェクト）」を、重ねました。前向きな展開に期待を寄せました。

■タイのファンにオンライン感謝会

岡山シーガルズは、タイのファン向けにＪＥＴＲＯ岡山と共催、そしてタイ国バレーボール協会の協力、岡山大学地域総合研究センターの後援により、２０２０年9月12日（日本時間18：45）、オンラインによるファン感謝会を開催しました。約１０，０００人のファンが視聴という快挙です。

タイのファンからは、数々の熱心な質問をいただき、時間の許す限り選手たちが答えました。また、タイの数多くのメディアで、今回のイベントの様子が伝えられました。こうしてシーガルズの魅力をタイに発信すると同時に、選手自らが、岡山県内のスポーツ・健康・医療産業分野でシーガルズスポンサー企業の魅力をタイに発信することができました。いよいよ、スポーツを起点に岡山とタイをつなぐファン交流と産業交流が本格スタートする契機となりました。

また、こうした流れに呼応して、11月26日、スポーツ庁国際課の高田雄飛氏が、岡山大学地域総合研究センターに来学され、意見交換を行いました。岡山側の参加者は、ＪＥＴＲＯ岡山相原君俊所長（奥井浩平所長から交代）、岡山シーガルズ高田さゆりマネージャー、本学荒木秀治学務部長（文部科学省から出向）、センター長であるジイジの4名です。高田雄飛氏からタイプロジェクトへの引き続きの支援表明

をいただきました。東京五輪の成果を、地域版のレガシーの確立に向けて活かせるように歩んで参ることを全員が確認できました。

■スポーツ庁オンライン商談会

２０２１年度最終回となる、第4回「タイにおけるスポーツ産業」勉強会が、2月7日、岡山商工会議所会議室にて開催されました。２０２２年度は、ＪＥＴＲＯ岡山の指導により、岡山シーガルズのスポンサー企業を中心に、スポーツ、健康、医療産業に関係する5社がタイ市場への展開に向けて勉強会を重ねてきました。

その成果としては、タイのファンとのオンライン感謝会の実施、さらにはスポーツ庁が推進するスポーツ産業の国際展開に合わせた、オンライン商談会の実施まで進めることができました。ここまでの歩みは、ＪＥＴＲＯ岡山の相原君俊所長の卓越した指導力の賜物です。同時に、岡山シーガルズの、これまでの海外ナショナルチームとの友好関係を礎とした実績とプロとしてのノウハウが、良好なコラボレーションを実現したと確信しました。

6．タイ国との交流促進に向けた連携に関する協定

岡山シーガルズは岡山県とタイ国間における交流の一層の促進と、岡山桃太郎空港とバンコクを結ぶ直行便を誘致することを目的に、岡山県およびＪＥＴＲＯ岡山との連携協定を締結しました。

ここまでの道のりは長く、タイ国バレーボール協会との交渉や交流をきめ細かくお手伝いして参りました。岡山シーガルズの頑張りとファンの皆様の力、岡山県はじめ関係自治体とＪＥＴＲＯや経済界の支援により、ようやくたどり着くことができました。

継続は力なり、東京五輪の地域レガシーの具現化と地方創生を顧問としての立場はもとより、岡山大学としても側面支援して参ることを改めて誓いました。

7．タナッチャ・スークソッド選手入団〈２０２２年10月15日〉

コロナ禍を越え、チームの熱意と努力、高田さゆりマネージャーの粘り強い交渉、そして平聖子さんの卓越した通訳力により、タナッチャ・スークソッド選手（愛称Momey：モメ）が来日、入団しました。

ようこそ岡山へ、タイとの交渉役の立場から、関空へ笑顔でお出迎えにあがりました。モメ選手が、チームにプラスの化学反応を起こしてくれ、世代交代が進むチームが日本一を目指して奮起することを祈念しました。そして、岡山とタイとの友好親善大使としての役割を担ってくれることを期待しました。

タナッチャ・スークソッド選手入団

大活躍したタナッチャ・スークソッド選手

彼女は立派な成績を残し、2023年4月9日、帰国しました。

ちなみに、JETRO岡山の所長も相原君俊所長から渕田裕介所長に選手交代、このプロジェクトから見ると、高宮純一所長から数えて、4代目の所長のもとで、タイとの交渉の支援をお願いしていきます。次のステージへジャンプです。継続は力なり、タナッチャ・スークソッド選手の活躍により、シーガルズの粘りのチームプレーにもプラスの影響を与えてくれたと確信しています。

8. 東京五輪を契機とした「地域レガシー」創出支援

IOC（International Olympic Committee）によれば、レガシーとは「長期にわたる、特にポジティブな影響」と定義され、オリンピックやパラリンピックの開催を契機として、社会資本の整備、経済的な恩恵を受けるシステム構築、スポーツによる文化財の創出などが思料され、スポーツ、社会、環境、都市、経済の5分野を挙げています。東京五輪2020の開催決定を受けて、開催予定都市においては、各種の施設やインフラの整備、スポーツ振興等が図られています。

さて、レガシーの概念については、しばしば有形のインフラ整備があげられます。その思考は、先の1964年東京五輪開催時における高速道路網や新幹線の整備、体育館の建設など高度成長の原動力となったインフラ整備が代表的です。

一方で、現代社会における課題解決に向けては、有形インフラの有効性は認められますが、知恵を出し合い無形のソフト施策を構築するスタイルが重要であると思います。五輪地域レガシーの創出に向けた岡山シーガルズの活動を下記に紹介します。

■有形インフラの構築について

岡山シーガルズの専用練習場確保と公式戦で優先して使えるアリーナ建設について、2015年度以降、建設に向けた活動を続け、東京五輪の開催を契機として、さらなる弾みをつけて、建設への具体的な検討の段階へたどり着くことができました。

■無形ソフト化戦略の展開について

岡山シーガルズが、世界から多くのナショナルチームを岡山へ誘致し続けてきた実績に基づき、ASEAN諸国で世界ランキングの最上位に位置するタイ国のバレーボール協会との関係性を、東京五輪を契機として強化しました。2021年度は、新型コロナ禍の影響がある中で、東京五輪の開催に合わ

タイ王国大使館公司参事官らを招いてタイ国スポーツビジネス勉強会　主催JETRO岡山

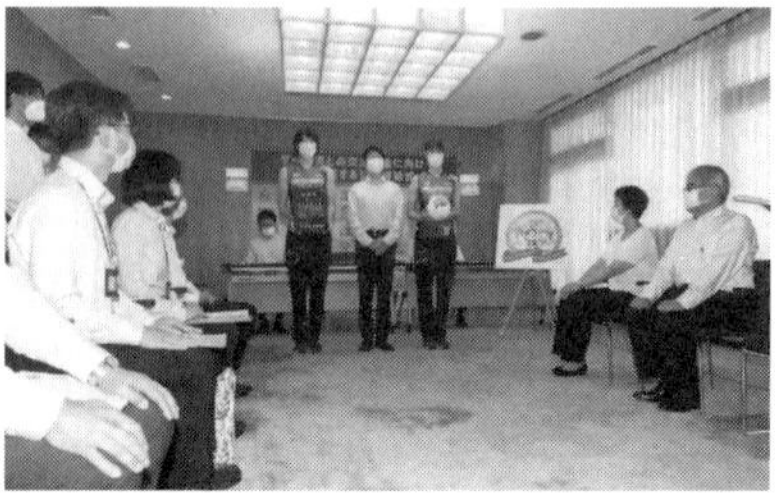

タイ王国との交流促進に向けた連携に関する協定（中央・伊原木隆太知事）

せて、スポーツ国際交流による産業振興を、スポーツ庁の国際業務展開とJETROが進める日本企業の海外展開施策の支援を受けながら、オンラインファン感謝会や岡山シーガルズスポンサー企業とタイ国企業とのオンライン商談会を実施しました。そして、タイ国との交流の一層の促進と、岡山桃太郎空港とタイ国を結ぶ直行便を誘致することを目的に、岡山県およびJETRO岡山との連携協定まで、アライアンスは進みました。

こうしたソフト施策の展開こそが、地方創生を実現に結びつける、五輪地域レガシーであると言えましょう。こうした活動は全てが、「人と人とのご縁」です。このご縁が海を越えてタイに通じて、タナッチャ・スークソッド選手の入団にまで漕ぎつけました。

■タイ国「バンコク日本博2023」に参加

岡山シーガルズとジェトロ岡山は、2023年9月1日（金）〜3日（日）、タイ最大級の総合日本展示会「バンコク日本博2023」に出品し、シーガルズを応援する県内企業の現地向けプロモーションを実施しました。会場は、タイ・バンコクのサイアムパラゴン5階ロイヤルパラゴンホール（991 Rama1 Road, Pathumwan, Bangkok 10330 Thailand）です。岡山シーガルズとジェトロ岡山&JETROバンコクと協力し、海外のリアル展示会でプロモーションを実施するのは初めての催事となりました。

同時に岡山県が岡山県の観光の魅力を発信、さらに県内産の特産品の紹介などのPRを実施しました。なお、岡山県、岡山シーガルズ、ジェトロ岡山は三者協定を締結し、タイから岡山への直行便誘致に取り組んでいることから、バンコク日本博では岡山県と企画連携して出品、シーガルズは岡山県を応援する協働活動を展開しました（岡山県は県観光課、県航空企画推進課、マーケティング推進室、対外戦略推進室の4部門が企画と推進を担当）。さらに倉敷市も美観地区の観光を核としたインバウンドの加速に向けた出展を行ないました（文化観光部観光課）。こうして、JETRO&岡山県&倉敷市という3連ブースで総合的かつ相乗的な集客アップを図りました。
　このように、岡山シーガルズは、タイに7万人規模のファンがいる強みと、タイ国バレーボール協会と連携協定を活かして、同国内で高い知名度と幅広いネットワークを誇る情報発信力をフルに発揮、3日間の「バンコク日本博２０２３」を盛り上げました。具体的には、開催中、坂本産業、ダイヤ工業、帝人ナカシマメディカル、トンボ、丸五、梶谷食品（敬称略）、というシーガルズのスポンサー企業を主力として、県内企業の製品のプレゼンテーションや技術のデモンストレーションなどを行い、スポーツチーム＋産官連携により、タイにおけるマーケット需要喚起と販路拡大を目指しました。われわれＪＥＴＲＯ&岡山シーガルズチームの目玉、ステージイベントでは、まず、タイ国バレーボール協会のシャンリットＣＥＯと岡山シーガルズの高田さゆりマネージャーが、バレーボールがとりもつ、タイと岡山の信頼関係と絆の強さについて紹介、今回のタイ日本博を契機として、益々、協力関係を深め、更なる両国を結ぶ企画立案して具体的なアクションを興して友好を深めたいとの宣言を行いました。

　続いて、タイで人気の岡山シーガルズ宮下遥選手が、ユニフォーム姿で登壇、タイの多くのファンの盛大なる拍手に包まれながらステージに登場、そして岡山シーガルズがタイ国バレーボール協会との協定をきっかけに、岡山とタイとの関係を深めてきた実績に基づき、ヌットサラ・トムコム選手（Ms. Nootsara Tomkom：元タイ王国バレーボールチーム代表で国民的ス

シーガルズブースにて宮下遥選手と

バンコク日本博2023シーガルズのステージ

ター）が宮下遥選手とステージで共演してくださいました。二人のトークショーでは、会場は静かに耳を傾けてくれました。そして、続く、世界を代表する二人の選手によるトスの競演では、特設ステージは大盛況となり、広い会場全体が拍手の渦に包まれました。そして出展企業の商品のPRもヌットサラ選手のご協力を得て、抜かりなくさせて頂きました。

こうして、岡山シーガルズのタイでの知名度が更なる県内企業および各社製品・技術の認知度やイメージの向上につながり、今後の輸出拡大およびタイから岡山に向けたインバウンド拡大の好循環が生まれるきっかけづくりを果たすことができました。

■タイ国訪問2024

岡山商工会議所のASEAN訪問があり、その行程のなかでタイ国訪問に岡山シーガルズ顧問として随行いたしました。期間は2024年9月11日～9月15日です。

9月12日、ジェトロバンコク事務所長の出迎えを受けて同所を訪問、最新のタイ国の産業経済の状況をプレゼン頂きました。昼食を済ませてから、タイ商工会議所を訪問いたしました。面談の場所はタイ商工会議所大学（University of the Thai Chamber of Commerce）のキャンパスです。世界中で、商工会議所が大学を有しているのはタイだけだそうです。学生たちがキャンパスに溢れていました。先方は、会議所のサナン・アングボルクク会頭を筆頭に、前会頭、次期会頭という三巨頭にそろい踏み頂きました。タイ国と岡山の交流促進に関する提案をさせて頂き、松田久会頭が流暢な英語で交渉されました。大切な約束を交わすことができました。プレゼントの交換をしてから、キャンパスの屋外で記念写真を撮らせて頂きました。

9月13日、タイ財閥ゲイソングループを訪問、会長との面談でした。タイを代表する財閥のトップと合って、物腰は柔らかですが、そのお話には落ち着きと威厳がありました。岡山とバンコクとの直行便の就航可能性について、提案と情報交換をいたしました。ここでも松田会頭が、アクションも踏まえた流暢な英語で語りかけ、双方ともに突っ込んだ本音の意見交換ができました。ジイジからも岡山シーガルズとタイとの交流可能性についてプレゼンさせて頂きました。午後は、ゲイソンタワーに隣接する通訳をお願いしている平聖子さんのマンションへお邪魔して、お母様にご挨拶、日本人会の女子会のお仲間に加えて頂きました。マダムのみなさまは、タイ国に駐在する日本企業の皆様方です。誠に愉快な時間を過ごさせて頂きました。そしてタイでの活動をする際にご協力を頂くことを打診しました。ありがたいことにご快諾頂きました。大きな成果です。

9月14日、最後の訪問先であるタイ国バレーボール協会のサンポーン会長とランチを兼ねたミーティングに臨みました。タイ商工会議所とゲイソングループ会長との面談結果と成果をお伝えしたところ、その合意内容が実際に進む際にはバレーボール協会も行動を共にする準備ができる旨をお約束頂きました。本格的なタイ料理を馳走頂き、歩けないくらい満腹となりました。心からお礼を申し上げ、再会を誓い合いました。

真の信頼関係の絆が深まったと確信いたしました。

9月15日、公式な訪問日程を終えましたので、一日、オフの時間を頂きました。平さんのご両親は、タイ国に数か所、お住まいを持っておられ、そのひとつであるカンチャナブリーにあるご自宅を訪ねました。カンチャナブリーは、第二次世界大戦時に日本軍が占領して架橋工事を実施した映画「戦場に架ける橋」の舞台です。現在も使用されている当時敷設された鉄道路線のほか、鉄橋付近には連合軍共同墓地や記念館、そして日本人慰霊碑などが点在し、戦争の悲惨さを今に伝えています。連合軍共同墓地に黙とうをささげた後、時間をかけて記念館を見学させて頂きました。また、日本人慰霊碑へも参拝させて頂きました。「戦場に架ける橋」では記念写真を撮らせて頂きました。

そして、平さんの広いお庭と12匹の犬たちに囲まれながら、お手製のランチを屋外で頂きました。平さんご一家に本当にお世話になりました。平さんと

タイ国商工会議所サナン・アングボルクク会頭と

ゲイソングループ会長（中央） 右隣が松田久会頭

タイ日本人会の皆様と
ジイジの後ろが平聖子さん　ジイジの右がお母様

タイのシーガルズファンの皆様と

ご家族に心より深く感謝申し上げました。定年退職しましたら、しばらく逗留させて頂きたいと切望しています。

■岡山市新アリーナ整備検討会議

岡山市は、岡山県経済団体連絡協議会及び岡山商工会議所から、プロスポーツチームやアマチュアチームの試合や練習利用を始め、市民の生涯スポーツや健康づくりの拠点となる、観客席数5千人から7千人規模の『アリーナ建設に向けた提言』を受けました（2021年12月27日）。岡山市では、アリーナの建設・運営については、経済界のバックアップによる地元企業の寄付金や企業版ふるさと納税などを活用した「公設」による建設、指定管理者制度の導入による民間ノウハウを活かした独立採算での「民営」による運営をベースとして、2022年度に多目的屋内施設（アリーナ）に関する基礎調査を実施、さらに、経済界から2022年12月に「新アリーナ公設民営に向けた提言」、2023年1月に「新アリーナの整備について（要請）」を受け、新アリーナの姿を具体的に描いていく必要があると判断し、基本計画を策定しました。

こうしたなかで、岡山市が経済界と共に整備することを検討する新しいアリーナ整備検討会議が、2024年8月29日に第1回、9月26日に第2回、11月20日に第3回、そして12月27日に第4回が開かれました。会長は大森雅夫岡山市長、副会長を松田久岡山商工会議所会頭がつとめます。ジイジは、委員として参加しています。いよいよアリーナ建設が実現する予感を具体的に感じさせるステージに入りました。

ジイジは岡山シーガルズをお手伝いする中で、河本昭義監督のお考えや実践行動に感銘して、岡山シーガルズの経営理念に「立志」（志を立て将来の目的を定めてこれを成し遂げようとすること）、「求己」（人格者は何事も自分の責任とするが、度量の小さい者は他人に責任を押し付けること）の二つの言葉をご提案させていただきました。ここまで、日本一を目指し、安定して活動するための組織体質の構築を目指して、「人と人とのご縁」を大切にしながら、アリーナ建設と新たなビジネスパートナー作りを支援してきました。未だ道半ばであります。しかし、岡山シーガルズのチーム力で、いつかは必ず実現すると確信しています。

9——その他

1.エジプト・アラブ共和国

■政情不安の中、男女同数での熱心な訪問

2011年12月5日、JICA（独立行政法人国際協力機構）が主催するエジプト・アラブ共和国開発計画セミナーで、エジプトから来日された政府関係者の皆様との思い出です。テーマは「地方大学と地域産業・行政の連携」、会場は岡山大学文法経2号館5F経済学部会議室で話題提供させていただきまし

た。

２０１１年2月の政変後、民主的体制移行に向けた諸改革への取り組みを続けているエジプト・アラブ共和国ですが、外務省によれば「11月18日にもカイロ中心部タハリール広場において、現在の国軍統治等を批判する数万人規模のデモが発生し、デモの一部が19日から22日にかけて、同広場及び内務省ビル付近にとどまり、同デモ隊と治安部隊との衝突が断続的に発生。一連の衝突で、23日までに35人が死亡」と伝えています。こうした中、新しい国づくりを目指すエジプトから来日された皆さんは、男女同数での来学で、皆さん真剣そのものでした。日本の場合は、迎える時も海外訪問の時も年輩の男性がいかに多いことでしょう。いわゆる男社会です。高齢層の男性の意見だけで物事が決まる社会は、早急に変革する必要があると感じました。男女平等の観点では、発展途上国です。

大学と地域の関係性についての質問はもとより、国と地方の予算配分の仕組みや行政機構と国立大学

エジプト・アラブ共和国訪問団

海外研修報告会

県下自治体新入職員研修

との連関性など、10回を軽く超える質問を受けました。少しでも国家再生の参考にしていただけるよう、ジイジも出来得る限り真摯にお答えをするよう努めました。

また、日本も東日本大震災という未曾有の天災と原発被害に見舞われ、国民全員が復興に向けての活動や祈りを続けていること、世界中から支援を受けていること、そして被災地から離れた岡山大学も被災地の岩手大学と共同で瓦礫の処理・バイオマス活用を推進し、さらに学生サークルもネットワークの輪を広げながらボランティア活動を展開していることを伝えました。

ジイジには、訪問団の皆さんの熱意がひしひしと伝わってきました。自分たちも真剣に地域のお役に立てるように頑張らねばならないと、逆に多くのことを教えていただいた気がします。午後の訪問先へ向かわれる訪問団の皆さんを、バスが見えなくなるまで、手を振って見送りました。

世界の文明を開いた国家であるエジプトの一日も早い安定をお祈りしました。

2. ドイツ・フランス「海外研修成果発表会」

■若手自治体職員の問題意識と学びを確かなものに

2014年2月10日、岡山県自治体若手職員（35歳以下）による、ドイツ・フランス海外研修の成果発表会が、岡山県市町村振興センター「れじょんホール」で開催されました。主催は、公益財団法人岡山県市町村振興協会（ジイジは理事）で、参加者は、玉野市、高梁市、備前市、瀬戸内市、赤磐市、美作市、浅口市、新庄村、勝央町、奈義町、久米南町、美咲町の職員、総勢12名（男性7名、女性5名）です。

事前研修ではドイツやフランスの地方自治法の学習はじめ、ジイジからはドイツやフランスの都市交通政策、岩淵泰先生からはフランスの市民参加について講義を担当しました。訪問先で研究テーマの内容に関する予備知識を得ることにより、研修意識を高め、また、訪問先への質問状の作成のヒントを提供することなどが目的でした。

こうした事前学習と準備を積んで海外での研修を実行したみなさんの成果報告は、大変に濃い内容でした。報告テーマは、①ゴミ問題：「循環型社会の実現を目指して～ドイツの持続可能なゴミ処理施策」と題してドイツヘッセン州の環境・エネルギー・農業・消費者庁訪問、ＥＬＷ（最終処分場）訪問から得た知見、②農村振興：ドイツ「ザスバッハヴァルデン村～つながる村づくり」訪問、フランス「ミッテルベルカイム村～郷土愛が溢れる村づくり」訪問から得た知見、③フランス「ストラスブール市のまちづくり～住民参加でつくるまち」訪問から得た知見、④フランス「ボーヴェ市の高齢者政策から見えてきたまちづくり」RESIDENCE LA CLEF DES CHAMPS（福祉施設）、ボーヴェ公立病院訪問から得た知見、以上四つのチームがそれぞれのテーマで発表しました。制作に相当の時間を費やしたことと思います。報告会の最後に講評をお任せいただきました。まず、こうした自治体が連携した研修の素晴らしさ、現地現物の感動を共有した連帯感は、将来に渡り受け継がれると思います。

自治体が抱える課題はどこも共通しており、ヨーロッパでは、それを地域が持つ要素や有限資源、そして官と民の優位性を駆使した施策の組み合わせによりストーリー性を持たせて、課題をうまく解決しているケースが多いことに気づくのです。そのマインドを自治体同士で共有しながら解決策を探ることが、とても重要であるとお伝えしました。参加者の皆様と研修を支えている岡山県市町村振興協会のスタッフの皆様に心より拍手をお送りしました。

余談ながら、同協会からは、岡山県下の自治体に採用された職員の新入職員研修と新任課長職研修講師を長く担当させて頂いています。

3. ベトナム　フエ

■留学生を中心に市民の文化交流から相互理解へ

２０１６年10月9日、津島キャンパスで岡山大学ベトナムデイが開催されました。

伝統音楽の演奏会やベトナム料理コーナー、アオザイの試着と記念撮影、素敵なイベントが目白押しでした。大勢の留学生や近隣大学からの参加、そして一般市民の皆さんが楽しい時間を過ごしました。ジイジもアオザイの試着をさせていただきました。フエ大学から留学しているティエンさんとツーショットです。ティエンさんのご家族が岡山に来られた時には、日本の「うどん」でおもてなし、ベトナムの麺料理の定番である国民食「フォー」と比べてみていただきました。

ベトナムのフエ大学は1957年に設立された総合国立大学で、10学部（教育、科学、医科・薬科、農林、美術、経済、外国語、法律、観光、物理教育）を擁します。QS World University Rankings大学ランキングにベトナム国内の大学でランクイン、高い評価を得ている極めて高いレベルの大学であり、岡山大学とは誠にフレンドリーな関係です。

ジイジのアオザイ姿に、家人にはマジシャンみたいだと笑われました。何でもチャレンジすることが大切だと思います。貴重な体験をさせていただきま

岡山大学ベトナムデイ

フエ大学から留学のティエンさんと

した。

4. ロシア連邦

■戦争は何も生みません、一日も早い戦禍の終息を

２０１６年９月18日、葉山の御用邸近く、海岸に面した小高いロケーション抜群の式場で、甥の坂本善紀さんの結婚式がありました。商社勤務の甥っ子のお相手はロシア人のカリーナさんです。ロシア語と日本語、さていかなるグローバルウエディングとなりますやらと気をもみましたが、案ずるより産むが易し、国境を越えた愛は見事に結ばれました。

途中、ピアニストの義兄の上田桂司さんが「カリンカ」を即興演奏、皆が踊り、ウォッカの飲み比べなど、日露国際親善会さながらの盛り上がりでありました。若い世代に道を譲ることが、ジイジたちにできる一番大切なことであると、痛感した次第です。

ロシア連邦とウクライナ共和国の戦禍に世界が心を傷めています。戦争からは、不幸こそ招来させますが、何も生まれません。現在、二人の間には可愛

葉山にて甥の結婚式

花嫁と

日本語学校の友人たち

い息子ができて、東京都内の幼稚園に通っています。早く戦争が終結して、日常の暮らしが戻ることを心より祈念するのみです。

5. 追記　現役最後の海外出張はフランス

２０２４年10月23日から30日まで、現役最後となる海外出張をいたしました。

行く先はフランスのパリ市とナント市です。今回は、まず、地域共創本部副本部長の岩淵泰准教授に帯同させて頂き、社会科学分野の特別高等教育機関である、パリ政治学院（通称：シアンス＝ポ（Sciences-Po））へ参り、ジェローム・オスト教授の研究室を訪問しました。パリ政治学院は、フランスのミッテラン、シラク、オランド、マクロンなど歴代大統領をはじめ、政治家や国際機関トップ、企業経営者が名を連ねる名門中の名門大学です。そのレベルはハーバード大学、オックスフォード大学と比肩されています。ジェローム・オスト教授から、欧州における大学統治の潮流について、レクチャーを頂きました。岩淵泰先生からは、岡山大学の大学改革の方向性と目指すべきゴール、そのための具体的な実践教育活動について話題提供をいたしました。日欧の比較による議論が大いに盛り上がりました。

翌日、10月25日は、パリオペラ座の近くにある会場にて、欧州連合や欧州研究執行機関（ＲＥＡ）が支援するHESPRIプロジェクトの国際ワークショップに参加いたしました。この国際ワークショップの責任者である、ニコレータ・ローラ・ポパ（icoleta Laura POPA）プロジェクトコーディネーター・博士がお迎えくださいました。彼女は、ルーマニアのアレクサンドル・イオアン・クザ大学心理教育学部教授です。岡山大学からは、岩淵泰先生と教育推進機構石田衛教授が報告者として参加、床尾あかね准教授とジイジがオブザーバー参加いたしました。さらに日本からは同志社大学ライフリスク研究所の高波千代子研究員が参加しました。

興味深い報告として、ソルボンヌ大学のウイリアム・サック教授がされた「Comparative Insights into

ニコレータ・ローラ・ポパ教授と岡大チーム

パリ政治学院にて岩淵泰先生と

ソルボンヌ大学ウイリアム・サック教授

岩淵泰先生とジェローム・オスト教授

ナント都市圏共同体　ナタリー・バリュエ氏

ナント市連節バス

ナントの勅令の調印がされた
ナント城の下を走るトラム

ナント市新型トラム

Science Education：A Secondment Report from Okayama University」は、岡山大学に言及頂いた内容であり、世界最高峰の研究者から岡山大学の教育について分析・報告いただいたことに感激いたしました。こうして、各国の研究者から当該国の高等教育及び大学改革の状況と他国比較について報告を受け、その各報告に対して、かなり、突っ込んだ意見交換がなされるというスタイルで国際ワークショップが進みました。

出張の後半は、床尾あかね准教授とパリ市からナント市へ移動、10月29日、ナント都市圏共同体を訪問いたしました。通訳は、ナント市在住の沼口久美子さんです。まず、市内の公共交通システムの新たな取組みを見学視察いたしました。トラム（3号線：Orvanlt Morliére）やBRTとして運行しているBUSWAY（4号線：終点Porte de Vertou）、連節型バスのChronobus（C6）等に乗車して結節点の構造や終点の駐車場や商業施設との関係性を強化した基盤作りの様子などを確認いたしました。さらに自転車や電動キックボードの走る様子を、他の公共交通や個別交通との混在移動の様子を観察しました。そして何よりもナント市は中心市街地に信号機がほとんど見当たらない都市です。その都市交通システムの創意工夫の先進性について確認いたしました。そして、ナント都市圏共同体エコロジー&連帯の町づくり総局モビリティ部門のナタリー・バリュエ戦略&研究ディレクターから、この10年間のナント都市圏共同体の交通施策について、丁寧に説明を受けました。

最後にナント都市圏共同体のコミュニティサイクルBicloo の管理運営拠点Espace vélo を訪問しました。ここには、電動アシスト付き自転車や折り畳み型、二人乗り型など、多くのバリエーションの車両が用意されていて、さらに修理工場もありました。現役生活の最後に大いなる学びを頂きました。岡山大学に着任して以来、何度となく、フランスでの学びの機会をつくってくださった岩淵泰先生に心より感謝申し上げます。

Epilogue 1

忘れえぬ人たちとの
一期一会

田舎者ながら幼き頃の友と東京で生きる選択を

ダイワ精工 **高橋賢治さん**

ジイジの故郷は愛媛県西条市（旧周桑郡）小松町大字北川です。子供の頃は１００軒程の世帯がある集落で、高橋賢治さんとは、子供の頃から近所であり、よく互いの家を行き来しながら遊び、小学校、中学校、高校時代を共に過ごしました。彼は、広島大学工学部に進み、昔から釣りが好きだったこともあったのでしょうか、釣り具を製造する、ダイワ精工に就職、一時、タイでの海外勤務などがあったようですが、東京で暮らしています。

さて、ジイジたちの田舎には「成功する」という言葉があり、それは、「東京へ出て一旗あげる」ということを意味します。いまの時代には、そぐわない、死語に近い言葉ですが、東京と言う大都会には、チャンスも多いかも知れぬが、様々な、かん難辛苦が立ちはだかり、もともと田舎の百姓家《ひゃくしょうや》の子供が、裸一貫で、大都会へ出ても、苦労するだけ。果ては辛酸な生活を送るか、泣く泣く田舎へ帰ってくるケースがほとんどだ、と諭す意味があります。一方で、その言葉の裏には、庄屋さんの家は財力があるから何とかなるが、一般の家の子に成功はむずかしいとの諦観に似た思いがあるかもしれません。

成功したか否かは別として、普段会う機会も少なくなりましたが、二人とも東京に自宅を構え家族を持ち、老後を迎えつつあるいまも、見えない糸でつながり、励まし合いながら暮らしています。

高橋賢治さん

50年来の友は郷土史家で佐藤日進堂店主

新居浜市市史編纂委員　**佐藤秀之さん**

佐藤秀之さんは、ジイジの高校と大学時代の同級生で、公私ともにお世話になってきた友人です。

全国には、地域ごとに特色のある伝統的な祭りや行事が広く伝承され、現在も、それぞれの地域の生活文化の核となっています。

愛媛県西条市には、伊曽乃神社を祀る西条祭りがあります。佐藤秀之氏は、伝統ある祭礼を研究、後進に伝承する活動を続けてきます。さらに、現在は小学校の教員を定年退職され、実家の「佐藤日進堂書店」を継承する傍ら、新居浜市市史編纂を担当、地域の歴史や風土等で培われた歴史文化の継承や地域づくりをつなぐ活動を続けています。

大学時代、国立市の下宿で生活を共にしながら、彼は法政大学交響楽団でバイオリンを、ジイジは混声合唱団国立ときわ会でテノール、共に音楽で青春時代を過ごしました。彼の叔父、秦恵三《はたけいぞう》先生が、法政大学の職員（法政大学百年史編纂）をされていたご縁で、大原社会問題研究所研究員でもあった恩師、原薫《はらかおる》教授と遠藤茂《えんどうしげ》雄《お》教授をご紹介くださり、その門をたたき研究者への第一歩を歩むことになりました。そのきっかけを作ってくれたのが、佐藤さんです。

佐藤秀之さん

互いが結婚披露宴の司会、いまも仕事仲間

労働金庫連合会　**弘中政孝さん**

大学をなんとか無事に卒業して、初めて社会人として勤務した社団法人全国労働金庫協会・労働金庫連合会の同期に、弘中政孝さんがいます。彼は法政大学社会学部、ジイジは経済学部、二人ともに結婚が早かったこともあり、彼がジイジの、ジイジが彼の結婚披露宴の司会をつとめました。

ジイジは、はやくに労金界を退職しましたが、折に触れて同期会に参加させて頂くなど、親交は続き、また、転職後も労金界へのサポートを続けてきたという事情もあり、現在も労働金庫連合会主催の新入職員研修の講師を担当させて頂いています。その依頼主側の担当が弘中さんです。

彼は、連合会で部長職をつとめた努力家であり、同時に、他人の世話が好きな利他の心を持つ熱い性格であり、職場はもちろん、業界や関係先でも、その人柄は多くの方から好かれています。いよいよ、お互い高齢者の仲間入りをしましたので、次は、お互いの金婚式の司会をすることが目標です。

また、同期には、同連合会谷村昌昭専務理事がいて、経営を支えています。

中央・弘中政孝さん（左は同期の五十嵐健さん）

真っ直ぐに、霞が関と金融界と向き合った友

金融財政事情研究会　**谷川治生さん**

ジイジが20年間勤務した、金融財政事情研究会時代の話は書きましたが、同期が9人いまして、その中で、一番にお世話になったのが、谷川治生さんです。

彼の父上は、九州大学法学部の教授をされていたこともあり、とても真面目で、真っ直ぐな九州男児であります。職場でも、われわれが酒を飲んでいる時間にも良く研鑽を積んでいましたので、機関誌である『週刊金融財政事情』の編集長や出版部長、そして社団法人の理事も務めたサラブレッドでした。ニューヨーク事務所を出した時にもＮＹ勤務を経て所長をしています。彼が正統派、ジイジが寝業師といったところです。

そして、ジイジが大学院の博士課程を受験した際に、九州大学の彼が知己を得た研究者につないでくれ、経済学部長であった川波洋一先生をご紹介いただき、その門を叩くことができました。そして、初めての単著である『労働金庫』を刊行する際にも支援をしてくれました。本当に、いざという勝負の時に助けてくれる友こそが、真の友であり、「持つべきものは友」の格言通りの友人です。

谷川治生ご夫妻　NYエンパイヤステートビルにて

日本の元大蔵官僚と共に将来の日本を考える

大蔵省（現財務省）**古谷雅彦さん**

ジイジが金融財政事情研究会に採用されて、最初の大仕事が、『大蔵省国際金融局年報』（通称：国の国際金融アニュアルレポート）の編集担当でした。その執筆にあたる旧大蔵省（現財務省）側の窓口担当が、東京大学を卒業され、キャリアとして国際金融局総務課に新人配属された古谷雅彦さんでした。

国際金融局所属のほぼすべての係官（職員）が執筆を担当されますので、原稿を集めるだけでも大変です。当時は、パソコンやネットが無くて、原稿用紙でしたので、全てがリアルです。まさに日米円ドル委員会やサミット開催などの国事が動く合間を縫って、地味な原稿収集の苦楽を共にさせて頂いたご縁で、今も交流が続いています。

彼は関東財務局長の重責を最後に、財務省を退官されて、現在は、岡山大学大学院でジイジの「社会イノベーション論」の授業を、一部お手伝い頂いています。現場での政策の実践に基づく講義は迫力満点です。

古谷雅彦さん　財務省理財局次長室にて

卓越した品格、見識、思いやりの指導

九州大学　**川波洋一　名誉教授**（元下関市立大学学長）

教員生活にも慣れまして、いよいよ博士号にチャレンジする決意を固めました。専門は金融ですが、お手伝いをしてきた金融工学は分野が違います。金融財政事情研究会に20年間勤務しましたので、金融制度改革、規制緩和、金融行政や金融機関経営が専門となります。

金融審議会の委員をされていた九州大学の川波洋一先生をお訪ねして博士論文の指導をお受け頂くことが叶いました。専門性の高さは申し上げるまでもなく、お人柄が素晴らしく、とても丁寧にご指導を頂き、ご尊敬申し上げることしきりでした。門人の先生方も、若くして博士号を取得している方が多く、私が年を重ねているため、先生方にとてもお気使い頂きながら、ご指導を頂きました。

現在は、九州大学大学院経済学府・経済学研究院があった箱崎キャンパスは移転しましたが、ここへ通うことが楽しみで、川波先生から、金融論を通して学問とは何かを教わりました。

川波先生は、下関市立大学の学長を経て、現在は、下関市立大学経済学研究科の特別招聘教授をされています。いまも川波先生にご指導を受けながら、九州大学マネタリーカンファレンスが開かれており、心待ちにしています。

川波洋一先生　九州大学箱崎キャンパスにて

40年間の長きにわたり教えを受ける恩師

京都大学　**川北英隆　名誉教授**

川北英隆先生は、日本を代表する証券市場分析、企業分析の分野を代表する理論と実践の双方に秀でた研究者です。日本生命の課長補佐時代からご指導を受け続け、ジイジの博士号の指導まで面倒を見て頂いた恩人です。日本ファイナンス学会や日本価値創造ＥＲＭ学会の会長、財政制度等審議会委員、日本私立学校振興・共済事業団資産運用検討委員会委員長などを歴任され、山歩きや辺境旅行などを趣味にされています。日本百名山も若い頃に踏破、われわれ初心者を、何度か低い山や温泉へお連れ頂きました。

東京から京都へ転居される際に拝領した、百日紅や鉢植えの植物が、東京の拙宅で綺麗な花を咲かせ続けています。

京都大学の吉田キャンパスを拠点に、２０２２年6月1日付で、一般社団法人京都アカデミア投資研究会を、川北先生を筆頭に同門の香川大学三好秀和教授らで創設、企業の実力を反映した長期安定型株価指数を東京証券取引所と共に研究してきた皆さんのお手伝いをすべく理事に就任させて頂きました。

川北英隆先生

休まず学び続けようと勇気を頂いた恩師

早稲田大学　**大村敬一　名誉教授**

金融財政事情研究会出版部時代に、ファイナンス、金融工学分野の筆者代表格として、当時、法政大学におられた大村敬一先生を紹介され、すっかり、担当編集者としてご指導を頂き、しばしば大村研究室へ入り浸りました。法政大学時代には、金融財政事情研究会と連携して社会人大学院「金融市場プログラム」を立ち上げ、多くの社会人大学院生を受け入れました。

また、現在の「日本ファイナンス学会」設立の実質責任者を務められ、ジイジは、大村先生の下で、設立準備と初代の事務局長を4年間担当しました。

そして、先生は早稲田大学に移られ、日本橋コレドビルに「早稲田大学ファイナンス大学院」を設立、責任者に就任されました。その折には、広報誌の創刊から編集を担当させて頂きました。

ご自宅へもしばしばお招きいただくなど、深い関係が続き、生涯学び続けることの大切さを教わりました。

大村敬一先生

「寛容」を説く才女

愛知学泉大学　村林聖子さん（現在は福岡大学法学部教授）

東京を離れて、愛知県へ単身赴任をいたしました。念願の大学教員の第一歩です。金融財政事情研究会時代にお世話になった明瀬政治先生が、愛知学泉大学におられ、チャンスを頂きました。明瀬先生には、語りつくせぬほど、大変、お世話になりました。

さて、着任したキャンパスは豊田市であったため、トヨタ自動車との関係が続くことになり、東京本社の方も駆けつけて歓迎会を開いてくださいました。

そして、キャンパスのことや教員としての、細かい諸々の決まり事を教えてくれたのが、法哲学が専門でジョン・スチュアート・ミルの研究者である村林聖子先生です。ミルの真髄が「寛容」の精神であったため、村林さんも誠に寛容や優しい方で、随分とお世話になりました。

同僚に、矢部隆先生、庄村勇人先生、谷口功先生、山本達三先生、大崎園生先生はじめ若い先生方が多かったので、校務終了後や休日も、大勢で一緒の楽しい時間を過ごしました。学生ともワイワイガヤガヤやりましたので、社会人生活のなかで、一番、楽しかった時期であったかもしれません。

（中央奥）村林聖子先生と同僚の先生たち

日本生命の時代から信念を曲げない一途な人

立命館アジア太平洋大学元学長 **出口治明さん**

立命館アジア太平洋大学（ＡＰＵ）の第四代学長をされた、ライフネット生命の創業者である出口治明さん。

出口さんとは、彼が日本生命財務企画課長時代からのご縁ですので、かれこれ40年近いお付き合いになります。出口さんは、日米構造協議の目玉の一つであった保険業法の改正（生保損保の垣根の緩和や外資系保険会社の日本への参入）はじめ、保険業界における規制緩和の政策論議を調整、推進された方であり、様々なシーンで卓越した洞察力と将来を見越す先見性をご指導頂いてきた恩人です。

学長としてＡＰＵへ着任される途中、「三村さん、着任前に久しぶりに会いたい」と来岡され、大学改革とグローバル人材の育成について、岡山大学の取組みを話題提供させて頂きました。

立命館アジア太平洋大学は、わが国のグローバル人材の育成をリードするトップランナー大学です。体調を崩されたことは残念ですが、まだまだ、益々のご活躍を祈念しています。

立命館アジア太平洋大学第四代学長 出口治明先生　岡山にて

波乱万丈の人生を堂々と生き抜いてきた達人

出版人　**玉越直人さん**

2012年12月22日、先輩で朋友のWAVE出版社長の玉越直人さんが、めでたく還暦を迎えました。四谷3丁目で、心から祝う会を催しました。20名ほどの小ぢんまりとした会ながら、出版界から日本出版販売株式会社社長古屋文明氏、小学館社長相賀（おおが）昌宏氏、サンマーク出版社長植木宣隆氏、フォレスト出版社長太田宏氏、平凡社専務取締役下中美都氏、そして東洋経済新報社や朝日新聞社、さらに友人も弁護士、医師、作家など多彩で錚々たるメンバーでした。

玉越さんは、ジイジの前職である金融財政事情研究会当時の先輩です。独立されたあとも、WAVE出版を起こし、数多くのベストセラーや世直しを問う書籍を世に送り出しました。社長を退任後も、絵本専門の書店を開くなど、次々と新たなチャレンジを続けています。

ジイジにとっては、波乱万丈の人生を、堂々と生き抜いてきた達人で、ジイジの50歳のパーティを新宿のライブハウスで開催してくださいました。これから残りの人生を共に楽しみながら過ごして参る頼りがいのある兄貴です。

玉越直人さん

経済界のイロハを教わったMr.日商

日本商工会議所　**青山伸悦さん**

いまでは確定拠出年金制度が定着、とりわけiDeCo（個人型確定拠出年金）は老後の年金の備えとしてポピュラーになりました。この制度の国民への理解と普及・啓発を目的として、社団法人金融財政事情研究会から、日本商工会議所が設立した「商工会議所年金教育センター」へ、約4年半、兼務出向いたしました。その時の上司が当時の青山伸悦業務部副部長（理事・事務局長でご退職）でした。厳しき中にも温かなお人柄で、休日を利用して温泉へも何度かご一緒させて頂きました。

そのご縁で、大学人になった後も、折あるごとにご指導を頂き、とりわけ安倍政権時代、全国に330万社ある中小企業の意見とりまとめ役、日本商工会議所の大番頭（理事・事務局長）として超多忙な中でも、お時間を頂き、意見交換や会食にもお誘いいただきました。

また、当時、青山理事は文部科学省の「成長分野等における中核的専門人材養成の戦略的推進事業企画推進委員会」委員でもあり、抜本的な体質改善を含む大学改革の必要性を示唆いただきました。

青山伸悦日商理事・事務局長　温泉旅行

常人には所在と活動範囲が理解不能な達人

トヨタ自動車　**伊藤直人さん**

トヨタ自動車の研究所である「現代文化研究所」時代に、私のボスであった伊藤直人副社長は、誠に多彩な活動家であり、時にはコスパを重視したグルメ人かと思えば、全国のまちの食堂や商店街を巡り、さらには全国の造り酒屋と居酒屋を巡り、時には魚市場を廻り買い付けて自らが調理されます。また、時には山を散策しながらキノコ採取に励み、時には源泉かけ流しの温泉を愛します。

勿論、自動車の知識はもとより、正確な運転技術はプロ並み、時には自衛隊機で遠くの離島へ飛ぶなど、常人には所在と活動範囲が理解不能な達人です。また、いわゆる博識者のレベルを超えた、まさに奥が深い博物学者であり、同時に幅広な人脈は人後に落ちません。

伊藤さんとの一番の思い出は、「日本野鳥の会」の活動支援です。当時の日本野鳥の会の会長は、柳生博さんでした。都内探鳥会や国土交通省、柳生さんの八ヶ岳山荘でなど、しばしばお供させて頂く機会を得ました。柳生さんのお人柄に触れられただけでも、私にとっては得難い経験でした。

現在、伊藤さんは、クア・オルトウォーキングの顧問やアリストテレスと現代研究会の代表世話人などを務められ、引き続き多方面で活躍されています。

伊藤直人さん　岡山県新見市にて

脱money経済を説く 里山資本主義

日本総合研究所　**藻谷浩介さん**

日本政策投資銀行岡山事務所の吉田淳一所長（現在は萩原工業取締役総務部長）のコーディネートで、2013年10月25日、『デフレの正体』や『里山資本主義』で著名な藻谷浩介さんとご一緒させていただきました。「里山資本主義」は、お金が中心の経済（マネー資本主義）だけに依存して生活をするのではなく、川や海、森や里といった、お金に換算できない自然由来の地域資源に付加価値を与えることによって、持続可能で安心な地域社会をつくろうという新しい資本主義のカタチを提唱した考え方です。

会食中は、アベノミクス、里山のあり方（真面目な話）、そして当世の世相を反映して半沢直樹ネタで大いに盛り上がったのですが、突然、手相を見てくださるという思いがけない仕儀となりました。実は生まれて初めての体験です。ワインを楽しみながら、なぜだか、ぴたりと言い当てられてしまいました（おそるべし）。若い女性に占いが流行る気持ちが分かりました。アベノミクスについても的確な占い（理論的な解説）を披露いただきました。最後に『里山資本主義』へサインを頂戴いたしました。

藻谷浩介さん　岡山市にて

地域社会を支える経営者であり教育者

日本オリーブ　**服部恭一郎会長**

瀬戸内海国立公園のなかで景観が最も美しいスポットの一つが、瀬戸内市牛窓です。牛窓と言えば、瀬戸内海を一望できるのがオリーブ園のオリーブの丘です。

実は、日本オリーブの服部恭一郎会長（元岡山県教育委員長）には、誠にお世話になりました。長女の伊予が東京で苦難の時期があり、服部会長にお願いして、東京から岡山へ転居、同社に社員として採用して頂きました。そして孫二人も幼少期を牛窓で育ちました。また、父、猛友を看取ったのち、母、敬子も牛窓に呼び寄せ、高齢者施設「あいの光」（青木佳之院長・故人）にお世話になりましたので、家族四世代が一家団らんの時を過ごせたのも、服部会長のご理解とご協力の賜物です。

服部恭一郎 日本オリーブ会長

オリーブの丘にて母敬子

オリーブ羊羹

いま、娘家族は東京へ戻りましたが、こうした地域社会を支える温かな心の経営者により、地域社会やコミュニティが支えられています。授業でもお世話になり、学生たちは、瀬戸内市の回遊性をテーマにした新しい観光まちづくりイノベーションをテーマに企画提案をさせて頂きました。

また、同社本社向かいの和菓子「きびや菓子舗」さんのオリーブ羊羹を県外へ参る際のお土産に、そして個人でも美味しく頂いています。

牛窓の皆さんに、心より深く感謝申し上げます。

トヨタが世界に誇る技術の総責任者

トヨタ自動車　**渡邊浩之技監**（ＩＴＳ　Ｊａｐａｎ会長）

「技監」とは、トヨタ自動車の技術最高責任者の要職です。渡邊浩之技監（専務取締役・故人）は、１９８９年から歴代トヨタクラウンのチーフ・エンジニアを担当され、第一次Lexus GSを世に送り出し、さらに燃料電池自動車の開発で博士号を取得されるなど、トヨタ自動車を技術と品質、そして環境面で支えたトップを長く歴任された方です。トヨタが関係する会議や宴席で何度か席を同じくさせて頂く機会に恵まれました。

一番の思い出は、２０１１年10月28日、野田政権下、民主党ＩＴＳ議員連盟総会があり、渡邊技監と共に衆議院第１議員会館にて、直嶋正行議連会長（民主党副代表・両院議員総会会長、前経済産業大臣）、高木義明議連副会長（選挙対策委員長・前文部科学大臣）らに話題提供させて頂いた思い出です。渡邊会長がＩＴＳ Ｊａｐａｎのお立場で「ＩＴＳ世界会議」報告、ジイジが「東日本大震災の復旧・復興を踏まえた高齢社会の移動とＩＴＳの活用について」を講演しました。

豊田市（ご自宅）では町内会会長をされるなど、庶民的な一面をお持ちでした。また、ワインがお好きであり、Xmas会にお招き頂きました。

渡邊会長の落ち着いたダンディさが、何より深く心に刻まれています。

豊田市でXmasワイン会

渡邉浩之技監と衆議院にて

民主党直嶋正行副代表

トヨタと国や研究者をつなぐプロの渉外

トヨタ自動車　**佐藤則明さん**

トヨタ自動車の研究所勤務時代にお世話になったのが、当時、ＩＴ・ＩＴＳ企画部の佐藤則明担当部長です。佐藤さんには、自動車業界やトヨタグループのイロハをご教示、そして国土交通省幹部、モビリティ分野の研究者の方々をご紹介いただき、国内外でのモビリティ調査や東日本大震災調査などをご一緒させてきました。先にご紹介の伊藤直人さんと並び、トヨタ自動車の渉外のプロです。２０１１年は、災害対策本部である東北地方整備局室に徳山日出男局長（本部長）を訪問、「くしのは作戦」と称した復旧活動の実際について拝聴しました。身命を賭して国民を守る覚悟と気骨ある官僚の姿に感涙でした（徳山さんは岡山市のご出身）。

２０１３年の被災地復興調査は、思い出深く、東京大学新領域創成科学科人間環境学専攻の鎌田実教授（現在は一般財団法人日本自動車研究所（ＪＡＲＩ）代表理事・研究所長）に随行、東京大学が復興活動を続けていた、岩手県遠野市、釜石市、大槌町、大船渡市、陸前高田市等を訪問、モビリティの観点から調査しました。鎌田先生に加え、筑波大学大学院システム情報工学研究科石田東生教授（現在は一般財団法人日本みち研究所 理事長）、佐藤則明担当部長、モビリティ研究会事務局筒井雅之氏、岡山大学からジイジの総勢５名で実施しました。今も親交が続いています。

徳山日出男 東北地方整備局長

右 佐藤則明氏 左 伊藤直人氏
トヨタ自動車の渉外を支えた両雄
北海道にて

日本が世界に誇る女性市長の旗手

倉敷市　**伊東香織市長**

岡山県第2の都市は倉敷市で、大原美術館を持つ美観地区が有名です。その倉敷市長を5期務めるのが伊東香織さんです。東京大学からハーバード大学ロースクルールを修了された、まさに才女です。

在任中、G7を教育大臣会合と労働大臣会合の2回、倉敷へ誘致、また、全国20万人以上の中核市（政令市を除く）の首長を招いた中核市サミットを開催、地方創生では、高梁川流域連携中枢都市圏構想の中核市として7市3町のまとめ役を果たしています。そして、何よりも平成30年7月の西日本豪雨災害では、最も被害の大きかった倉敷市真備地区の復興を先頭に立ち成し遂げた市長でもあります。

ジイジは、倉敷市第七次総合計画審議会の会長、高梁川流域連携中枢都市圏構想ビジョン懇談会の会長、また、倉敷市真備地区復興計画の策定ならびに推進委員長を拝命・担当しました。その関係で、大学として最も市政をお手伝いしたのが倉敷市です。

伊東市政の円熟した5期目の飛躍を祈念しています。

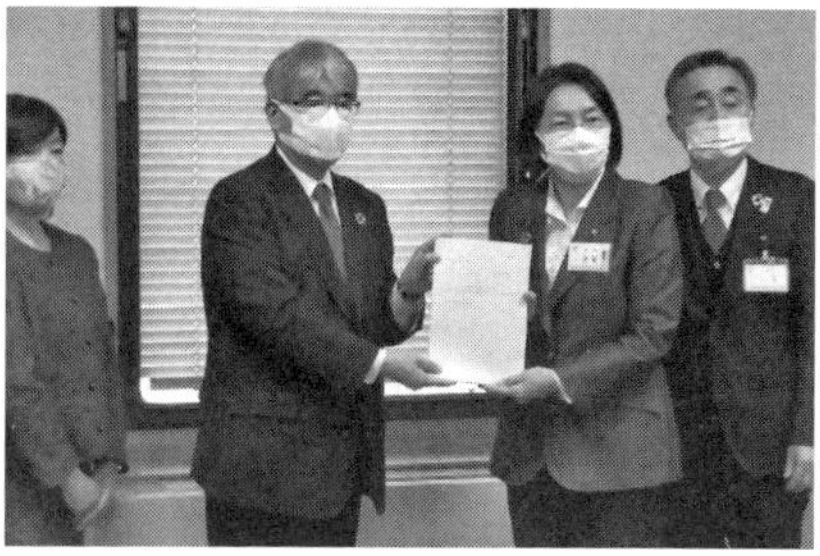

倉敷市第七次総合計画を答申

倉敷市真備地区復興計画書を答申

冷静沈着、時に大胆な市政運営

岡山市　**大森雅夫市長**

岡山大学へ着任する前、トヨタ自動車の研究所で、国土交通省担当であり、現在の大森雅夫岡山市長もおられました。その大森さんが岡山市長になられてから、岡山市と岡山大学との人財交流や協定の締結、様々なシンポジウムや催事でご一緒させて頂いています。また、岡山市の審議会や委員会でも岡山市政を支援する形で岡山大学の立場で参加してきました。現在は、「岡山市新アリーナ整備検討会議」（大森市長が座長）で委員を拝命しています。かつての思い出では、2014年2月2日、岡山市主催「岡山市行財政改革セミナー」があります。基調講演に元総務大臣の増田寛也氏（現在、日本郵政 取締役兼代表執行役 社長兼CEO）が招かれ、人口減少が進むわが国のあるべき姿について講演、パネルディスカッションでは、ジイジからは、「本来、人の幸せや豊かな社会とは何か、コミュニティの機能を市民協働の視座から見直す必要がある」点を意見具申、大森市長からは、「NPOや地域住民が市政に参画する仕組み作り、そして大学との連携強化の推進」が示されました。大森市長の頭脳明晰、キレの鋭い市政運営に脱帽です（増田さんと大森さんは建設省の同期）。

その後、内閣府まち・ひと・しごと創生本部で、増田さんとご一緒させて頂きご指導を頂きました。

大森雅夫 岡山市長

増田寛也氏（元総務大臣）

日本とフランスをつなぐスーパー女史

仏まちづくり専門家　ヴァンソン・藤井由実さん

ヴァンソン・藤井由実さん
岡山大学でご講演頂く

ライン川にてドイツから
フランスを眺める

岡山大学は3代の学長にわたり世界中から岡山へ学生が集まり、共に学び、共にまちづくりを進める「学都構想」を展開しています。そのベンチマークの都市が仏国ストラスブール市であり、市内視察や市や大学との交渉では、フランスを中心とした欧州のまちづくりの専門家であるヴァンソン・藤井由実さんに、毎回、大変お世話になってきました。

一番の思い出は、2016年3月、3度目となるストラスブール訪問で、岡山大学主催「国際学都シンポジウム」へ、フランス都市圏交通計画（PDU）の生みの親で、欧州にトラムを復活させた立役者であるカトリーヌ・トロットマン女史（元ストラスブール市長、元文化大臣、EU議員）とストラスブール大学アラン・ベレッツ学長をお招きする依頼交渉です。

ヴァンソンさんの解説付きの通訳で交渉は上手く運び、お二人を岡山へ招聘することができました。

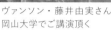

最前線に出かけ地方創生に身体をはる傑物

福島市　**木幡浩市長**

木幡浩さんは、福島県飯舘村生まれ、自治省入省、２０１３年４月から岡山県の副知事をつとめられ、現在は福島市長です。副知事時代、精力的に県内を隅々まで回り、住民と膝詰めで直接対話を続けました。こんな国の役人をみたことがない、思い出の人です。地方自治、公共政策、行政と議会のバランス感覚など、腹蔵なく議論を交わし、実践知を学ばせて頂きました。離任にあたり、ＮＰＯまちづくり推進機構岡山の徳田恭子代表理事主催の壮行送別会が思い出に残ります。福島県人らしく日本酒好き、岡山県民に愛された「ハタ坊」こと木幡さんのご活躍を祈念しました。

時は移り、２０２０年10月29日、人口20万人以上の「中核市」市長が倉敷に集合、「中核市サミット２０２０in倉敷」が開催されました。「防災に強いまちづくり」をテーマに、パネルディスカッションでは、福島市、いわき市、長野市、呉市、倉敷市の5市長が登壇、ジイジがコーディネーターを担当、木幡福島市長からは、被災地の苦労とそれに負けぬよう気張って復興を進める市民パワー、そして市長としての覚悟が披露されました。

木幡浩氏（岡山県副知事時代）

中核市サミットにて木幡浩福島市長と登壇　倉敷アイビースクエアにて

熱心に地域の課題に耳を傾ける政治家

地方創生大臣　**石破茂氏**（現：内閣総理大臣）

石破茂
地方創生大臣
（当時）

集合写真

ジイジが講評

２０１６年２月28日、高齢化が進む中山間地域での移動の自由を確保、日常生活、農林作業、棚田観光活用を目指し、ＮＰＯと地域の皆さんが本格活動を開始、それを岡山大学や東京大学、美作市が支援しました。

石破茂地方創生大臣がお見えになり超小型モビリティに試乗頂きました。試乗された方に感想をお聞きして、その総評をジイジが担当しました。

石破大臣と直接お話できましたので、超小型モビリティの国内基準を明確にして頂くよう進言しました。石破大臣には、内閣府でも地方創生講義をお聞かせ頂き、意見交換や飲み会の場も頂き、われわれの考えに熱心に耳を傾けて頂く姿勢に親近感が湧きました。この度、内閣総理大臣になられましたので、これまで以上に、地方創生に汗をかいて頂くことを祈念します。

山田方谷の意思を受け継ぐ 地元出身の傑物

日本政策投資銀行 **橋本徹さん**

２０１６年9月3日、倉敷青年会議所主催「山田方谷の財政再建に学ぶ地方創生」シンポジウムが開催されました。山田方谷「至誠惻怛《しせいそくだつ》」と「理財論」と題して日本政策投資銀行橋本徹相談役（山田方谷が生まれた岡山県高梁市のご出身で元富士銀行頭取）が基調講演をされました。講演では、遠くを見渡す眼力を持ち、一見、理解されないことを、「いかに反対があろうが義の心でやり抜くことが大切」であると説かれました。「義」と「至誠惻怛」が地方創生のキーワードであり、私心なく、自らを捨てて、正しいと思うことをすれば、最初は反対が多くても、「最後には物事を達成できる」ことを、静かな口調の中にも、信念をもって講話されました。トップを歴任された、わが国を代表する経済人の言葉は、全員の聴衆の心に響きました。

パネルディスカッションは、倉敷市伊東香織市長、岡山商工会議所岡﨑彬会頭（岡山ガス社長）、岡山経済同友会萩原邦章顧問（萩原工業会長）の3名が登壇され、ジイジがコーディネートを担当いたしました。

「最後に物事は達成できると信じて歩む」ことをご教示頂きました。富士銀行時代にも取材でご指導を頂いています。

「地方創生」シンポジウム

橋本徹 日本政策投資銀行会長

ジイジが知る限り、わが国最高レベルの銀行員

HMFコンサルティング　**本田伸孝さん**

金融の自由化・国際化が急速に進展する中で、当時在籍していた、金融財政事情研究会においても、コンサルティング部門を立ち上げる動きが進み、その担当をいたしました。その中で、金融マーケティングを実践するために、外部から専門家を雇用しようという事になりました。そこで、当時、住友銀行におられた菅恭二《かんやすつぐ》氏と北海道拓殖銀行におられた本田伸孝氏に白羽の矢が立ちました。

爾来、本田さんとは同い年であるためか二人三脚で活動を続け、途中、株式会社金融財政総合研究所を立ち上げ、彼が取締役事業部長、私が総合企画部長に就任しました。一番の思い出は、三村・本田の共著で刊行した『金融マーケティング戦略』が、8,000部を記録、多くの関係者にお読みいただいたことです。彼は独立、ジイジは転職後、大学教員の道を選びましたが、現在も日常的に連絡を取り合いながら、専門分野でアドバイスを受けています。

また、本田さんは、金融コンサルの傍ら、ODA（政府開発援助）の専門家である岩下検一郎氏と共に、中南米やアフリカ、そして中央アジアへODAコンサルとしても活躍を続けています。

本田伸孝さん

旧大蔵省最大の公益法人を長年率いた傑物

金融財政事情研究会　専務理事　**倉田勲さん**

20年間仕えた昔のボスである社団法人金融財政事情研究会の倉田勲専務理事（故人）は法政大学の出身で、同窓会である「オレンジ会」の事務局をされていました。ジイジも法政大学出身のため、この会のお手伝いをした経験があります。

バブル経済の時代に、当時、野村証券の酒巻英雄社長（法政大学出身）に、早稲田大学のビジネススクールで講演をお願いしました。早稲田大学のシンボル大隈重信像を前にして「大隈像の前に革マル派（早稲田）の看板がある。酒巻さんと三村で中核派参上（法政）といこう、記念写真だ」と倉田専務理事がシャッターを押してくれた思い出があります。

倉田さんや酒巻さんが法政大学の時代は学生運動が華やかな頃で、法政大学は中核派の拠点、早稲田大学の革マル派と内ゲバを繰り返した時代です。厳しい中にも、しゃれっ気がある専務理事でした。

難解な特命指令を多く頂きましたが、ジイジが身命を賭して仕えた、心から尊敬する最高の上司です。

倉田勲 金融財政事情研究会専務理事

世俗に興味が極めて薄い超人的研究者

岡山大学　**荒木勝　名誉教授**

荒木勝先生は、私を岡山大学にお誘いいただいた大恩人です。研究者としては、哲学・政治学がご専門で、アリストテレスの研究を核として、西洋哲学に限らず、中国、韓国、日本などの東洋思想から哲学まで、幅広い分野を研究フィールドとして網羅されています。

誠に誠実なお人柄であり、一方で、卓越した行動力の持ち主でもあります。理事・副学長時代は、常に大学改革を真剣に考えておられ、今では問題になる恐れがありますが、ジイジが帰宅しておりましても、良い企画を思いつかれると、お一人で理事室のホワイトボードにお考えをまとめておられること、しばしばでした。電話がかかって参りまして、意見を求められます。結局、キャンパス内の官舎に住んでいましたので、再び、お部屋まで伺い、深夜まで議論をすることが、しばしばでした。

一方で、誠に人情に厚い方であり、父の葬儀には、愛媛の田舎までお焼香に来てくださいました。そのご厚情は生涯忘れるものではありません。

現在もアリストテレス全集の新訳活動を続けられています。益々のご健勝を祈念しております。

荒木勝先生

決断と実行の大学改革を迷いなく

第15代岡山大学長　**那須保友先生**

現在の日本は、高齢少子化・人口減少が急速に進み、地方創生が言われて、10年以上が経ちますが、その決め手に欠ける状態が続いています。特に地域社会や経済は、人手不足や後継者不足、少子化によるマーケットの縮小など購買者や納税者が減ることによる、売り上げ減少や税収不足が大きな課題として横たわります。それは大学経営についても同じであり、国立大学も国からの予算が削減され、入試の倍率も低下するなど、本気の覚悟で改革に取組む学長が希求されています。

こうした山積する経営課題に覚悟を持って取組む政策展開を実践しているのが、岡山大学第15代学長に就任された那須保友先生です。ＩＱとＥＱ共に卓越された力量をお持ちになるばかりではなく、その先見性に満ちた覚悟ある決断力と実行力には目を見張ります。

岡山大学第15代学長 那須保友先生

岡山大学に奉職して、十余年になりますが、定年退職を迎える前の最後の2年間、那須学長にご指名頂き、副学長（ローカルエンゲージメント担当）ならびに副理事（地域共創・ベンチャー担当）を拝命、微力ながら最後のご奉公ができましたことは、筆舌し難い、栄誉であると心より深く感謝しています。

岡山大学の改革が成就することを祈念しています。

地域と世界をつなぐスペシャリストで相棒

岡山大学　**岩淵泰准教授**

岩淵泰先生とは、２０１１年、岡山大学に着任以来、地域総合研究センター所属教員として、そして相棒として、岡山大学と地域をつなぐ担当をしてきました。

岩淵先生は、仏国ボルドー大学で教鞭をとられてきた経験をお持ちの仏語と英語を話せる国際派の教員です。専門は、市民参加、政治学です。岡山大学とご縁を持った留学生のお世話や地域連携、社会連携を一貫して担当、岡山大学の「国際学部」の実現に向けた活動に貢献されてきました。

また、金沢・熊本・岡山の三都市が、大学では、金沢大学、熊本大学、岡山大学の旧制四・五・六高校の研究者と学生が連携、さらに自治体、商店街が共創参加、２００５年から各都市の持ち回りで三つの都市を比較しつつ、まちづくりを考える「三都市シンポジウム」の企画運営を担当、岡山県内ばかりか全国の地域を結ぶ担当も続けています。岡山大学で、一番、多く語り合い、お茶を楽しみ、海外へも引率頂きました。

苦楽を共にした相棒です。

岩淵泰先生　パリにて

岡山県の中山間地域や地区防災を支える偉人

NPO法人まちづくり推進機構岡山　代表理事　**徳田恭子さん**

NPO法人まちづくり推進機構岡山は「岡山県民一般に対して、誰もが気軽に楽しく参加できる地域のまちづくり活動の支援に関する事業を行い、会員相互の協力によって会員及び会員の関わるまちづくり事業の発展を期すことにより、快適生活県おかやまの実現に資することを目的とする。」と活動目的を謳うNPOで、その代表理事が徳田恭子さんです。中山間地域の活性化や県内の防災マップ作りの指導、ユニバーサルデザインの推進など、その活動は幅広く定評があります。

岡山大学では、経済学部中村良平名誉教授が設立から長く理事をつとめ、また、ジイジの関係では、地域総合研究センター設立時からご指導を頂き、岡山大学まちなかキャンパスの運営や西川緑道公園界隈の調査はじめ多くの活動で連携、学生の指導をお願いしてきました。

そして、プライベートでも細部までお気遣いを頂き、岡山とのご縁が浅かったジイジにとっては、頼りになる姉のような存在です。益々のご活躍を祈念しています。

徳田恭子 代表理事　岡山大学にて講師

岡山市西川緑道公園界隈をおしゃれにした立役者

NPO法人タブララサ理事長　**河上直美さん**

NPO法人タブララサ（ラテン語で「白い板」「白紙の状態」）は、岡山市西川緑道公園界隈を中心に、新たなスタイルのまちづくり活動を次々に企画、参画、展開してきた、創立20周年を迎えた、若いメンバーが中心になって活動するNPO法人です。具体的には、キャンドルナイト（結婚式で使われた後、廃棄されるキャンドルを再利用し、もう一度生まれ変わらせるプロジェクト）、有機生活マーケットいち、満月BAR（満月の日に岡山市の西川緑道公園を活用、様々な企画を実施、楽しい時間を過ごすイベント、元祖は鎌倉）などを実施、大勢の学生達が本当に参加させて頂き、お世話になり、社会へ巣だって参りました。

その中心人物が、代表理事の河上直美さんでした。学生指導の面で、そのお人柄の良さと卓越したリーダーシップにより、学生からの信頼も厚く、学生たちにとっては、何でも相談に乗ってくれるお姉さん的な存在でした。現在は利根弥生さんに理事長が交代されています。

河上直美さん　岡山大学西川アゴラにて講師

トヨタ研究所時代から温かくご指導を頂きました

政策研究大学院大学　**家田仁教授**（東京大学名誉教授）

トヨタ自動車の研究所である現代文化研究所勤務時代から、東京大学工学部社会基盤系の家田仁先生にご指導を頂いてきました。家田先生は、国土交通省をはじめ国の審議会や委員会の座長、土木学会の会長などの要職を歴任、被災地支援に関する政策企画を担当された大御所の先生です。

岡山大学に着任してからは、両備グループの一般財団法人地域公共交通総合研究所（理事長は小嶋光信両備ＨＤ会長）の設立当初から、外部理事として、家田先生には理事をお受けいただき、ジイジも拝命して活動を共にして参りました。

具体的な活動では、地域公共交通を守り、育てるため、様々な研究会やシンポジウム、また、新型コロナ禍の影響を受けた地域公共交通事業者の経営実態調査、さらには、書籍として『地域モビリティの再構築』（家田仁・小嶋光信監修、三村聡（岡山大学）・岡村敏之（東洋大学）・伊藤昌毅（東京大学）編著）を上梓することができました。

家田仁先生

政策研究大学院大学にて
左・町田敏章 専務理事

そして、同研究所の運営責任者である、町田敏章専務理事の事務局としての卓越した腕力により、実現したことを合わせて紹介します。町田さんは、かつて、住友信託銀行の霞が関ご担当の経歴をお持ちで、縁は異なもの、数年間、業務を共にした経験があります。

この家田先生、町田専務理事とのご縁とお二人の温かなご指導に、心より深く、感謝いたします。

玉島地域の輝く未来に願いを込めた熱い会頭

玉島商工会議所会頭・守永運輸　**守永一彦代表取締役**

守永運輸の企業理念は、創業者のお父上から継承した、規模を追うことなく「信頼」を得ることを第一とする。「義」を貫き「信」を重んじ、経済合理性、効率性、利益より義理や恩義に生きることを具現化する、山田方谷の「義を明らかにして利をはからず」の理念を実践展開されています。

その思いを「Tamashima Innovation Meeting ～玉島と企業の未来を考える会～」に託し、守永一彦会頭の呼びかけにより、地元企業の若手経営者が中心となり「玉島を住みたい街」としてブランディングするために、次世代の担い手である玉島高等学校、玉島商業高等学校、作陽学園高等学校、それに、山陽学園大学地域マネジメント学部（指導は神田将志先生）の学生たちが、「備中玉島みなと朝市」への参画をはじめ現地活動を展開中です。そして、10年前に閉館し、現在空き家の「みなと湯」を地域の拠点として地域創生をゴールとして、若い力が躍動し始めています。

「やると思えば、どこまでやるさ」守永会頭の覚悟に脱帽です。微力ながら、プロジェクトスタート時から伴走させて頂いています。

JR四国西牧世博会長（中央）その左が守永一彦会頭

玉島イノベーションミーティング　玉島商工会議所にて

五方良しの経営が日本の経営を変える

人を大切にする経営学会長　**坂本光司先生**（元法政大学大学院政策創造研究科 教授）

法政大学坂本光司教授（前中央）と
研究室の皆さん

2014年9月23日設立総会
右端　ジイジ

萩原工業 中央 萩原邦章会長
右 浅野和志社長

人を大切にする経営学会の主目的は、「人をトコトン大切にしている企業こそが、好不況にぶれず好業績」という先行研究の深化・体系化と、人を大切にする企業経営の普及にあります。この理論を体系化して、全国の企業や福祉団体などに展開、併せて人材育成活動を長年されてきたのが坂本光司先生です。現在、新事典の編纂を岡山では、岡田瑞穂さん（福岡運送常務）とお手伝いしています。

また、当学会には人を大切にする経営を実践する企業を顕彰する「日本でいちばん大切にしたい会社」大賞制度があり、その第8回、厳しい審査をクリアして、最高の経済産業大臣賞に、岡山の優良企業「萩原工業株式会社」が選ばれ、その栄誉に輝きました（浅野和志社長が同学会中国支部長）。ジイジは、学会の設立から理事として活動をサポートしています。

Epilogue 2
年譜・資料

年譜

西暦	三村聡　年譜	家族　年譜	世界と日本の出来事
1959	9月29日 愛媛県周桑郡小松町大字北川313番地 父 三村猛友、母 敬子の長男として生まれる	6月25日　幸江（旧姓坂本） 東京都八王子市台町1丁目8番20号 父 坂本幸男、母 小夜子の次女として生まれる	中印国境紛争
1960			アフリカの年 60年安保闘争 「所得倍増計画」発表
1961			ベルリンの壁構築
1962			キューバ危機（米ソによる核戦争の危機）
1964			パレスチナ解放機構（PLO）設立 東京オリンピック開催
1965			ベトナム戦争勃発 アメリカ、北爆開始 （北ベトナムへの空爆） 日韓国交正常化
1966	4月1日　小松町立小松小学校入学	4月1日　幸江、八王子市立八王子第三小学校入学	中国、文化大革命開始
1967			東南アジア諸国連合（ASEAN）結成
1968			「プラハの春」 核拡散防止条約（NPT）調印 GNPが西側諸国で2位となる 新宿騒乱事件

1969			中ソ国境紛争 アラファトPLO議長に就任
1970			70年安保闘争
1971			ニクソン・ショック （ブレトン・ウッズ体制の終わり）
1972	4月1日　小松町立小松中学校入学	4月1日　幸江、八王子市立八王子第六中学校入学	ニクソン訪中 第一次戦略兵器制限交渉（SALT1） 調印（米ソデタント） 沖縄の本土復帰 日中国交正常化 あさま山荘事件
1973			第四次中東戦争 第一次石油危機（オイルショック）
1975	4月1日 愛媛県立西条高等学校普通科入学	4月1日 幸江、私立東京純心女子高等学校普通科入学	ベトナム戦争終結
1976		4月　三村スマ（聡の祖母）逝去 行年93歳「實參貞相大姉」	ロッキード事件
1978	4月1日 東京都中野区若宮1丁目13番地11で 下宿生活始まる	4月1日 幸江、私立国立音楽大学音楽学部 教育科1類入学	
1979	2月　混声合唱団国立ときわ会 創立20周年記念都民合唱コンクール （東京文化会館）優勝 Gloria（Vivaldi）「日曜日」（南安雄） 4月1日　私立法政大学経済学部経済学科入学 10月　聡、混声合唱団国立ときわ会入会		イラン革命 ソ連、アフガニスタン侵攻 中越戦争勃発 サッチャー、英首相に就任 第二次石油危機（オイルショック）

西暦	三村聡　年譜	家族　年譜	世界と日本の出来事
1980	6月　第3回ホームコンサート　創立25周年の前に（立川社教会館） Ave verum corpus Kv618・Sancta Maria Kv273（Mozart）　ピース式『五万の歌』に大改定 7月　第22回都民コンクール（東京文化会館）で2度目の連続優勝 Requiem Kv626（Mozart）「冬のもてこし春だから」（清瀬保二） 家路、異邦人、コーラスライン　地球のどまんなか、トゥナイト	4月　幸江、混声合唱団国立ときわ会入会	イラン・イラク戦争
1981	1月　創立25周年記念第13回定期演奏会（虎の門ホール）　Gloria（Poulenc） 「海鳥の歌」（広瀬量平）アビニョンの橋の上で、エーデルワイス		アメリカ、レーガノミクス開始
1982		4月1日　幸江、西多摩郡瑞穂町立瑞穂第二中学校 入職	
1983	社団法人全国労働金庫協会入庫 労働金庫連合会資金部　配属 11月20日　聡・幸江　結婚　新宿区神楽坂にて　新婚旅行は愛媛と京都		
1984		8月　長女 伊予（いよ）誕生	
1985	3月　社団法人全国労働金庫協会・ 労働金庫連合会　退職 4月　社団法人金融財政事情研究会（*1）入会、 出版事業部 企画・編集担当		プラザ合意（世界） プラザ合意（日本）
1986		4月　幸江、八王子市立加住中学校着任	チェルノブイリ原発事故
1989		4月　幸江、国立市立国立第二中学校着任	中国、天安門事件 東欧民主化（東欧革命） マルタ会議（東西冷戦の終結） 平成に改元 消費税開始（3%） 日米構造協議開始

1990		4月 次女 理乃（あやの）誕生 伊予、小学校入学	
1991			ソ連解体（崩壊） 湾岸戦争 バブル経済崩壊 ペルシャ湾に自衛隊派遣
1992	法政大学 大学院社会科学研究科 経済学専攻 修士課程入学		鄧小平、「南巡講話」 PKO協力法成立
1993			ヨーロッパ連合（EU）発足 オスロ合意 55年体制の崩壊
1994	同大学 修了（経済学修士）		政治改革4法成立
1995			Windows95 発売 世界貿易機関（WTO）誕生 阪神大震災 地下鉄サリン事件 住専破たん
1997		4月 伊予、中学校入学 理乃、小学校入学	アジア通貨危機発生 ロシア、サミットに正式参加 消費税が5％へ 山一證券自主廃業 北海道拓殖銀行破たん
1998		4月 幸江、府中市立府中第四中学校着任	印パ核実験
1999			ASEAN10 誕生
2000		7月 府中第四中学校、 NHK全国学校音楽コンクール東京都大会銅賞	

西暦	三村聡　年譜	家族　年譜	世界と日本の出来事
2001			アメリカ同時多発テロ アフガニスタン戦争勃発 中国、WTO加盟 テロ対策特別措置法成立 中央省庁再編
2002			ユーロ流通開始 日朝平壌宣言
2003		4月　伊予、日本女子大学理学部物質生物科学科入学 理乃、中学校入学	イラク戦争勃発
2004			拡大EUの誕生
2005	3月　社団法人金融財政事情研究会　退職 4月　株式会社　現代文化研究所 （トヨタ自動車の研究所）入社 交通研究室主席研究員	4月　幸江、国立市立国立第二中学校着任	
2006	4月　第一研究本部主席研究員、 業務管理室長（兼務）	4月　理乃、高校入学 8月　幸江の父　幸男（ゆきお）逝去 行年90歳「吼幸剣寿信士」	北朝鮮、核実験
2007	3月　株式会社　現代文化研究所　退職 4月　愛知学泉大学 コミュニティ政策学部　准教授	3月　伊予、日本女子大学卒業 4月　伊予、東京大学大学院理学系研究科入学 11月　長女伊予に第1子　晴（はる）誕生（初孫）	
2008		4月　幸江、立川市立立川第五中学校着任	リーマンショック G20サミット初開催
2009		4月　理乃、中央大学商学部入学 9月　伊予に第2子樹（たつる）誕生	欧州債務危機発生 民主党政権誕生
2010	4月　同学部　教授		「アラブの春」が起こる

2011	4月 同大学　現代マネジメント学部教授（学部運営委員・就職委員長） 4月 九州大学大学院経済学府経済システム研究科博士課程入学 10月 岡山大学　地域総合研究センター設置準備室副室長・教授 11月 同大学　地域総合研究センター副センター長・教授	3月 伊予、東京大学大学院修了	シリア内戦勃発 東日本大震災
2013		3月 理乃　中央大学商学部卒業 4月 幸江、西東京市立田無第一中学校着任 4月 聡の父　猛友（たけとも）逝去　行年88歳「厚徳院友峰志道居士」	
2014	3月 九州大学　大学院経済学府経済システム研究科博士課程単位取得退学		ウクライナ内戦勃発 消費税が8％へ
2015	3月 京都大学大学院経済学研究科論文審査合格（博士：経済学） 10月 岡山大学　大学院社会文化科学研究科（併任）		
2016	4月 同大学　地域総合研究センターセンター長、大学院社会文化科学研究科教授、全学教育・学生支援機構教授（兼任）	7月 幸江の母　小夜子（さよこ）逝去　行年93歳「清夜慈光信女」 7月 幸江、同中学校　退職	アジアインフラ投資銀行（ＡＩＩＢ）開業 イギリス、ＥＵ離脱派が国民選挙で勝利 熊本地震 オバマ米大統領、広島訪問（戦後初、現職アメリカ大統領が広島へ）
2017			4月 米軍がシリア・アサド政権の軍事施設を攻撃
2018			米朝シンガポール会談 ドナルド・トランプ大統領と金正恩が6月12日にシンガポールにて会談

西暦	三村聡　年譜	家族　年譜	世界と日本の出来事
2019		4月　理乃に第1子　夏帆（かほ）誕生	米朝ハノイ会談 （2月27日から2月28日にかけてベトナムのハノイで開催） 5月　元号『令和』へ改元 6月　G20サミット 10月　消費税が10％へ
2020		3月　聡の母　敬子（けいこ）逝去 行年94歳「普教院篤山敬弘大姉」	1月31日　イギリスがEUを離脱 新型コロナウイルス感染症のパンデミック（世界的大流行） 9月　安倍政権総辞職、菅義偉内閣
2021		7月　理乃に第2子　莉子（りこ）誕生	8月　アフガニスタンにてタリバン政権が成立 7月　東京オリンピック2020 （昨年から続くコロナパンデミックにより、2021年に延長された）
2022			2月　ロシアのウクライナ侵攻 （2月24日、ロシア軍がウクライナへ軍事侵攻） 7月　安倍晋三銃撃事件 （7月8日午前、元内閣総理大臣の安倍晋三が選挙演説中に銃撃され亡くなった）
2023	4月　同大学　副学長 （ローカル・エンゲージメント担当）、 副理事（地域共創・ベンチャー担当） 現在に至る	11月25日　ルビー婚式 ～結婚40年を神戸「牛乃匠」にて祝う	5月　G7サミット 10月　インボイス制度開始 イスラエルのガザ侵攻

2024	4月 地域総合研究センター廃止 地域共創本部に改組、同本部長	3月 ロシアのプーチン大統領5選目 11月 ドナルド・トランプ氏が大統領に返り咲き 12月 シリアのアサド政権崩壊
2025	1月 山陽新聞賞社会功労部門受賞 3月 岡山大学 定年退職 4月 岡山大学名誉教授	

＊1――社団法人金融財政事情研究会（財務省・金融庁・文部科学省所管公益法人・昭和25年創立）
出版事業部　企画・編集担当
・大蔵省『銀行局金融年報』編集員
・大蔵省『大蔵省国際金融局年報』編集委員
・大蔵省銀行局内銀行法規研究会『銀行法規便覧』企画編集委員、
・大蔵省銀行局内信用金庫研究会『信用金庫便覧』』編集員
・大蔵省銀行局内信用組合研究会『信用組合便覧』編集員等歴任
ＫＩＮＺＡＩビジネススクール研究員・企画担当
・日本ファイナンス学会設立（初代事務局長平成5年〜平成8年）
情報開発室長、調査研究センター副部長、
・商工会議所年金教育センター事務局次長（日本商工会議所・兼務出向）
金融財政総合研究所　総合企画部長　社団法人金融財政事情研究会　副事務局長・主任研究員

【同会での主な実績】
・日本ファイナンス学会事務局長（平成5年4月〜8年3月）
・早稲田大学ビジネススクール講師（平成10年4月〜14年3月）
・法政大学大学院社会科学研究科講師（平成12年4月〜17年3月）
・厚生労働省委託海外調査「米国確定拠出年金制度に関する調査」（米国議会、労働省、ＡＡＲＰ（全米退職者協会）、ＵＡＷ（全米自動車労組）など）（平成12年2月）
・日本商工会議所出向「商工会議所年金教育センター」事務局次長（平成13年9月〜16年3月）
・国際協力機構（ＪＩＣＡ）委託ＯＤＡ関連調査：市場経済移行に伴う社会資本整備（モンゴル国への学術支援）（平成14年 8月）

● コミュニティ政策学会

3. 教育に関する経歴

【早稲田大学】

早稲田大学ビジネススクール講師：科目は「金融マーケティング」（1998 ～ 2002年）（講義）

【法政大学】

法政大学大学院社会科学研究科兼任講師：科目は「証券とファイナンス」（2000 ～ 2005年）（講義：2単位）。早稲田大学ではビジネススクールプログラムを法政大学では社会人大学院「金融市場プログラム」を創設企画から運営、講師まで一貫して担当した。


【愛知学泉大学】

愛知学泉大学コミュニティ政策学部（専任）：科目は演習「基礎演習」（2単位）、「演習」（2単位）、「専門演習」（2単位）、「コミュニティ運営実習」（1単位×2コマ連続）、「コミュニティビジネス論」（講義：2単位）、「マーケティング論」（講義：2単位）、「キャリア開発講座」（講義：2単位）など。経済産業省の社会人基礎力及びPBLに対応したプログラムを担当した（奨励賞を受賞）。

【岡山大学】（これまでの実績　現在：60分・4学期制）
岡山大学教養教育
1.「現代コミュニティと地域経済」「現代コミュニティと地方創生」
2.「現代コミュニティと地域社会」「現代コミュニティと都市比較」（講義2単位）
3.「ファイナンス入門」（平成28年度　講義2単位）
岡山大学大学院
1. 社会文化科学研究科地域公共政策コース「自治体経営戦略論」（講義2単位）
2. 社会文化科学研究科地域公共政策コース「地域創生特別コース」（講義2コマ）
3. 自然科学研究科・環境生命科学研究科先端科学研究コース「マネジメント論」
岡山大学教養教育改革及び実践型社会連携教育のカリキュラム企画・運営・実施を担当している。
● 岡山大学地域総合研究センター運営委員会委員長
● 岡山大学実践型社会連携教育専門委員会委員
● 岡山大学教育開発センター実践教育委員会委員
● 岡山大学基幹教育センター学系部会（実践知部会）委員
● 岡山大学SDGs推進企画会議委員

● 教育に関する賞等
経済産業省社会人基礎力グランプリ中部地区「奨励賞」（2011年度）
岡山大学ティーチングアワード（2016年度）

4. 社会連携・地域連携　自治体・経済界・NPO法人・企業等社会・地域との連携あるいは活動実績

1　公益法人（実務家）としての社会連携（コンサルティング）
1. 金融実務、FP（金財）やDCプランナー（日本商工会議所）など教育教材や単行本の企画・編集・制作経験がある。
2. 学会事務局運営（日本ファイナンス学会設立に参画）、社会人大学院（法政大学社会科学研究科）やビジネススクールの設立（早稲田大学ビジネススクール）、大学広報誌の創刊責任者（早稲田ファイナンス大学院）、人事マネジメントや広報（トヨタ研究所）経験がある。
3. 中央官庁や経済団体への渉外経験、銀行（都銀・信託・地銀・信金・労金）や企業（NTTデータ、NTT東日本、日本ユニシス、富士通など）へのコンサルティングや調査研究などの経験。また、地方銀行協会や全国信用金庫協会、個別金融機関向け講師の実績がある。

1. 原著論文（全て単著）岡山大学着任後の論文について掲載する（過去のものは省略）

主要論文1
「学生による地方創生活動10年の成果と課題 ―瀬戸内市裳掛地区での実践活動―」
岡山大学経済学会雑誌　第56巻2号 2024年11月、PP17-40
主要論文2
「中央銀行デジタル通貨（Central Bank Digital Currency）に対する一考」
岡山大学経済学会雑誌　第55巻1号 2023年7月、PP15-34
主要論文3
「倉敷市における地域公共政策の支援活動」
岡山大学経済学会雑誌　第53巻2号 2021年11月、PP1-25
主要論文4
「岡山の地で生まれた労働金庫（2）」
　岡山大学経済学会雑誌　第45巻第4号 2014年3月、PP69-84
主要論文5
「岡山の地で生まれた労働金庫（1）」
　岡山大学経済学会雑誌　第45巻第3号 2013年12月、PP49-64
主要論文6
「労働金庫の財務分析」
　岡山大学経済学会雑誌　第45巻第2号 2013年9月、PP25-58
主要論文7
「労働金庫のリレーションシップバンキング」
　岡山大学経済学会雑誌　第44巻第3号 2012年12月、PP49-72
主要論文8
「生命線は次世代システムと地域連携」
『月刊金融ジャーナル』No.676、金融ジャーナル社 2013年1月、PP34-37

2. 著書

1. 『地域モビリティの再構築』
   監修 家田仁・小嶋光信　編著 三村聡・岡村敏之・伊藤昌毅　令和3年8月　薫風社刊
2. 『現代公共政策のフロンティア』（共著）
   岡山大学出版会、平成27年9月刊行、PP229 ～ 260
3. 『労働金庫　勤労者福祉金融の歴史・理念・未来』（単著）
   一般社団法人金融財政事情研究会、平成26年7月刊行、総ページ295ページ
4. 『リテールファイナンス・ビジネスの研究 』（共著）BKC　平成20年5月　執筆箇所PP57 ～ 114
5. 『新年金実務総合講座（第2巻）』（共著）商工会議所年金教育センター　平成13年10月
   執筆箇所PP152 ～ 166
6. 『新年金実務総合講座（第1巻）』（共著）商工会議所年金教育センター　平成13年10月
   執筆箇所PP192 ～ 214
7. 『金融マーケティング戦略（ハングル語版）』Soft Strategic Management Research Institute
   （同上の翻訳書）
8. 『金融マーケティング戦略』（三村・本田共著）金融財政事情研究会　平成11年11月刊行
   執筆箇所PP2 ～ 23、PP46 ～ 88、PP90 ～ 123、PP222 ～ 271

〈所属学会〉
● 人を大切にする経営学会　常任理事
● 日本計画行政学会　中国支部　理事
● 日本金融学会
● 日本NPO学会

主な外部委員や地域連携授業の履歴

2015（平成27）年度から2024（令和６）年度まで

【主な学外活動】

□内閣府まちひとしごと創生本部「地方創生人材支援制度」への協力

● 内閣府まちひとしごと創生本部・内閣府地方創生推進室　地方創生人材派遣制度　井原市地域創生戦略顧問（2015-16）

● 井原市　第７次総合計画策定審議会アドバイザー（2016-17）後期計画（2022）

● 井原市　「元気いばら創生戦略会議」委員長（2018-　）

□西日本豪雨災害対策等への支援

● 倉敷市　真備地区復興計画策定委員会　委員長（2018）

● 倉敷市　真備地区復興計画推進委員会　委員長（2019-24）

● 高梁市　高梁市地域防災力向上委員会　委員長（2019-24）

□県内における幅広い地方創生活動への中心的な参画

● 岡山県 美作県民局　美作国創生公募提案事業　委員長（2015-22）

● 高梁川流域連携中枢都市圏構想　懇談会会長（2016-　）

● 倉敷市　総合計画審議会　会長（2019-20　）

● 津山市　津山市第６次総合計画審議会　会長（2024-　）

● 赤磐市　創生戦略「あかいわ創生会議」　会長（2022-　）

● 岡山市　岡山市総務・市民政策審議会　委員（2015-20）

● 岡山市　アリーナ整備検討会議　委員（2024-　）

● 中国経済産業局（令和４年度地域新成長産業創出促進事業費補助金）事業者評価委員長（2022）

● 中国経済産業局（令和３年度補正予算地域デジタル人材育成・確保推進事業）事業者評価委員長（2022）

● 一般財団法人地域総合整備財団（ふるさと財団）地域再生マネージャー事業アドバイザー（2018-　）

● 岡山県自然保護センターに係る指定管理者候補選定委員会　委員長（2024）

● 岡山県指定管理者候補選定委員会　委員（2024）

● 津山市第６次総合計画審議会　会長（2024-　）

● 新庄村振興計画審議会　会長（2024-　）

● 備前市振興計画審議会　会長、まちひとしごと創生懇談会　座長（2024-　）

□県内組織・団体のサポート活動

● 公益財団法人岡山県市町村振興協会　理事（2021-　）

● 岡山シーガルズ　顧問（2016-　）

● 一般財団法人地域公共交通総合研究所　理事（2015-　）

● 特定非営利活動法人まちづくり推進機構岡山　理事（2020-　）

● みずしま滞在型環境学習コンソーシアム　副会長（2023-　），公益社団法人水島環境再生財団（みずしま財団）外部評価委員（2015-20）

● 岡山放送株式会社　番組審議会　副委員長（2023-　），同委員（2015-22）

● 人を大切にする経営学会　理事（2016-　）

● 日本計画行政学会中国支部　顧問（2023-　），同理事（2022），理事・中国支部長（2015-21）

【年度別活動】

2024（令和6）年度

● 一般財団法人地域総合整備財団（ふるさと財団）地域再生マネージャー事業アドバイザー

● 公益財団法人岡山県市町村振興協会　理事

● 特定非営利活動法人まちづくり推進機構岡山　理事

● 高梁川流域連携中枢都市圏ビジョン懇談会　会長

● みずしま滞在型環境学習コンソーシアム　副会長

● 瀬戸内国際芸術祭実行委員会　オブザーバー（学長代行）

● 岡山芸術交流実行委員会　顧問（学長代行）

2　PBLと経済産業省主催「社会人基礎力養成」授業（グランプリ大会出場・産学官連携授業）

教員指導ならびに、東京海上日動グループ、トヨタ自動車、（社）日本自動車工業会の協力を得て、学生達（3年生16名）が参加して作成した教育教材。

社会調査（地域12000世帯や企業調査）の分析結果に現地実査、ドライブレコーダー調査で取得した映像を組み合わせ、WEBを活用した地域版オリジナル交通安全動画教材を作成し、学生自らがインストラクターをつとめ、地域住民や小中学生、高齢者に交通安全講習会を企画・運営した（PBLの実践展開）。

この内容については、平成23年2月1日、日本学術会議総合工学委員会「事故死傷者ゼロを目指すための科学的アプローチ検討小委員会」にて研究報告した。

3　インターバルトレーニング教育手法の実践経験（リテラシーの高度化と課題解決能力の向上）

トヨタ自動車研究所における階層別（研究員、主査研究員、主任研究員）トレーニングのプログラム開発、実施コーディネーター、評価システムを担当（業務管理室長）。

期首の自己目標設定と動機づけ研修、到達度確認と中間評価、研究実績の検証と振り返りによる年度末評価を通して、調査分析能力をはじめとする専門リテラシーの高度化と課題解決能力を測定。

4　企業・行政連携による実践的教育プログラムのコーディネート

銀行（都銀・信託・地銀・信金・労金）や企業（ＮＴＴデータ、ＮＴＴ東日本、日本ユニシス、富士通など）のコンサルティングや調査研究、また、地方銀行協会や全国信用金庫協会、個別金融機関向け講師・グループワークの実績。

5　岡山大学における社会連携実績（兼職等）

1. 内閣府　地方創生人材支援制度（井原市政策顧問）（平成27年～ 28年度）
2. 一般財団法人地域総合整備財団「地域再生マネージャー事業」アドバイザー
3. 岡山県　美作国創生公募提案事業審査　委員長（平成26年～現在）
4. 公益財団法人岡山県市町村振興協会 理事「自治体職員研修」講師（平成27年～現在）
5. 岡山市「総務・市民政策審議会」委員（平成27年～令和2年）
6. 倉敷市　西日本豪雨災害倉敷市真備地区復興計画策定・推進委員長（平成30年～現在）
7. 岡山県商工会議所連合会「倉敷3大型商業施設影響調査」総括（平成25年度）
8. 岡山商工会議所「まちづくり協議会」アドバイザー（平成26 ～ 28年度）
9. 倉敷商工会議所外部評価委員会委員長（平成28 ～ 30年度）
10. 岡山放送「番組審議会」委員（平成26 ～現在）
11. 一般財団法人地域公共交通総合研究所理事（平成26年～現在）
12. おかやま地域発展協議体　事務局長（平成28年度）
13. おかやま地域発展協議体　委員（平成29年度～現在）
14. 文部科学省「地（知）の拠点事業COC+」委員（平成28年度～令和元年度）
15. トヨタ自動車「モビリティ研究会」委員（平成24年～ 30年度）
16. 岡山市「包括外部監査人選定委員会」委員（平成27年度～ 29年度）
17. 高梁川流域連携中枢都市圏ビジョン懇談会　座長（倉敷市など流域7市3町で構成　平成28年度～現在）
18. 吉井川流域DMO有識者会議　委員長（赤磐市、瀬戸内市、和気町で構成　平成28年度～現在）

● 中国経済産業局（令和４年度地域新成長産業創出促進事業費補助金） 事業者評価委員長
● 一般財団法人地域総合整備財団地域再生マネージャー事業アドバイザー
● 公益財団法人岡山県市町村振興協会　理事
● 特定非営利活動法人まちづくり推進機構岡山　理事
● 高梁川流域中枢都市圏ビジョン懇談会　会長
● 岡山県企業誘致推進協議会　企業誘致アドバイザー
● 岡山県 「美作国創生公募提案事業」 審査委員長
● 倉敷市　真備地区復興計画推進委員会　委員長
● 玉島商工会議所　TIMセミナー　Facilitator
● 備前市　職員政策コンペ　審査委員
● 井原市　井原市第７次総合計画　後期基本計画　アドバイザー
● 井原市 「元気いばら創生戦略会議」 委員長
● 井原市 「公共施設等マネジメント推進会議」 委員長
● 井原市 「星の郷まちづくりコンソーシアム会議」コーディネーター
● ものづくりのまち井原創業支援奨励金認定候補者審査会　審査委員
● 高梁市　高梁市地域防災力向上委員会　委員長
● 赤磐市　創生戦略「あかいわ創生会議」委員長
● 赤磐市　地方創生人材育成講座　企画運営・講師
● 一般財団法人地域公共交通総合研究所　理事
● 日本計画行政学会　中国支部　理事
● 人を大切にする経営学会　理事
● 岡山放送株式会社　番組審議会　委員
● 岡山シーガルズ　顧問
● 一般社団法人全国労働金庫協会　有識者懇談会　委員
● 京都大学大学院　経営管理研究部　研究員（非常勤）
● 一般社団法人京都アカデミア投資研究会　理事

2021（令和3）年度
● 一般財団法人地域総合整備財団地域再生マネージャー事業アドバイザー
● 公益財団法岡山県市町村振興協会　理事
● 特定非営利活動法人まちづくり推進機構岡山　理事
● 高梁川流域中枢都市圏ビジョン懇談会　会長
● 岡山県企業誘致推進協議会　企業誘致アドバイザー
● 岡山県「美作国創生公募提案事業」 審査委員長
● 岡山県美作県民局 令和３年度美作地域自治体職員等研修会　企画運営・講師
● 岡山県美作県民局『美作国地域課題研究チーム』　企画運営・講師
● 倉敷市　真備地区復興計画推進委員会　委員長
● 倉敷市　復興防災公園選定委員会　委員長
● 備前市　職員政策コンペ　審査委員
● 井原市 「元気いばら創生戦略会議」 委員長
● 井原市 「公共施設等マネジメント推進会議」 委員長
● 井原市 「星の郷まちづくりコンソーシアム会議」コーディネーター
● 井原市 「稲倉産業団地立地企業選定委員会」 委員
● 高梁市　高梁市地域防災力向上委員会　委員長
● 赤磐市　地方創生人材育成講座　企画運営・講師
● 一般財団法人地域公共交通総合研究所　理事
● 日本計画行政学会　理事・中国支部長
● 人を大切にする経営学会　理事
● 岡山放送株式会社　番組審議会　委員
● 岡山シーガルズ　顧問

● 岡山県企業誘致推進協議会　企業誘致アドバイザー
● 岡山市　アリーナ整備検討会議　メンバー
● 倉敷市　真備地区復興計画推進委員会　委員長
● 玉島商工会議所　タマシマイノベーションミーティング　委員
● 津山市　津山市第６次総合計画審議会　会長
● 備前市　職員テーマ型「政策コンペ」審査委員
● 井原市「元気いばら創生戦略会議」委員長
● 井原市「公共施設等マネジメント推進会議」委員長
● ものづくりのまち井原創業支援奨励金に係るプレゼン審査会　副委員長
● 井原市　井原高校南校地跡地利用検討会　会長
● 高梁市　高梁市地域防災力向上委員会　委員長
● 赤磐市　創生戦略「あかいわ創生会議」委員長
● 一般財団法人地域公共交通総合研究所　理事
● 日本計画行政学会　中国支部　顧問
● 人を大切にする経営学会　理事
● 岡山放送株式会社　番組審議会　副委員長
● 岡山シーガルズ　顧問
● 京都大学　産官学連携本部　研究員（非常勤）
● 岡山県自然保護センターに係る指定管理者候補選定委員会　委員長
● 岡山県指定管理者候補選定委員会　委員
● 津山市第6次総合計画審議会　会長
● 新庄村振興計画審議会　会長
● 備前市振興計画審議会　会長、まちひとしごと創生懇談会　座長

2023（令和5）年度
● 一般財団法人地域総合整備財団（ふるさと財団）地域再生マネージャー事業アドバイザー
● 公益財団法人岡山県市町村振興協会　理事
● 特定非営利活動法人まちづくり推進機構岡山　理事
● 高梁川流域連携中枢都市圏ビジョン懇談会　会長
● みずしま滞在型環境学習コンソーシアム　副会長
● 瀬戸内国際芸術祭実行委員会　オブザーバー（学長代行）
● 岡山芸術交流実行委員会　顧問（学長代行）
● 岡山県企業誘致推進協議会　企業誘致アドバイザー
● 倉敷市　真備地区復興計画推進委員会　委員長
● 玉島商工会議所　タマシマイノベーションミーティング　委員
● 備前市　職員テーマ型「政策コンペ」審査委員
● 井原市「元気いばら創生戦略会議」委員長
● 井原市「公共施設等マネジメント推進会議」委員長
● ものづくりのまち井原創業支援奨励金に係るプレゼン審査会　副委員長
● 高梁市　高梁市地域防災力向上委員会　委員長
● 赤磐市　創生戦略「あかいわ創生会議」委員長
● 一般財団法人地域公共交通総合研究所　理事
● 日本計画行政学会　中国支部　顧問
● 人を大切にする経営学会　理事
● 岡山放送株式会社　番組審議会　副委員長
● 岡山シーガルズ　顧問
● 京都大学　産官学連携本部　研究員（非常勤）

2022（令和4）年度
● 中国経済産業局（令和３年度補正予算地域デジタル人材育成・確保推進事業）事業者評価委員長

● 一般財団法人　地域公共交通総合研究所　理事
● 日本計画行政学会　理事・中国支部長
● 人を大切にする経営学会　理事
● 岡山放送株式会社　番組審議会　委員
● 岡山シーガルズ　顧問
● 石川文化振興財団　教育文化助成「WAKABA」選考委員
● 一般社団法人全国労働金庫協会　教育研究講師
● 労働金庫連合会　教育研究講師
● トヨタ自動車「モビリティ研究会」委員
● 倉敷商工会議所　外部評価委員会　委員長

2018（平成30）年度
● 一般財団法人　地域総合整備財団（ふるさと財団）アドバイザー
● 一般社団法人　吉井川流域ＤＭＯ有識者会議　委員長（瀬戸内市・赤磐市・和気町）
● 公益財団法人　岡山県市町村振興協会　理事
● 高梁川流域連携中枢都市ビジョン懇談会　座長（倉敷市など７市３町）
● 公益財団法人　水島地域環境再生財団（みずしま財団）
● 環境学習を通じた人材育成・まちづくりを考える協議会
● 岡山県　企業誘致推進協議会　企業誘致アドバイザー
● 岡山県　美作県民局「美作国創生公募提案事業」審査委員長
● 岡山市「総務・市民政策審議会」委員
● 岡山市「包括外部監査人選定委員会」委員
● 岡山市「超小型モビリティ利活用推進協議会」委員
● 倉敷市　真備地区復興計画策定委員会　委員長
● 新見市　クアオルト推進協議会　オブザーバー
● 一般財団法人　地域公共交通総合研究所　理事
● 日本計画行政学会　理事・中国支部長
● 人を大切にする経営学会　理事
● 岡山放送株式会社　番組審議会　委員
● 岡山シーガルズ　顧問
● トヨタ自動車「モビリティ研究会」委員
● 倉敷商工会議所　外部評価委員会　委員長

2017（平成29）年度
● 吉井川流域ＤＭＯ設立準備会有識者会議　委員長（瀬戸内市・赤磐市・和気町）
● 公益財団法人　岡山県市町村振興協会　理事
● 高梁川流域連携中枢都市圏ビジョン懇談会　座長（倉敷市など7市3町）
● 公益財団法人　水島地域環境再生財団（みずしま財団）
● 環境学習を通じた人材育成・まちづくりを考える協議会　委員
● 岡山県　企業誘致推進協議会　企業誘致アドバイザー
● 岡山県　美作県民局「美作国創生公募提案事業」審査委員長
● 岡山市「総務・市民政策審議会」委員
● 岡山市「包括外部監査人選定委員会」委員
● 岡山市「超小型モビリティ利活用推進協議会」委員
● 井原市　第７次総合計画策定審議会　アドバイザー
● 新見市　クアオルト推進協議会　オブザーバー
● 新見市　地域医療ミーティングオブザーバー
● 真庭市「未来を担う人応援基金事業　審査会」審査委員長
● 一般財団法人　地域公共交通総合研究所　理事
● 日本計画行政学会　理事・中国支部長

● 一般社団法人全国労働金庫協会　有識者懇談会　委員
● 京都大学 大学院　経営管理研究部　研究員（非常勤）

2020（令和2）年度
● 一般財団法人　地域総合整備財団（ふるさと財団）アドバイザー
● 一般社団法人　吉井川流域DMO有識者会議　委員長（瀬戸内市・赤磐市・和気町）
● 公益財団法人　岡山県市町村振興協会　理事
● 特定非営利活動法人　まちづくり推進機構岡山　理事
● 高梁川流域連携中枢都市ビジョン懇談会　座長（倉敷市など7市3町）
● 公益財団法人　水島地域環境再生財団（みずしま財団）
● 環境学習を通じた人材育成・まちづくりを考える協議会
● 岡山県　企業誘致推進協議会　企業誘致アドバイザー
● 岡山県　美作県民局 「美作国創生公募提案事業」 審査委員長
● 岡山市　岡山市総務・市民政策審議会　委員
● 岡山市 「包括外部監査人選定委員会」 委員
● 倉敷市　第7次総合計画審議会　会長
● 倉敷市　真備地区復興計画推進委員会　委員長
● 倉敷市　倉敷市災害に強い地域をつくる検討会　委員
● 倉敷市　倉敷市真備町災害公営住宅等整備事業者選定委員会　委員長
● 井原市 「元気いばら創生戦略会議」 委員長
● 井原市 「公共施設等マネジメント推進会議」 委員長
● 井原市　特別職報酬等審議会　委員長
● 高梁市　地域防災力向上委員会　委員長
● 一般財団法人　地域公共交通総合研究所　理事
● 日本計画行政学会　理事・中国支部長
● 人を大切にする経営学会　理事
● 岡山放送株式会社　番組審議会　委員
● 岡山シーガルズ　顧問
● 石川文化振興財団　教育文化助成「WAKABA」選考委員
● トヨタ自動車「モビリティ研究会」委員

2019（令和元）年度
● 一般財団法人　地域総合整備財団（ふるさと財団）アドバイザー
● 一般社団法人　吉井川流域DMO有識者会議　委員長（瀬戸内市・赤磐市・和気町）
● 公益財団法人　岡山県市町村振興協会　理事
● 高梁川流域連携中枢都市ビジョン懇談会　座長（倉敷市など7市3町）
● 公益財団法人　水島地域環境再生財団（みずしま財団）
● 環境学習を通じた人材育成・まちづくりを考える協議会
● 岡山県　企業誘致推進協議会　企業誘致アドバイザー
● 岡山県　美作県民局 「美作国創生公募提案事業」 審査委員長
● 岡山市 「総務・市民政策審議会」 委員
● 岡山市 「包括外部監査人選定委員会」 委員
● 倉敷市　第7次総合計画審議会　委員長
● 倉敷市　真備地区復興計画推進委員会　委員長
● 倉敷市　災害に強い地域をつくる検討会　委員
● 倉敷市　真備町災害公営住宅等整備事業者選定委員会　委員長
● 井原市 「元気いばら創生戦略会議」 委員長
● 井原市 「公共施設等マネジメント推進会議」 委員長
● 井原市　特別職報酬等審議会　委員長
● 高梁市　地域防災力向上委員会　委員長

● 一般財団法人 地域公共交通総合研究所 理事
● 岡山放送株式会社　番組審議会　委員
● 岡山商工会議所「まちなか活性化協議会」アドバイザー

【授業科目】
2024（令和6）年度
教養教育科目　実践知・感性（実践知）　岡山SDGsのまちづくり論
教養教育科目　実践知・感性（実践知）　倉敷水島まちづくり論
大学院　社会文化科学研究科　自治体経営戦略論
大学院　社会文化科学研究科　社会イノベーション論
大学院　自然科学研究科　組織マネジメント概論
大学院　環境生命科学研究科　組織マネジメント概論
大学院　自然科学研究科・環境生命科学研究科　イノベーション概論

2023（令和5）年度
教養教育科目　実践知・感性（実践知）　現代コミュニティーと地域創生
教養教育科目　実践知・感性（実践知）　岡山SDGsのまちづくり論
教養教育科目　実践知・感性（実践知）　倉敷水島まちづくり論
大学院　自然科学研究科　組織マネジメント概論
大学院　環境生命科学研究科　組織マネジメント概論
大学院　自然科学研究科・環境生命科学研究科　イノベーション概論

2022（令和4）年度
教養教育科目　実践知・感性（実践知）　現代コミュニティーと地域創生
教養教育科目　実践知・感性（実践知）　留学生と学ぶ日本伝統文化
教養教育科目　実践知・感性（実践知）　岡山SDGsのまちづくり論
教養教育科目　実践知・感性（実践知）　倉敷水島まちづくり論
大学院　社会文化科学研究科　自治体経営戦略論
大学院　自然科学研究科　組織マネジメント概論
大学院　環境生命科学研究科　組織マネジメント概論

2021（令和3）年度
教養教育科目　実践知・感性（実践知）　現代コミュニティーと地域創生
教養教育科目　実践知・感性（実践知）　留学生と学ぶ日本伝統文化
教養教育科目　実践知・感性（実践知）　多職種連携と地域包括ケアのワークショップ
教養教育科目　実践知・感性（実践知）　ＳＤＧｓ：持続可能な社会に向けた岡山のまちづくり事例
教養教育科目　実践知・感性（実践知）　倉敷市水島から学ぶ地域社会と環境
大学院　自然科学研究科　組織マネジメント概論
大学院　社会文化科学研究科　自治体経営戦略論
大学院　環境生命科学研究科　組織マネジメント概論
大学院　社会文化科学研究科　地域創生特別講義

2020（令和2）年度
教養教育科目　知的理解（現代と社会）　現代コミュニティーと地域創生
教養教育科目　実践知・感性（実践知）　SDGs：持続可能な社会に向けた岡山のまちづくり事例
教養教育科目　実践知・感性（実践知）　倉敷市水島から学ぶ地域社会と環境
教養教育科目　実践知・感性（実践知）　多職種連携と地域包括ケアのワークショップ
大学院　研究科横断FlexBMDコース　組織マネジメント概論
大学院　専門科目　自治体経営戦略論
大学院　社会文化科学研究科　地方創生特別講義

● 人を大切にする経営学会　理事
● 岡山放送株式会社　番組審議会　委員
● 岡山シーガルズ　顧問
● トヨタ自動車「モビリティ研究会」委員
● こくさいこどもフォーラム岡山「高校生懸賞論文2017」審査委員
● 倉敷商工会議所　外部評価委員会　委員長

2016（平成28)年度
● 文部科学省「地（知）の拠点大学による地方創生推進事業（COC+)」推進協議会委員
● 吉井川流域DMO設立準備会有識者会議　会長（赤磐市、瀬戸内市、和気町）
● 公益財団法人 岡山県市町村振興協会　理事
● 高梁川流域連携中枢都市圏ビジョン懇談会　座長　（倉敷市など高梁川流域７市３町）
● 公益財団水島地域環境再生財団（みずしま財団）
● 環境学習を通じた人材育成・まちづくりを考える協議会　委員
● 岡山県　「環境文化部指定管理者選定（非公募）に係る外部有識者会議」 委員
● 岡山県 美作県民局 「美作国創生公募提案事業　審査会」 審査委員長
● 岡山市　「総務・市民政策審議会」 委員
● 岡山市　「包括外部監査人選定委員会」 委員
● 内閣府まちひとしごと創生本部・内閣府地方創生推進室　地方創生人材派遣制度　井原市地域創生戦略顧問
● 井原市　第７次総合計画策定審議会　アドバイザー
● 新見市　地域医療ミーティングオブザーバー
● 真庭市 「未来を担う人応援基金事業　審査会」 審査委員長
● 一般社団法人　地域公共交通総合研究所　理事
● 日本計画行政学会　理事・中国支部長
● 人を大切にする経営学会　理事
● 岡山放送株式会社　番組審議会　委員
● 岡山放送「生誕120年土光敏夫氏顕彰 高校生作文コンクール」審査委員長
● 岡山シーガルズ　顧問
● トヨタ自動車「モビリティ研究会」委員
● こくさいこどもフォーラム岡山「高校生懸賞論文2016」審査委員
● 岡山商工会議所 「まちなか活性化協議会」 アドバイザー
● 倉敷商工会議所 「経営発展支援計画」外部評価委員会　委員長

2015（平成27)年度
● 文部科学省「地（知）の拠点大学による地方創生推進事業（COC＋)」推進協議会委員
● 公益財団法人　水島地域環境再生財団 中長期計画策定　外部評価委員
●「環境学習を通じた人材育成・まちづくりを考える協議会（水島協議会)」委員
● 公益財団法人　岡山県環境保全事業団　環境学習センター「アスエコ」委員
● 岡山県「ICT 岡山熱血リーダー発掘事業 選考委員会」審査委員長
● 岡山県「環境学習協働推進 企業向け環境学習プログラム開発委員会」委員
● 岡山県「美作国創生公募提案事業」審査委員長
● 岡山市「総務・市民政策審議会」委員
● 岡山市2016（平成28）年度包括外部監査人選定委員会（岡山市総務局行政事務管理課）
● 岡山市「岡山ESD 推進協議会」運営委員会委員
● 岡山市西口活性化協議会アドバイザー
● 内閣府まちひとしごと創生本部・内閣府地方創生推進室　地方創生人材派遣制度　井原市地域創生戦略顧問
● 井原市「井原中学校建替えに関する設計コンペ」審査委員
● 井原市「指定管理者選定委員会」委員

大学院　社会文化科学研究科　自治体経営戦略論
大学院　先進基礎科学特別コース　組織マネジメント概論

2013（平成25）年度
教養教育科目　主題科目（現代の課題）　現代コミュニティーと地域経済
教養教育科目　主題科目（現代の課題）　現代コミュニティーと地域社会
大学院　社会文化科学研究科　自治体経営戦略論
大学院　先進基礎科学特別コース　組織マネジメント概論

以上

公共交通の再生 指南

両備グループ シンクタンク設立

両備グループ（岡山市）は4日、公共交通の経営分析などを担うシンクタンク「地域公共交通総合研究所」を設立したと発表した。人口減少やマイカーの普及を背景に全国各地で地方バスなどの経営環境が厳しさを増すなか、両備グループの事業再生ノウハウを提供していく。地域公共交通に特化した研究機関は全国でも例がないという。

両備グループ内に一般財団法人として17人体制で発足した。グループの小嶋光信代表が理事長に就き、東京大大学院の家田仁教授（社会基盤学）や岡山大地域総合研究センターの三村聡教授らもメンバーに加わった産学連携の組織とした。

地方の公共交通事業者とコンサルティング契約を結び、経営分析や再建案の取りまとめ、社員教育などを、行政と連携しながら一貫支援する。業務受託費は実費のみとし、一般のコンサルティング会社の3分の1から5分の1程度という。年間5件程度の受託を見込む。公共交通の政策提言にも取り組む。

両備グループは、全国区の人気となった三毛猫「たま駅長」で知られる和歌山電鉄（和歌山市）など多数の公共交通の再建実績を持つ。直近では昨年経営破綻した岡山県の井笠鉄道のバス路線を一部引き継いだ。小嶋代表は「公共交通の経営課題解決に積極的に取り組みたい」と話した。

日本経済新聞2013年4月5日

2019（令和元）年度
教養教育科目　知的理解（現代と社会）　現代コミュニティーと地域創生
教養教育科目　実践知・感性科目（実践知）　多職種連携と地域包括ケアのワークショップ
教養教育科目　実践知・感性科目（実践知）留学生と学ぶ日本伝統文化
教養教育科目　実践知・感性科目（実践知）　SDGs：持続可能な社会に向けた岡山のまちづくり事例
教養教育科目　実践知・感性科目（実践知）　倉敷市水島から学ぶ地域社会と環境
大学院　自然科学研究科FlexBMDコース　組織マネジメント概論
大学院　社会文化科学研究科地域公共政策コース　自治体経営戦略論
大学院　社会文化科学研究科　地域創生特別講義

2018（平成30）年度
教養教育科目　知的理解（現代と社会）　現代コミュニティーと地域経済
教養教育科目　知的理解（現代と社会）　現代コミュニティーと地域創生
教養教育科目　知的理解（現代と社会）　現代コミュニティーと地域社会
教養教育科目　知的理解（現代と社会）　現代コミュニティーと都市比較
教養教育科目　実践知・感性科目（実践知）多職種連携と地域包括ケアのワークショップ
教養教育科目　実践知・感性科目（実践知）倉敷市水島から学ぶ地域社会と環境
教養教育科目　実践知・感性科目（実践知）　ＳＤＧｓ：持続可能な社会に向けた岡山のまちづくり事例
教養教育科目　実践知・感性科目（実践知）　留学生と学ぶ日本伝統文化
大学院　自然科学研究科FlexBMDコース　組織マネジメント概論
大学院　社会文化科学研究科地域公共政策コース　自治体経営戦略論

2017（平成29）年度
教養教育科目　実践知・感性科目（実践知）　留学生と学ぶ日本伝統文化
教養教育科目　知的理解（現代と自然）　現代コミュニティーと地域経済
教養教育科目　知的理解（現代と自然）　現代コミュニティーと地域社会
教養教育科目　知的理解（現代と自然）　現代コミュニティーと地域創生
教養教育科目　知的理解（現代と自然）　現代コミュニティーと都市比較
大学院　自然科学研究科・環境生命科学研究科先進基礎科学特別コース　組織マネジメント概論
大学院　社会文化科学研究科地域公共政策コース　自治体経営戦略論

2016（平成28）年度
教養教育科目　知的理解科目（現代と社会）　現代コミュニティーと地域社会
教養教育科目　知的理解科目（現代と社会）　現代コミュニティーと都市比較
教養教育科目　知的理解科目（現代と社会）　ファイナンス入門
大学院　社会文化科学研究科地域公共政策コース　自治体経営戦略論
大学院　自然科学研究科・環境生命科学研究科先進基礎科学特別コース　組織マネジメント概論
大学院　社会文化科学研究科　地域創生特別講義

2015（平成27）年度
教養教育科目　主題科目（現代の課題）　現代コミュニティーと地域経済
教養教育科目　主題科目（現代の課題）　現代コミュニティーと地域社会
大学院　社会文化科学研究科　自治体経営戦略論
大学院　社会文化科学研究科　地域創生特別講義
大学院　先進基礎科学特別コース　組織マネジメント論

2014（平成26）年度
教養教育科目　主題科目（現代の課題）　現代コミュニティーと地域経済
教養教育科目　主題科目（現代の課題）　倉敷市水島から学ぶ地域社会と環境
教養教育科目　主題科目（現代の課題）　現代コミュニティーと地域社会

激変　県都のかたち

第1部　まちを語る①

岡山大地域総合研究センター　三村聡教授（上）

コンパクトシティー推進

ＪＲ岡山駅南に今秋オープンするイオンモール岡山は、岡山市の中心市街地の人や車の流れを大きく変える。これを機に、市街地の姿を描き直そう。

中心市街地は駅前、大供、新京橋西、城下の各交差点をおおむね１キロ四方で結ぶエリアと定義される。だが歩いて回るには広すぎるという構造的な問題がある。繁華街である駅前地区と表町地区が離れ、両地区をぶらぶら行き来してみたくなるメーンストリートもないため回遊性が低い。

鉄道やバスが発着するターミナル機能は両地区ともにあり、市外、または市内郊外からのアクセスに優れる。移転開院を控えた川崎病院など医療都市の顔も持っている。

みむら・さとし　愛媛県西条市出身。法政大大学院修了。現代文化研究所（トヨタ自動車研究所）などを経て2011年11月から現職。13年3月から岡山商工会議所の「イオンモール岡山出店協議会」アドバイザー。専門は協同金融とコミュニティ政策。54歳。

拡大する格差

こうした都市構造の中でイオン進出後の市街地の姿をどう考えるのか。住宅や商業、公共施設をまちの中心部などに集める「コンパクトシティー」政策を進めていくべきだ。

駅前に人が集中すると表町の地価が下がり、市街地の中での格差が大きくなる。戦国時代末期を起源とする表町商店街が衰退し、イオンだけがにぎわいを見せる街でいいのか。

そうならないためには、約350の専門店やシネコン（複合映画館）が入るイオンと違う魅力を地元がどれだけ創出できるかにかかっている。

キーワードは岡山固有の歴史と文化。これはイオンにまねできない。イオンに合わせて街をつくる必要もない。

魅力を高める有力な核の一つが、市街地を南北に貫き、県庁通りとも交差する西川緑道公園。ＮＰＯ法人や学生がイベントを開くなど雰囲気が良くなっており、継続した取り組みが求められる。

駅前、表町の両地区を結ぶ県庁通り。人の流れのメーンストリートとして期待される

生鮮食料品店が集まる「岡ビル百貨店」（岡山市北区野田屋町）の再開発計画も鍵を握る。プロの目利きで厳選した県内27市町村の一番新鮮な海の幸山の幸を毎日仕入れるなど、大型店の大量仕入れと一線を画せば、強いアピールポイントになる。

商店街は、1店ずつ見ると個性的な店が多いが全体としてまとまりがなく、買い物客に訴える力が弱い。「わが商店街はレトロさが魅力」など一言で言える特長がいる。年間2千万人と見込まれるイオンのお客を市街地のあちこちに誘導するには、駅前と表町を結ぶ県庁通りをメーンストリートと位置付ける戦略も必要だ。

不十分な連携

併せて交通施策を考えたい。渋滞が予想される市街地へのマイカー乗り入れを規制したり、県庁通りや西川周辺を歩行者天国にするといった議論になる。岡山市が検討を進めている岡山駅東口広場への路面電車乗り入れは、岡山らしいコンパクトシティーづくりの一手法だと考える。

街づくりは行政と市民の協働が基本。今でも市民団体やＮＰＯ、若手企業経営者ら市街地のにぎわい創出に頑張っている人は多いが、連携が不十分なため単発で終わり、大きく動かす力になっていないのが残念。東京のような大都市と違い、関係者はみな顔見知りなのが強み。共通の活動の場を増やし、力を合わせればこれからの街づくりは必ずできる。

◇

イオンモール岡山のオープンで、県都・岡山市の姿は大きく変わる。あるべき都市の方向性を探る連載企画「激変　県都のかたち」。第1部は識者にまちづくりの在り方を語ってもらう。

山陽新聞2014年3月3日

〝旗艦〟の来岡 上

開業目前イオンモール

共存共栄？

好機か脅威か 試される地元

JR岡山駅前で建設中の複合商業施設「イオンモール岡山」（北区下石井1）の開業が来月5日に迫った。集客見込みは年間2000万人以上。運営するイオンモール（千葉市）は、県内ブランドの充実で「地元色」をアピールし、地元商店街との共存共栄も強調する。だが、同社が「西日本の旗艦店」と位置付ける巨大店舗の岡山進出に、地元商店街には一定距離を置こうとする動きもある。

「岡山全体を盛り上げたい」。北区で8月にあった記者会見で、イオンモールの岡崎双一社長と同席した県内企業の経営者が力強く語った。アパレル、ジュエリーなどで県内外に店舗を構える大手で、出店を通して「岡山の魅力を発信する」という。イオンモールの専門店356店のうち、県内ブランドは65店。岡崎社長も「旗艦店の売りは地元色だ」と自信を見せた。

出店者には、販売網の強化に直結するイオンモール開業。一方、地元商店街は顧客を奪い合う構図となる。イオンモールは「連携」を呼びかけるが、反応はさまざまだ。

イオンモールは10月、岡山駅東口の駅前商店街と、同じく西口の奉還町商店街でイオンの電子マネー「WAON《ワオン》」を導入する連携協定を結んだ。イオンモールで買い物してたまったポイントを、商店街で使える仕組みで、「商店街に客が流れるようになり、地域活性化につながる」のが狙い。奉還町商店街振興組合の岸卓志理事長(64)は「イオンと敵対するのではなく、『できることはやっていこう』という思いだ」と話す。駅前商店街振興組合の土居靖典代表理事(73)も「まずは人通りを良くすること」と、開業後のにぎわいに期待を込める。

一方、イオンモールから東に約1㌔離れた表町商店街の考えは、駅前の両商店街とは異なる。ワオン導入の打診を受けたが、「開業直前に提案されても即答できない」と回答を保留。駅前からどれだけ人が流れるかも未知数なだけに、警戒感がのぞく。表町商店街連盟の大開博之理事長(57)は「商店街は、古くからある百貨店や周辺施設と協力して発展してきた。今後も表町を盛り上げるため、議論を重ねたい」と話した。

岡山大地域総合研究センターの三村聡教授は「イオンに頼るだけではなく、商店街自体も、独自の取り組みや広報活動などを含めた総合的な将来設計を持つことが重要」と指摘する。〝脅威〟ではなく〝好機〟とできるか。地元のアイデアが試されている。【原田悠自】

◇

イオンモール岡山の開業に伴う経済や交通の変化に迫る。

12月5日の開業に向けた準備が進むイオンモール岡山＝北区で

イオンモール岡山

地上8階、地下2階建て（延べ約25万平方㍍）。複合映画館（シネマコンプレックス、11スクリーン、2000席）や多目的ホール（600席）を設ける。世界展開する衣料品の「H&M」「ZARA」や、生活雑貨の「東急ハンズ」など、専門店356店の約7割が県内初出店。商圏は県内全域（約190万人）とし、四国方面からの来店も視野に入れている。

毎日新聞2014年11月6日

講演要旨　ＪＲ岡山駅西口活性化

三村聡・岡山大地域総合研究センター教授

若者とベテラン 協力大切

ＪＲ岡山駅西口エリアにはいろいろな地域資源がある。奉還町商店街に、留学生が集う岡山国際交流センター、学校、ホテル。さらに足を延ばせば池田動物園があり、県総合グラウンドではサッカーＪ2ファジアーノ岡山が日本一を目指して戦っている。

新幹線のぞみがすべて停車し、全国屈指の路線数を持つ岡山駅からたった数分、西口エリアは素晴らしいロケーションにあるが、資源や場所に恵まれていながら連携が取れておらず、まちづくりが動いていない印象だ。

地方創生が言われている今、奉還町商店街振興組合など5団体でつくる「西口活性化協議会」が8日、にぎわい創出に向けた事業の基本計画を発表した。「こころやすらぐ、オフのまち。」をコンセプトに、カフェや古着・雑貨店を誘致し、歩いて楽しいまちを目指すとしている。

基本計画では、視察を踏まえ東京・吉祥寺をモデルに据えた。昭和のレトロな空間に商店や飲食店が立ち並ぶ横丁があり、老舗が頑張る中で新店もどんどん増え、進化を遂げている。まちや人口の規模は違うが、西口エリアとは学生が集まるという共通点があり、吉祥寺の良さをどう西口に引っ張ってくるかが、今後の議論になる。

さまざまな要素を組み合わせ、回遊性やにぎわいを創出している名古屋市中心部にある大須商店街の事例も紹介したい。コンセプトは「ごった煮」。世界コスプレサミットを開催し、世界中から人々を呼び込む一方、伝統の骨董《こっとう》市を開く。老舗の店の隣には100円ショップが入った。古着を1㌔＝1円で量り売りする店も人気。韓流、エスニックの店もあり無国籍だ。奉還町商店街で実行するかは別だが、手法は参考になる。

西口活性化の進め方のキーワードは、若者とベテランのパートナーシップだと思う。ベテランは「私の目の黒いうちは任せられない」と、なかなか若者に権限移譲しない。若者はアイデアは出るが、経験値がない。両者を調和させつつ、地元住民をはじめ町内会、企業、NPO法人、学校などといかに協力関係を構築していくかが鍵。国、県、市、金融機関の制度やノウハウも活用すべきだ。

一般的に駅には表と裏があり、表町商店街が表で奉還町商店街が裏というイメージを変えられるかもポイントだ。東口エリアと広く連携し、東口と西口が良きライバルになるのが望ましい。

地域と大学が連携して魅力的な都市づくりに取り組む「学都構想」を掲げる岡山大としても、役割を果たしたい。西口エリアに足を運んだ全国、世界の人が良かったと思ってもらえるよう、総掛かりで取り組もう。

◇

8日に岡山市内で開かれた「西口活性化セミナー」（西口活性化協議会主催）で、岡山大地域総合研究センターの三村聡教授が講演した要旨。

山陽新聞2015年6月21日

真備復興 被災バネに

計画策定委初会合 災害に強い地域を

西日本豪雨で被災した倉敷市真備町地区の復興計画を策定するための委員会が21日、真備保健福祉会館で初会合を開いた。市に委嘱された20人（2人欠席）が「被災をバネに、新しいまちづくりを進める機会にしたい」などと意見を交換。幹線道路や商店街の整備を含めた災害に強い地域をつくろうと声をあげた。

委員の発言には、真備の復興への熱い思いが込められていた＝倉敷市真備町箭田

新しいまちづくり 切実な意見相次ぐ

委員は住民や地元の商工団体、識者で構成。委員長には、東日本大震災の被災地の現地調査などに取り組んできた岡山大の三村聡・地域総合研究センター長が選ばれた。

冒頭で市側が被災状況などを説明。住宅は全壊を中心に5970棟、事業者は260件で被害額84億円、農業者は450戸が被害を受けた。借り上げ型の仮設住宅は倉敷市内を中心に12市町で3147件に及ぶ。

初会合ながら、住民の思いを代弁するような切実な意見が相次いだ。呉妹地区に住む森本常男委員（市社会福祉協議会評議員）は、学区によって避難所が遠かったり災害の種類によって使えなかったりすることを問題視。「避難所がないみんな家族を守るために避難所を頼りにしている」と現状を伝えた。

浅野静子委員（市民生委員児童委員協議会監事）は、地区ごとの災害復興住宅の建設を要望。これに対し市側は、自力再建が難しい人を対象に整備を検討中で、12月にも住民にアンケートを実施して場所や規模を決めると説明した。

中尾研一委員（服部地区まちづくり推進協議会長）は、豪雨当時にお年寄りの多くが自宅に残っていたことを指摘。「大きな体育館に連れてこられても、ここで着替えさせられるのは苦痛」という声を紹介し、高齢者やプライバシーに配慮した避難所の整備を求めた。

防災の研究が長い加藤孝明委員（東大生産技術研究所准教授）は「復旧後も完全な安全はない」と慎重な見方を示しつつも「万が一再び浸水被害を受けても、比較的容易に復旧できるまちづくりは可能」と提案。

黒瀬正典委員（岡田地区まちづくり推進協議会長）も「地区の避難所周辺は狭い道ばかり。南北の主要道路などインフラ再整備を進め、新しいまちにする機会にしたい」と訴えた。

市はこの日の意見を、復興計画の大枠を示し来月公表される「復興ビジョン」に反映させたいとしている。次回は12月末の予定。

（小沢邦男）

朝日新聞2018年11月22日

参院選2019 課題(下)

識者に聞く

参院選は21日に投開票される。岡山大の地域総合研究センター長を務める三村聡教授(59)(経済学)に争点の地方活性化などについて聞いた。(聞き手・斎藤孔成)

豪雨復興 国の役割大

岡山大地域総合研究センター長

三村 聡教授

――地方の力が問われる時代だ。

職業の選択肢が東京にはあまりにも多く、若者はみんな東京へ行ってしまう。東京一極集中を打破するのは簡単ではない。

では、地方はどうすればいいのか。日本は交通事故の死者より自殺者の数が多い国だ。先進国だが、貧困ではない、と言い切れるのか。いかに生き生きと暮らしていけるのか、という視点を大切にしたい。

例えば岡山。交通の便がいいうえ、豊かな山、川、海、里がある。観光資源もたくさんある。晴天の日数も多く暮らしやすい。東京で30年暮らした私から見ると、魅力にあふれている。

人と自然が共生できる持続可能な社会をどうやって作るか。このテーマをどれだけ真剣に考えることができるかがポイントだ。

――人口が減少カーブに入った。

手厚い社会保障政策などで人口減を食い止めている欧州先進国もあるが、日本でまず取り組むべきなのは働き方改革ではないか。

経済の理論は、人口が右肩上がりになるという前提で組み立てられている。かつては有効求人倍率の高さは景気の良さを示す指標でもあった。ところが今は求人を出しても人が集まらない。

これからはお客様ではなく、従業員を大事にしなければ、企業は立ちゆかなくなる。従業員が生き生きと働く会社は持続可能になり、結果的に収益も上がる。

まだ右肩上がりの時代の意識で経営している経営者もいるが、通用しない社会になっていることを前提とし、国政も現在の仕組みを抜本的に見直さねばならない。

――岡山では西日本豪雨からの復興も課題。甚大な被害が出た倉敷市真備町の復興計画策定委員長を務めた。

復興で大切なのは、「住みたい」という思い。自治体の取り組みだけでは限界がある。住民から盛り上がっていくことは不可欠だ。この初年度が大事で、みんなで頑張ろうという気持ちを維持するためにも、コミュニティー政策が重要になる。

国のシステムは、中央官庁、都道府県、基礎自治体の3層構造になっているが、激甚災害が発生すると課題も多岐にわたり、多くの部署に関係してくる。それぞれがスピード感を持って冷静に連携するためにも、国政が果たす力は大きい。

――最後に、参院選で期待することは。

この国の行く末について、体を張ってでも、突っ込んで議論できる政治家が増えてほしいと願っている。

読売新聞2019年7月20日

ローカル線 分岐点

未来へのルートは 9

交通権含むまちづくり

住民との合意プロセス重要

岡山大地域総合研究センター長

三《み》村《むら》 聡《さとし》さん（63）

新型コロナ下の行動制限を経験し、自由に、安心安全に移動できることの大切さを痛感した人も多いのではないか。フランスなど欧州では鉄道は公設民営が基本で、「交通税」の徴収を通じて維持されている。戦争を経て国境も変わってきた地域であり、自由に移動できることへの権利意識が市民に根付いている。

日本の憲法には、欧州の国で多く見られる「交通権」の条文がない。ただ2013年にできた交通政策基本法は、交通について「国民の自立した日常生活および社会生活の確保」のため「欠くことのできないもの」と明記する。

過疎が進む地方などでは、高齢者の生活の足の有無は死活問題だ。運転免許証返納後のニーズにも対応する必要がある。存在意義が見いだせるなら、鉄道の「再国営化」の議論もあり得る。

愛媛県出身。全国労働金庫協会などを経て2011年に岡山大教授。専門はコミュニティー政策、協同金融など。地域公共交通の分析などを担う地域公共交通総合研究所（岡山市）理事。63歳。

ただ、ローカル線もバス路線もコロナ下で負債が膨らみ、経営は崖っぷちにある。医療や介護など他分野も財政が逼迫《ひっぱく》している。岡山県の複数の自治体で総合計画の策定にも携わっているが、とにかく財源の見通しが厳しい。

こうした制約の中で、赤字ローカル線をどう考えていくか。国は存続の道筋として、自治体が線路などの施設を保有して事業者が運行する「上下分離方式」の導入も想定している。環境保全や資源の有効活用といったSDGs（持続可能な開発目標）を重視して、存続する方向性もあり得る。赤字ローカル線は存廃の二者択一のように扱われてしまいがちだが、どんな考え方で存続を図るか、廃線にしても代替輸送をどうするかなど、論点はいくつもある。

ドイツのシュツットガルト市では、交通政策全般の司令塔を担う「総合交通マネジメントセンター」が官民の関係機関を束ねて交通政策を効率化している。日本では道路によって管理者が国や県、市町村に分かれ、横断歩道や信号の管理は警察が所管。交通事業者がまちづくりを議論する機会が乏しいのは問題だ。

住民の参画も鍵になる。交通権をどの程度まで重んじるか、交通弱者の負担をどこまで許容できるかといった課題は、鉄道単体というより交通全般、まちづくりに深く関わる。足元の鉄道を生かすべきか、交通事業者任せにせず、地域の事情を知る自治体や住民が主体となり、街を自分たちでつくる意識で考えてみてはどうか。住民が納得できる合意のプロセスがあってこそ、その後の具体的な行動の効果が高まっていく。普段地元の鉄道を利用しない人も、将来どんな交通の形が望ましいか、税金がどう使われるか、そういった視点で関心を向けられないだろうか。

人口減、少子高齢化への対応は難しいが、廃線の危機にあるからといって、地域に魅力がないということにはならない。日ごろ大学生と接するが、都会の大企業で出世争いをしたいという若者は絶滅危惧種に近い。大糸線が走る大町市や北安曇郡白馬村、小谷村をはじめ、自然豊かな長野県は人を呼び込む力がある。

信濃毎日新聞2023年7月15日

西条高

学ぶヒント 後輩に伝達

岡山大副学長とＪＲ四国専務

探究学習のヒントを伝える三村副学長（左）と四之宮専務

西条市明屋敷の西条高校で9月28日、卒業生を招いた講演会があり、岡山大の三村聡副学長とＪＲ四国の四之宮和幸専務が地域課題の解決に向けた探求学習の大切さや進路選択のヒントを伝えた。

三村副学長はロンドンでの二酸化炭素削減の取り組みなどを例に、一人一人が目標を立てながら全体では複数の人や組織が協力してやり抜く大切さを強調。四之宮専務は、交通とまちづくりを一体にした取り組みが四国でも進んでいるとし、専門分野以外の知識も持つ人材が求められると語った。

西条高同窓会「道前会」が主催し、これから授業で本格的な課題研究に取り組む1年生約２７０人が参加。元西条市副市長の真鍋和年会長も「地域資源に目を向けながら、課題を探してほしい」と呼びかけた。

普通科の武田侑奈さん(16)は「地域課題を調べることで、自分が興味のある分野を見つけたい」と話していた。

（高橋圭太）

愛媛新聞2023年10月2日

提言 2024

岡山市に新アリーナ建設を検討する正式な協議会が発足したのは、２０１８年４月３日である。名称は「岡山シーガルズの活躍に向けた民間活力活用推進協議会（略称・岡山シーガルズ協議会）」。スポーツをきっかけとして産業や観光の力を伸ばし、日本一のスポーツ先進都市岡山を目標に掲げた。

発足会には経済団体を中心に岡山大、岡山県体育協会、県医師会、県銀行協会などのトップに加え、伊原木隆太知事、大森雅夫岡山市長も発起人に名を連ね、臨席、船出した。当時尽力されたのは岡﨑彬氏、中島博氏（故人）、越宗孝昌氏、梶谷俊介氏らである。

岡山市の新アリーナ構想

岡山大副学長、岡山シーガルズ顧問　三村　聡氏

「枠」を超え人々集う場に

協議会ではスポーツ庁や日本政策投資銀行の協力を得て、内外の先進アリーナを調査し、民間主導の事業方式や収支計画などの検討を重ねた。そしてトップスポーツ主導による「魅せる」施設が、訪れる人、迎える人双方のウェルビーイング（心身共に幸福な暮らし）を醸成し、経済波及効果を生み出す拠点づくりをゴールに置いた。

その原動力として、世界からナショナルチームを招聘《しょうへい》し、全国から中高校チームを岡山へ招いて交流・指導を続ける岡山シーガルズの卓越した「動員パワー」に期待が寄せられた。

アリーナの建設候補地は防災機能を備えた「北長瀬未来ふれあい総合公園」に隣接する。このためアリーナは災害時の一時避難所など防災拠点としての役割も担う。交通の要衝、県都の強みを生かした構想実現を確信した。

こうして産学官民スポーツ関係者による幾多の議論が結実し、岡山市から今年４月、「岡山市多目的屋内施設（アリーナ）基本計画」が示された。岡山県経済団体連絡協議会の中島基善座長、「人と緑の都心１㎞スクエア構想」「DXアリーナ構想」をリードする岡山商工会議所の松田久会頭らが音頭をとり、岡山大も医療・健康・工学分野でDX化の応援を表明している。

８月７日の岡山県市長会では、会長の近藤隆則高梁市長の提案で「オール岡山でアリーナ建設を応援」が満場一致で確認された。さらに同29日には、大森市長を座長、松田会頭を副座長として「第１回アリーナ整備検討会議」が岡山シーガルズ、ファジアーノ岡山などの同席のもと開催され、２０３１年度のオープンへ大きく動き出した。

新アリーナはどんな施設を目指せばよいのだろうか。岡山シーガルズ顧問として持論を述べると、①規模（量）より最新機能（質）を持続できる共育・共創施設（大きいほど黒字化が困難）②市民がウェルビーイングを実感できるスポーツ・健康・医療DX拠点③民主導による国際的な産業振興・観光事業拠点—の創造である。

岡山シーガルズは岡山県や日本貿易振興機構岡山貿易情報センター（ジェトロ岡山）と協定を結び、バンコク直行便就航を後押ししている。チームはタイで絶大な人気を誇り、昨年の日本博支援に続き、今月中旬にもタイを訪れ企業や競技関係者と情報交換する。

このような海外とのつながりを生かし、タイやドミニカ共和国など代表チームの合宿を岡山で受け入れてきたが会場の確保が難しかった。アリーナは練習や試合で使うだけでなく、海外の一流選手と地域の子どもたちとの交流の場になる。部活動の地域移行で指導する際にも役立つし、学校の「探究学習」の発表の場など、人々が集う場所として活用策は幅広い。

スポーツの枠を超え、人づくりや街づくりで岡山の活性化を担う「アリーナ」の実現を心から祈念する。

みむら・さとし　１９５９年愛媛県西条市生まれ。京都大大学院博士号（経済学）取得。金融財政事情研究会、現代文化研究所（トヨタ自動車研究所）、愛知学泉大などを経て２０１１年に岡山大に着任し、地域総合研究センター長など歴任。23年４月から副学長（ローカル・エンゲージメント担当）及び副理事（地域共創・ベンチャー担当）。地域公共交通総合研究所理事、岡山シーガルズ顧問なども務める。

山陽新聞２０２４年９月８日

あとがき

拙書には、これまでに自分がご縁を頂いた方々を、実名と写真にて数多く紹介させて頂きました。その皆様方に、十分なご説明やお断りをせずして、その思い出を独りよがりのエンディングノートとして書き記したことを、まずはお詫び申し上げます。
何卒、ご寛容のお心で、ご容赦賜りたいと存じます。

さて、徒然なるままに、これまでの振り返りを、臆面もなく一冊にまとめさせて頂きました。筆を置いてみますに、自分の人生は、家族や縁者から、そして書物やネットから、さらには花鳥風月、森羅万象から多くを教わり得た、まさに実践活動の積み重ねです。
現役生活にGood-Byeを告げるいま、これまでに出会った人たちと過ごした、刹那、刹那、一期一会の思い出が、当時を偲ぶ写真と共に数珠つなぎとなりました。そして、時々の喜怒哀楽、恩讐の記憶ともいえる、すべてのシーンが、「自分史」という自作自演映画のなかで、いまでは心の淵へ静かに沈み、己が物語は、穏やかなHappy-Endを迎えようとしています。

さて、幼少から少年時代、虫や魚を追いかけ、海や川で遊び、山へ登り、里で遊び、祭りを楽しみ、神社仏閣では神妙になり、中学、高校では、剣道や合唱など部活に励み、勉強は腹八分目にも足らず、そこで秘めた初恋に費やした時間は長かったことを懐かしく思います。そして宇高連絡船に乗り、リュックサック一つを背負い四国から花の都へと向かいました。

東京では景色が一変、見るもの聞くものすべてが新鮮でした。下宿とした国立市では、消えかかった学生運動の残り香を嗅ぎ、キャンパスがあった千代田区では、成長を続ける都市に戸惑いながら、親からの仕送りを無駄にしてはなるまいと誓い、ただ、ただ、がむしゃらな大学生活を送りました。すべての人はもとより、すべての出来事や社会事象に興味を持ち、なんでも見て、経験してやろうと、つんのめった、猪突猛進な青年時代でありました。

そして社会人となり、学生時代から付き合った妻と早くに結婚、長女が生まれました。共稼ぎながら生活はかつかつで、毎日、朝はふりかけご飯、月に1度の贅沢が、京王八王子駅前の500円ラーメンでした。当時の救いは、妻の実家が、折に触れて娘の世話をしてくれたことでした。妻の両親にも心から感謝しています。時々、愛媛から上京してくる父は海軍、義父は陸軍であり、酔いがまわると、互いの戦時下の思い出話に花が咲きました。

さて、ときは巡り、その自分と妻も二人の娘たちがもうけた孫の世話をする時節となりました。そして、子供たちが仕事に家事に忙しいなか、孫たちの成長を愛でながら、あとの命に灯がある時を、いかに過ごすか迷う世代となりました。

われわれの多くは、安保闘争世代、団塊の世代、はたまたリゲイン世代と呼ばれる先輩たちの後ろを走ってきました。そして、忙しい毎日、ひたすら一車線の道を突っ走った現役時代、とうとうその現役テープを切るゴールへたどり着きました。

いまや、人生、女性は百年、男性も九十年と言われます。「三村さん、引退するには、まだまだ早すぎるよ」とアドバイスをくださる方に感謝します。一方で、ここまでが働き過ぎだったのか、先輩や同輩で、鬼籍に入った友も大勢いることも事実です。いつ、なんどき、お迎えが来るかは、神のみぞ知ることです。また、未曾有と申して過言でないほど、自然災害やパンデミックの襲来など、想定外の事象が発生することも避けられない時代です。

そこで、これまで妻や家庭をあまり顧みず、気ままな人生を送ってきたことへの謝罪と反省に立つ余生を大切にすることです。これまでは、日本のサラリーマンにありがちな、典型的仕事最優先の人生でした。妻も教員として働いてきましたが、彼女が辛いときに、彼女の立場に立って、気持ちを汲むパートナーではありませんでした。この点は、今更、取り返しはできませんが、せめてもの思いとして、共に歩む時間を創りたいと思います。熟年離婚がいわれる時世ではありますが、かろうじて、許してもらえそうです。

つまり、元気に動ける可能性が残された限りある時間をいかに悔いなく過ごすか、それは、現役を退職して、孫を持つ隠居の身で、家族や友と過ごす時間をいかに多く創り出すか、これを一番にするとの覚悟です。

では何をするか。まずは、身体が動く元気なうちは、子供や孫の催事には、なるべく、参加したいと思います。そして4人目の孫が、成人になるまで、命を長らえることができると本望です。成人式を家族みんなで祝うことができることが最期の夢です。

そして旅です。夢は客船で世界を回る旅をしたいと考えます。もちろん、国内にも訪ねたい場所は、北海道から沖縄まで山ほどあります。お泊りセットを愛車に積み込み、車中泊と温泉宿での宿泊を組み合わせながら、気ままに自由奔放な旅に出る予定です。そして、写真をいっぱい撮りたいです。夜長は、お酒を少し頂きながら、満天の星空を眺め、古典小説を読みたいと考えます。古典とは、漱石や鴎外、直哉や康成などの短編です。また、料理は時間をかけて楽しみたいと思っています。道の駅では旬の野菜を、魚市場や直売所では安い鮮魚を求め、これまで時間に追われて調理に十分な時間がさけなかった自己流の逸品にチャレンジしたいと思います。そして、歳を取るにつれて、声がかすれてきましたので、まだ、歌えるうちにみんなで歌い、録音して孫に残したいです。

ところが、なかなか、思うようにはいかないのが人の常です。いつ身体を壊すか、認知症になるかなど、介護や介助が必要になる時が、案外、早いかもしれません。どちらが、どうなっても、何とか二人で一人前を目標に、助け合うことで、最期を迎えたいと祈っています。そして、家族に見守られながら、贅沢な人生だったと笑顔で最期を迎えたいものです。

手前みそな、自叙伝に、お付き合い、ありがとうございました。

三村　聡

2025年1月吉日

行雲流水

ジイジから孫へ贈る言魂

2025年4月1日発行

著　者　三村　聡

発行人　三橋初枝

発行所　(株)薫風社

〒332-0034

川口市並木3-22-9

TEL048-299-6789

http://kunpusha.com/

装丁・デザイン　齋藤知恵子

印刷・製本　モリモト印刷(株)

定価はカバーに表示してあります。

ISBN978-4-902055-44-3